JN410907

______________________________님 惠存

고감사존의 마음을 담아 귀하의

壽福康寧을 기원드립니다.

| 이종수 작가의 일곱 번째 수필집 |

영혼의 향취

이종수 지음

프롤로그

무더위가 기승을 부리고 있는 계절이다. 녹음은 우거져가고 신록의 푸름에 눈이 부시다.

어느 정치 평론가의 논평이 걸작이다. 대한민국이 이뤄내야 할 것이 N, B, C 라고 한다. N은 노벨 문학상이라고 한다. 전년도에는 미투 운동의 세계적인 확산으로 인해 수상자가 선정되지 않은 해였다. 매년 10월이면 노벨위원회에서 문학상을 발표한다. 그 발표에서 우리나라 작가가 선정된 예를 아직까지는 찾아보지 못하고 있다. 우리의 소망하는 바가 이뤄질 수 있을지 모를 일이다. 일본이나 중국은 수도 없는 노벨 문학상 수상자를 배출했음에도 안타깝게도 우리에게는 그런 기회를 갖지 못했다.

얼마전 한국의 유력 여류작가인 한 강이란 분이 '채식주의자' 란 작품으로 맨부커국제상을 받기는 했지만 말이다. 우리의 역량이나 재주로 본다면 충분히 문학상을 받을만한 여건이나 조건은 성숙되어져 가고 있으니 조만간에 그런 수상소식이 들려오리라 기대된다.

다음으로 언급한 것은 B이다. 이것은 미국 음원순위차트를 얘기하는 빌보드를 얘기한다. 그렇게 세상을 떠들썩하게 했던 싸이의 강남스타일조차 순위가 2위에 머물렀다. 그런데 방탄소년단(BTS)의 티어(Tear)란 노래가 대망의 1위에 이름을 올렸다. 비틀즈를 능가하는 그룹이 될 것이라는 얘기가 나오는 것을 보면 BTS의 활약상이 얼마나 파급력과 위력을 발휘하게 될는지 상상불허이다.

다음은 C이다. 그것은 영화제를 이르는 것인데 프랑스 칸영화제를 일컫는다. 칸영화제에서 황금종려상을 받는 것이다. 얼마전 봉준호 감독이 '기생충' 이란 영화로 칸을 정복했다. 그전에도 많은 감독들이 외국의 영화제에서 수상수식을 전하기도 했지만 이번에는 한국영화사 100년에 제대로 그 영예를 안은 것이다. 독일이나 프랑스 유럽 등지에서는 제대로 배우를 하고 영화를 하고 유명세를 타려면 모두들 할리우드로 간다고 한다. 그런데 우리는 아주 척박하고 열악한 환경과 여건하에서 세계적인 영화제에서 최고의 상을 수상한 것이다.

우리에게 남겨진 것은 N만 남은 셈이다. 우리나라도 언젠가 N을 수상해서 NBC를 다 성취하는 위대한 나라의 반열에 오르는 날이 올 것이라 기대를 해도 좋지 않을까.

어떤 노회한 정치가가 한국인의 불가사의한 세 가지를 지적했다. 첫 번째는 우리는 세계에서 정말 잘 사는 나라가 되었다. 그럼에도 한국인들은 우리가 얼마나 잘 사는지를 실감하지 못하고 있다는 것이다. 작년말로 우리 국민의 1인당 GNP가 3만달러를 넘었다. 2002년 2만달러 이후 17년만에 달성이 된 것이다. 저금리 시대라 하고 저성장 시대라고 하지만 우리의 삶은 정말 5천년 역사 이래 이렇게 잘 살고 풍요로운 때가 없었다.

대만을 갔을 때 그랬다. 그들은 2002년부터 우리에게 뒤처지기 시작했다. 자신들이 항상 아래라고 생각했던 한국이 그렇게 잘되고 잘나가고 월드컵을 개최하고 올림픽을 개최하고 동계올림픽까지 개최하는 나라가 되고 보니 이제는 자신들과의 비교대상이 아니라는 것으로 체념하는 형국이었다. 자신들의 자존심을 세우기 위해 102층 빌딩도 세우고 기네스북에도 올렸지만 자신들의 한계를 절감하고 있는 듯했다. 한때는 자신들과 비교를 하면서 실질적인 구매력이나 삶의 질로 비교를 하자고도 했지만 이제는 따라갈 수 없을만큼 멀리 달아나버렸다.

다음은 일본을 무시하는 나라는 한국민 밖에 없다고 한다. 경제력 세계 3위의 일본에 관해 어느 나라든 다 경외감을 갖고 존경하거나 추종하고자 하는 경향을 보인다. 심지어 미국조차 일본에 대해서는 서로 존중하고 충분히 그 위상을 세우주고 있는 형편이다. 오로지 한국만이 일본에 대해 경원시하고 언제나 일본과 겨루어도 한치의 양보를 하지 않는 나라가 한국이라는 것이다. 일제 강점시대의 악감정이 남아 있는 것과 더불어 아무튼 일본자체에 대해 알레르기 반응을 보이는 나라가 한국이라는 것이다. 기질적으로 한국과 일본은 물과 기름과 같은 상극의 요소를 지니고 있는 듯하다. 지금도 한일관계는 최악의 상황에 처해있다. 강제징용에 대한 배상이나 위안부 문제 등 제대로 화해되고 조정되어 해결된 문제가 없을 정도로 앙금이 남아있는 형태다. G20 회의에 있어서도 한일 정상회담은 개최될 여지가 없어 보인다.

마지막으로 세 번째는 한국인들은 자국내에서는 법을 지키지 않는다. 그러나 외국에 가면 준법정신이 투철해진다. 참으로 희안한 특성 중의 하나이다. 어쩌면 일제 강점기의 순사 등에 대한 콤플렉스에서 그 원인이 있을지도 모를 일이다. 법을 지키면 자신만 손해라든가 법보다는 주먹이 먼저라는 식으로 법에 대한 인식자체가 제대로 형성되어 있지 못한 탓인지 모른다.

급변하는 4차산업혁명 시대에 활자화 된 것이 이제는 사양화되는 것 아니냐는 우려를 낳고 있다. 모두들 스마트폰에만 집중하고 몰입하는 세상이 되어가고 있다. 해외여행도 이제는 거의 일상화 된 느낌을 지울 수 없는 형국이다.

작년 겨울에 이탈리아를 여행하던 때의 일이다. 새벽 6시에 출발해서 나폴리를 거쳐 폼페이에 9시경에 도착해서 관광을 하려 했더니 이미 관광을 다 마치고 나오는 팀들이 있었다. 가이드에게 물었더니 극성스러운 한국팀들이라고 했다. 최소한 새벽 5시에는 로마에서 출발했을 것으로 보였다. 참으로 대단한 민족이라는 느낌이 들었다. 어려운 관광 여정 속에서 새벽 5시에 출발해서 관광지를 찾는 관광객이 우리나라를 제외하고 또 있을까. 이제는 세계 어디를 가든 한국인 관광객 또는 교포들을 만날 수 있는 세상이다. 80년대 마이카 시대도 지났고 이제는 해외 관광을 즐기고 기쁨을 찾는 시대가 되었다. 식도락도 즐기고 수다도 떨고 운동도 하고 즐거운 것들로 가득한 것이 여행이다. 여행 속에서 활력소를 찾고 새로운 삶에 대한 의지를 불태울 수 있으리라.

요즘 세상을 살면서 이런 생각을 갖게 된다. 과연 이렇게 사는 것에 어떤 의미나 가치를 부여할 수 있을까. 삶이란 것에 다시 한 번 고민하게 되는 부분이다. 노년의 삶이라는 것은 새로운 뭔가가 다르게 펼쳐지는 부분이다. 이제는 남은 여생을 편안하게 보내는 것이 관건이다. 그저 그렇게 있는 그대로 곳간에 쌓아놓고 저축하고 저장해 놓은 것을 축내며 곶감 빼먹듯이 하나씩 하나씩 빼 먹으면서 그렇게 무던하게 삶을 살아야 하는 것일까. 어떤 희망도 꿈도 잃어버린 채 하루하루를 살아내는 그런 삶이 어떤 의미를 가질 것인가. 그래도 살아야 하는 것이고 이겨내야 하는 것이 인생인가.

옛말에 이르기를 '개똥밭에 굴러도 저승보다 이승이 낫다.' 고 했다. 앞으로 얼마나 더 삶을 이어갈 수 있을지는 알 수 없는 노릇이다. 하지만 주어진 여건 하에서 항상 제대로 된 삶을 영위해 나가고 삶의 활력을 잃지 않는 길이 필요하리라. 낙담하고 무기력에 빠지고 삶을 살아야 할 이유를 잃어갈 때 힘이 빠지게 되고 늙은이가 되어가는 길이 아닐까.

이번에 1년여 동안 틈틈이 써온 글 45편을 모아 이렇게 '영혼의 향취'를 펴내게 되었다. 심혈을 기울여 본 원고를 검토해준 이미애 작가에게 감사를 드린다. 항상 삶의 활력을 잃지 않고 삶의 지향점에 대한 희망의 끈을 놓치지 않는 그런 알찬 삶이 영위되길 기원해 본다.

|목차|

1부

가을날의 인륜지대사

설날 1

설날 2

설날 3

농협의 이념

농협의 역사

H선생님과 콰이강의 다리

자한의 하루 일상

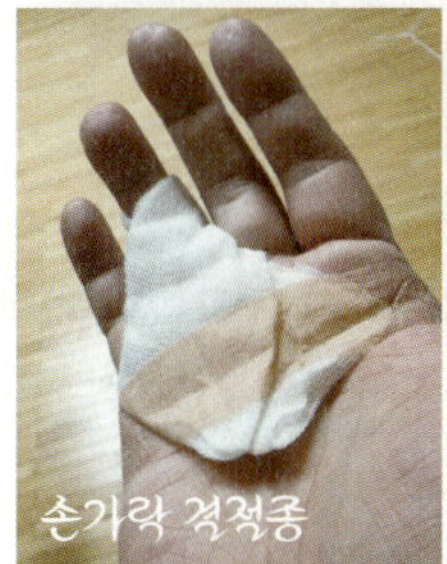
손가락 결절종

차

텃밭가꾸기

텃밭

루홀츠1

루홀츠2

2부

가족여행

단양팔경

단양

용마골프대회

청남대

청령포

호서삼사 동학사

홈카밍40주년

홈카밍40주년2

홈카밍40주년 에피소드

3부

1987

냉정과 열정사이

독전

러브레터

명당

A FAREWELL to ARMS
무기여 잘 있거라

신센구미

완벽한 타인

청춘의 문
TBSテレビ放送50周年
スペシャルドラマ
青春の門
NAVER BLOG

철도원
ほろまい

카라마조프가의 형제들

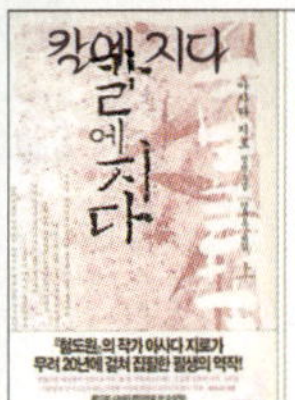
칼에 지다

칼에 지다

4부

베트남

베트남 에피소드

에필로그

오사카 교토 나라

오사카 교토 에피소드

동북삼성

동북삼성 에피소드

장가계 여행기

장가계 에피소드

1부

가을날의 인륜지대사

천고마비의 계절이자 결실의 계절이다. 결혼식도 많은 계절이다. 10월 말 토요일이었다. 결혼식이 두 군데 있었다. 오늘날 결혼은 이제 필수가 아니라 선택사항이 되었다. 또한 다양한 양식의 삶의 형태가 펼쳐지기도 한다. 어쨌든 그래도 결혼은 가장 중요한 인생에서의 선택이 아닐 수 없다.

첫 번째는 임 부장의 자녀혼이었다. 임 부장은 군대동기생으로 702특공연대에서 함께 생활했던 친구였다. 기아자동차에 입사해서 근무하다 퇴직을 했고 이후 ING생명으로 이직해서 근무하다 지금은 프리랜서로 지내고 있다.

지하철 3호선 압구정역에 있는 예식장이었다. 이 선배, 이 교장, 양 부장, 보완이를 만났다. 대부분이 703특공연대 시절 함께했던 선후배들이었다. 동기생들도 20여 명이 왔다. 이른 시간에 가서 식사를 하고 작별을 고했다. 다음에 한 번 자리를 하기로 했다. 이 선배는 목동에서 한의원을 내고 있었다. 30여 년 이상 한곳에서 운영을 하고 있으니 대단한 한의사였다. 이 선배는 취미로 암벽등반을 한단다. 목, 허리 등에 부상을 입은 후로는 산에 가는 취미로 바뀌었다. 옳은 일에는 물불을 가리지 않는 성격이었다. 자녀들을 다 출가시켰다. 5년 전쯤에 딸을 결혼시켰다. 부부만 살고 있었다. 형수가 플롯에 취미가 있다 보니 주말마다 그것을 배우러 다니고 있었다. 보완이는 10년 전에 퇴직을 했고 지금 쉬고 있고 인천에서 생활하고 있었다. 이 교장은 1차 교장을 마치고 교육청에서 장학관으로 근무 중이라 했다. 내년에 2차 교장을 나갈 요량이었다. 아들은 30세인데 장가갈 생각을 않고 있어서 골머리를 앓았다. 차를 끌고 전주에서 상경했다. 압구정역에서 전철로 신림역까지 갔다. 그리고 5번 출구에서 예식장 셔틀버스를 기다렸다. 예식 30분전쯤에 도착했다. 고문내외가 먼저 와 있었다. 주례가 없는 결혼식이었다. 성혼선언문 낭독은 신랑 아버지가 했고 신랑신부에 대한 덕담은 신부 아버지가 했다. 축가도 두 곡이나 있었다. 민경네와 학균네가 오지 못했다. 학균네는 목감 근처에서 6중 추돌이 있었다. 사고처리로 참석이 어려웠다. 피로연식당에서 식사를 하고 다시 신림동으로 향했다. 영재네는 민지와 같이 왔었다. 무척이나 성숙한 모습을 보여주었다. 민지가 사귀고 있는 남자친구의 사진도 보여주었다. 동갑이라고 했다.

다음은 내년 2월에는 용성네의 차례였다. 그리고 5월에 영근이가 예정되어 있었다. 신랑 부친의 흰콧수염이 화제였다. 2층 호프집에서 생맥주를 한잔 하면서 뒤풀이를 했다. 정식 신녹사 회합자리이기도 했다. 수미네, 재민네 등은 먼저 가버렸다. 혼주는 무척이나 기분이 좋아보였다. 신랑신부가 양가부모님께 큰절을 올리지 않은 것은 잘못되었다는 평이 있었다. 신호집은 미림여고 부근의 빌라 4층이라고 했다. 신혼여행은 12월경에 따라 일정을 잡아가는 것이라고 하였다.

유교에서는 결혼을 인륜지대사로 여겨 무척이나 중요한 통과의례로 생각했다. 인생을 관통하는 의례에 4가지 관혼상제가 있는데 그중에서도 가장 귀하고 소중하게 여겼던 것이 혼인이었다. 삶을 정상적으로 살아가는 데 꼭 필요한 세 가지 선택에도 배우자 선택이 있었다. 물론 직업의 선택이나, 인생관의 선택도 배우자 선택만큼 중요한 것이기는 하다. 사람의 생애를 결정짓는 것이 인륜지대사로서의 결혼일 것이다. 그래서 성경에서도 믿음, 사랑, 소망 중에 그중에 제일은 사랑이라고 하지 않았는가. 덧붙여 불교에서 얘기하는 7가지 아내에 대한 얘기를 부처님이 말씀하셨다.

세상에는 7종류의 아내가 있다. 살인자 같은 아내, 도둑 같은 아내, 여주인 같은 아내, 어머니 같은 아내, 여동생 같은 아내, 친구 같은 아내, 하녀 같은 아내가 그것이다. 첫 번째는 자비가 없고 마음은 타락하고 다른 사람은 열망하면서 남편은 멸시하며 자신을 사온 남편을 죽이려는 아내, 이런 아내를 살인자 같은 아내라고 한다. 두 번째는 기술이나 장사, 농장 일을 통해 남편이 벌어들인 재산을 자신을 위해 조금씩 훔쳐내는 아내, 이런 아내를 도둑 같은 아내라고 한다. 세 번째는 아무것도 하는 일 없이 나태하게 굴면서 음식이나 잔뜩 먹고 험담이나 하고 성질이 사납고 말이 거칠고 부지런한 남편을 구박하는 아내, 이런 아내를 여주인 같은 아내라고 한다. 네 번째는 마치 어머니가 외아들에게 하듯 남편을 돌보고 항상 남편에게 친절하고 이익을 주며 남편이 벌어들인 재산을 조심해서 지키고 감독하는 아내, 이런 아내를 어머니 같은 아내라고 한다. 다섯 번째는 마치 여동생이 오빠를 대하는 것처럼 남편을 지극한 공경심으로 대하며 남편의 뜻을 겸허히 수용하는 아내, 이런 아내를 여동생 같은 아내라고 한다. 여섯 번째 헤어졌던 친구가 다시 만나면 서로 환영하듯이 남편 앞에서는 항상 즐거운 모습이며 훌륭한 태생으로서 계행戒行을 지키고 헌신적인 아내, 이런 아내를 친구 같은 아내라고 한다. 일곱 번째는 누가 몽둥이로 때려도 두려워하거나 성내지 않으며 잘 참아내고 마음은 고요하고 깨끗하며 남편의 뜻을 순순히 잘 따르는 아내, 이런 아내를 하녀 같은 아내라고 한다. 살인자 같은 아내, 도둑 같은 아내, 여주인 같은 아내는 말이 사납고 계행戒行이 바르지 못하고 존경 받지 못하며, 죽은 뒤에 나쁜 곳에 태어난다. 그러나 어머니 같은 아내, 여동생 같은 아내, 친구 같은 아내, 하녀 같은 아내는 계행戒行이 확고確固하고 오래도록 자신을 잘 다스려서 죽은 뒤에 좋은 곳에 태어난다. 불교에서 얘기하는 7가지 아내에 관한 내용이다. 부부의 연은 7천겁의 인연이 있어야 맺어질 수 있다. 가을날의 인륜지대사가 끊임없이 맺어지지만 과연 이렇게 어머니, 여동생, 친구, 하녀같은 아내가 얼마나 될까. 모든 부부가 백년해로하고 행복하게 사는 것은 아니지만 오늘 결혼하는 두 쌍의 부부가 지혜로운 아내를 맞아 훌륭하고 행복한 결혼생활을 영위하길 기원해본다.

기해년 설

올해도 어김없이 새해가 밝았다. 황금돼지해라 해서 모두 욱일승천하는 기분으로 새해에는 많은 부분에서 우리에게 희망찬 새해가 되리라 기대한다. 많은 새 생명도 태어나고 경제도 회복되고 우리 국민 모두의 살림살이가 나아지기를 말이다. 행복한 한 해가 되어야 하리라.

아침 일찍 일어나 세면을 하고 새로운 기분과 각오로 아침을 맞았다. 먼저 단장을 하고 부모님께 세배를 올렸다. 건강하고 바라는 바 원하는 것을 성취하는 좋은 한해가 되기를 기원한다는 덕담에 울컥하는 기분이 들었다.

아들내외의 세배를 받았다. 지난해처럼 한복을 입지는 않았지만 새로운 2세의 탄생을 축원했다. 세뱃돈을 주고 떡국을 먹었다. 막내동생이 병고를 겪고 있는 상황이라 단출한 식구였다. 아들이 중앙고등학교 운동장에 주차된 차를 몰고 왔다. 차량은 어제 렌트를 한 RV차량이었다. 아버지가 앞좌석을 차지하고 우리 내외와 며느리가 뒷좌석에 앉았다. 내비게이션으로 목적지를 설정하고 아들이 운전을 해서 연산동의 큰 집으로 갔다. 7시 50분쯤에 출발했는데 도착예정시간은 8시 20분경이었다. 산복도로로 해서 전포동을 거쳐서 달렸다.

큰 집에 도착해서 사촌동생 내외와 인사를 나눴다. 이미 제사상을 거의 절반가량 채비가 되어 있었다. 탕, 전, 생선 등 만 남은 상황이었다. 큰 집 식구도 동생내외와 조카딸뿐이어서 단출했다. 병풍을 치고 촛불을 켰다. 향도 피웠다. 술을 주전자에 따르고 차례를 모실 준비를 마쳤다. 일단 세배행사부터 했다. 그리고 사촌동생 내외와 서로 간에도 세배를 했다. 차례는 지우를 두 번 붙이고 치러졌다. 제사를 마치고 지우를 태웠다. 상을 물렸다. 음복을 하고 제삿밥을 먹었다. 탕국으로 국을 삼았고 문어, 돼지고기 등을 썰어서 반찬으로 먹었다. 대부분의 식구들은 밥을 나물 등을 넣고 비벼서 먹었다.

고향에서 근무하고 있는 동생에게서 고향의 소식을 좀 들어볼 수 있었다. 3월 13일에 있을 조합장 선거가 모두의 관심사였다. 농협, 축협, 산림조합 세 군데에서 선거가 치러지는 것이고 중앙선거관리위원회에서 위탁을 받아 선거를 관리한다. 현조합장이 유력한 가운데 마땅한 대항마가 없다는 애기였다. 화제의 초점은 동생의 손주와의 화상통화였다. 멀리 김포에 있는 손주 두 명과 화상통화를 했다. 일상적인 통화지만 그것이 손주와의 통화이니 의미가 있고 삶의 활력소로 작용이 되었다. 사위네 가족은 이번에는 오지 못한다는 소식이었다.

아들은 제사를 하는 동안 정성을 기울여 제사를 모셨고 제사가 끝난 후에는 제기를 닦는 임무가 주어졌다. 제사를 모시는 이들이 별로 없으니 아들이 할 일이 많았다. 식사를 마치고 과일과 차로 디저트까지 하고 나니 거의 11시가 되었다. 작별을 고하고 귀로에 올랐다. 그냥 곧바로 집으로 가기는 그래서 일단 해운대쪽으로 방향을 바꿨다. 본래 명절의 귀성은 거의 전쟁이라 할 만큼 힘들고 복잡했었다. 그런데 요즘은 항상

KTX를 이용하다보니 많이 편리해졌고 편한 세상이 되었다. 하루 온종일 고속도로에서 시달렸던 것을 이제는 크게 고생하지 않고 바로 귀성하고 귀경하니 좋은 세상이 된 셈이다. 물론 미리 열차표를 예매하고 구해놓는 것이 선결과제이기는 하다. 이번에 귀성열차표는 며느리가 끊었다. 최초에는 네 가족이 한꺼번에 가는 것으로 계획을 했으나 계획이 바뀌었다. 아들이 설 앞에 연휴가 긴 관계로 먼저 처갓집에 갔다가 부산으로 가는 것으로 했다. 고향과 처갓집으로 가는 것은 따로 각각 알아서 가고 오는 것을 같이 오는 것으로 변했다. 몇 번을 코레일앱에 접속해서 마땅하고 적절한 시간대에 표로 변경하기 위해 애를 쓴 결과 우리 내외는 10시 30분 출발과 오후 5시 15분에 부산역에서 출발하는 것으로 최종 결정이 되었다.

동백섬에는 누리마루 APEC하우스가 있다. 새로운 관광명소로 각광을 받는 곳으로 변했다. 동백섬에서 바라보는 광안대교와 수영만 쪽의 마천루들이 사진찍기 좋은 곳으로 선정될 정도였다. 노무현 대통령 당시 국제회의를 했던 부분들이 새로운 관광명소로 자리매김되는데 결정적인 역할을 했다. 한국적인 건축물로 정자도 있었고 오륙도가 내려다보이기도 했다. 조금 더 걸어서 가면 등대가 있었고 석각도 한켠에 있었다. 해운 선생의 동상도 동백섬 정상에 있었다. 동백섬을 한 바퀴 둘러보고 나오면서 환하게 피어져 있는 동백꽃의 우아한 자태도 카메라에 담았다. 시간이 여유로웠다면 찻집에서 차라도 한 잔 했을텐데 그럴 정도로 충분한 여유로움은 없었다. 차로 귀가하는 길에는 광안대교를 건넜다. 바다위의 다리였다. 아래위로 방향이 달랐다. 해운대에서 가는 길에는 윗층이었고 해운대쪽으로 오는 방향은 아래층이었다. 다소 막히는 길이었지만 시원한 바닷바람이 비릿한 바다 내음을 품고 있었다. 집에는 여동생과 조카가 와 있었다. 이번에 조카가 대학에 들어가는 쾌거를 이뤄 경사스러운 일이 되었다. 세배를 받고 열심히 공부해서 큰 사람이 되어야 한다고 덕담을 했다.

짐을 챙기고 가방을 싸서 귀경할 준비를 했다. 아쉬움이 남았다. TV에서는 백두장사 결정전이 벌어지고 있었다. 선수들도 다들 낯선 이름들이었다. 이제는 귀경하는 일만 남았다. 렌트카를 반납하고 역으로 가야 했기에 시간이 촉박했다. 아버지, 어머니께 작별을 고하고 귀로에 올랐다. 오버브릿지도 고가가 오래되어서 새롭게 수선을 하고 있었다. 부산역 근처의 한 호텔이 렌트카를 반환하는 장소였다. 그전에 사용된 차의 기름을 채워서 가득 채운 후 반납했다.

역 대합실에서 좀 대기하면서 휴식을 취했다. 그리고 열차를 탔다. 좌석이 이격되어 있어 양해를 구하고 바꿔보려고 했는데 목적지가 대전이어서 그냥 떨어져 갔다. 대전까지 가는 동안은 거의 잠에 빠졌다. 그리고 한 시간 남짓한 시간 동안은 핸드폰의 SNS를 확인하는데 시간을 보냈다. 서울역에 내려서 아들내외와 작별을 고하고 서부역에서 카카오택시를 불러서 귀가했다. 기해년 설을 보내며 만감이 교차했다. 이제 뉴스에 나오는 것으로는 향후 노인은 이제부터 70세부터 인정하게 될 것이라는 것이 유력해지는 분위기이다. 많은 사회적 제도 등이 뒷받침 되어야겠지만 아무래도 그것은 성급한 결정이 아닐까 우려되는 바이다. 이때까지 그런 부분에 관해 충분히 대비하고 준비할 수 있는 사회체계가 되어있지 않았는데 갑자기 그렇게 노인을 상향화하는 것은 적절치 못할 것이다. 충분히 국민들이 수용하고 받아들일 수 있는 여건이 성숙되었을 때 시행하는 것이 바람직하리라. 기해년 새해에 우리 경제의 앞날은 불투명하고 장밋빛 미래를 전망할 수 있는 상황도 아니다. 하지만 우리 국민의 저력은 세계가 인정하고 있다. 결코 좌절하지 않을 것이고 패배하지 않을 것이며 오뚝이처럼 우뚝 서고 용틀임하며 결코 무너지지 않는 저력과 활력을 보여주리라 기대해본다

농협의 이념

농협이념의 심장을 깨워라. 내가 강의하는 농협이념 강의의 제목이다. 세부 목차는 첫째 우리는 지금 왜 여기에 있는가. 둘째 협동조합의 발생과 운영원리 등으로 되어 있다. 농업인에게 가장 큰 영향을 주는 조직이 농협이라고 인식하고 있는 여론조사 결과는 40%로 응답하고 있다. 이는 농업인의 답변이다. 농협의 임직원은 52% 수준이다. 다음으로 지자체, 중앙정부 기타 순으로 답하고 있다. 이렇게 중요한 조직이 농협임에도 '농협은 갑질을 한다.' '농민의 등골을 빼먹는다.' 라는 비판을 받아왔다. 이는 농협중앙회, 농·축협 모두에게 쏟아지는 질책이다.

다음의 조사를 보자. 농협이 제대로 농업인을 위해 활동하고 있는가? 2012년 외부기관에 의한 객관적인 여론조사 결과이다. '잘하고 있다.' 라는 응답이 8%에 불과하다. 외부의 시각에서 농협이 잘 못하고 있다는 결과가 66%를 차지하고 있다. 우리나라에서 정권이 바뀔때마다 농협의 개혁을 외쳤다.

노정부 시절 대통령께서 그렇게 말씀하셨다. "농협이 쎈지 대통령이 쎈지 모르겠다." 다음으로 MB정부 시절에 대통령께서 가락동 농수산센터를 방문하셔서 그렇게 말씀하셨다. "농협이 금융으로 몇조씩 벌고…

번 돈을 농민에게 돌려줘라"라고 했다. 결국은 이런 질타에서 농협에 대한 개혁이 시작이 되었고 구조개편이 시도되었다. 금융지주가 2012년 분리된 연유가 여기에 있다. 문제의 원인은 농협직원이 생각하는 농협의 역할과 농민이 바라는 농협의 역할에 갭이 있다. 농협직원은 충분히 농민을 위해 열심히 하고 있다고 인식하지만 농민들은 농협직원의 역할에 불만을 갖고 있는 것이 현실이다. 농민이 원하는 만큼 농협직원이 제대로 역할을 하고 있지 못한 부분에 관하여 충분히 반성해야 할 것이다. 농업협동조합으로써 정체성을 소홀히 한 농협은 비판의 대상이 되었다. 신용사업에만 몰두하고 경제사업을 소홀히 한다.

두 번째는 직원들의 배만 불리고 있다. 세 번째는 정부의 시녀역할만 하고 있다. 세계적인 석학으로 유명한 캐나다의 협동조합 학자 레이들로 박사는 협동조합의 위기를 3가지로 설명하고 있다. 첫째는 신뢰의 위기, 둘째는 경영의 위기, 셋째는 이념의 위기이다. 협동조합의 참된 목적이 무엇인가를 잊고 있기 때문에 위기에 처한 것이다. 협동조합이 차별적인 사업체로서 명백히 독자적인 역할을 수행하고 있는가? 이에 대한 끊임없는 질문을 통해서 협동조합의 역할을 재조명해 보아야 한다. 농협의 이념은 본래 이상적으로 여겨지는 생각이나 견해이다. 또한 조직의 목적, 방침, 계획 등을 다스리기 위한 우리의 마음가짐이다. 협동조합의 이념이란 한 마디로 '자본주의 사회에 살고 있는 보통의 인간이 경쟁이나 도파가 아니라 협동에 의해서 보다 나은 인간적인 삶과 사회를 만들려고 하는 생각'이라고 할 수 있다. 이러한 협동조합의 이념은 협동조합 운동의 지배적인 가치관, 규범, 신념 및 이상 등을 포함한 주체적 의지로서 협동조합이 지향하는 최고 가치관, 지도 정신을 의미한다. 인간 존중의 바탕

위에서 이루어진 협동을 통하여 인격적 평등 및 경제적 지위 향상을 목적으로 하는 상부상조, 자주, 자조, 자립의 이념이 협동조합의 최고 가치이다 이러한 협동조합의 이념은 농협법 제 1조에 그대로 구체화 되어 있다. 이 법은 농업인의 자주적인 협동조직을 바탕으로 농업인의 경제적, 사회적, 문화적 지위를 향상시키고, 농업의 경쟁력 강화를 통하여 농업인의 삶의 질을 높이며, 국민경제의 균형 있는 발전에 이바지함을 목적으로 한다. 우리가 항상 혼동하는 것이 목적과 목표이다. 우리가 항상 신경썼던 손익목표 매출액 등은 목표이다. 목적은 농업인의 삶의 질 향상이다. 우리가 목표로 내세웠던 '농가소득 5천만 원' 도 목표이다. 목표를 달성하고자 하는 것은 목적을 이루기 위한 것이다. 목표는 목적을 도달하기 위한 수단임을 잊지말아야 한다.

영국에서는 18세기말엽부터 도시에서부터 산업혁명이 일어났다. 산업혁명은 1764년 하그리브스의 방적기 발명으로 가내수공업 형태였던 면방적공업이 공장제 공업으로 전환되면서 시작되었다. 그리고 와트의 증기기관 발명과 제철산업의 발달은 산업시스템의 혁명적 전환을 가져왔다. 하지만 신진 자본가계급은 생산수단과 자본을 동시에 가진 거부로, 자영농과 소생산자들은 임금노동자로 전락하여 극도의 저임금과 열악한 환경에 놓이게 되었다. 이러한 환경에서 노동자들은 생존권을 확보하기 위해 다양한 노력을 전개하였는데, 자신들의 열악한 상황을 개선하기 위해서 정치적 참여가 필요하다는 것을 깨닫고, 830년대 중반부터 선거권 쟁취를 위한 '차티스트 운동', 그리고 노동조건 개선과 임금인상을 위한 노동조합 운동 등을 전개하였다. 근대 협동조합 운동은 이러한 자본주의 발전과정에서 파생된 많은 사회적 불안과 모순을 개선하기 위한 사회개

혁사상에서 출발하였으며, 생존권을 확보하려는 노동자들이 적은 임금으로 식료품 등을 보다 저렴하게 구입할 목적으로 소비협동조합을 설립하기 시작했다. 이렇게 초기협동조합의 시초는 영국 노동자들에 의한 소비자협동조합이었다.

로버트오웬은 노동자들에게 양호한 작업시설과 근로 여건을 제공하고 소비자협동조합을 조직하여 각종 생활필수품을 일반 상인에 비해 20% 저렴하게 공급하였다. 또한 수익금 중 상당액을 교육비로 충당하였다. 로버트 오웬은 소위 '공상적 사회주의자' 로 평가받는다. 오웬은 영국의 산업혁명과정에서 노동자들의 비참한 생활상태를 관찰하던 가운데 1800년 부터 25년간 스코틀랜드 뉴라나크에서 1,500명을 규모의 '뉴라나크 방적공장' 을 경영하며 노동자들의 태만, 불성실, 부정직을 목격하며, 노동자들에게 좋은 교육 환경과 기회를 제공하는 한편, 근로조건을 개선하고 소비자협동조합을 조직하는 일종을 협동촌을 건설하여, 공동생산과 공동소비가 이루어지는 협동조합사회를 건설하려고 하였다. 1824년에 미국으로 건너가 '뉴하모니' 협동촌을 건설하여 현실화 되었으나, 계획의 무모성 그리고 정부나 부유층에 원조를 기반으로 하는 의존성, 일체의 종교를 부정하는 사회로 부터 격리된 협동촌의 건설은 비현실성 등으로 4년만에 실패하고 만다. 이처럼 오웬은 협동조합을 사회주의적 공동사회를 건설하려는 기초조직으로 인식함으로써 협동조합 운동사에 공상적 사회주의자로 평가받는다. 그러나 오웬의 사회주의 사상은 초기 협동조합 운동에 많은 영향을 끼치게 된다.

윌리엄킹은 중학교 교장 아들로 태어나 케임브리지의대 졸업(의사)했다. 오웬과는 다소 다른 협동조합 사상의 흐름이 기독교사회주의이다.

기독교 사회주의자들은 대중은 빈곤상태를 보면서 사회의 빈곤문제는 기독교적인 박애정신으로 사회를 개혁함으로써 해결될 수 있다고 주장한다. 이의 실현은 협동조합이라는 조직을 통해 달성될 수 있다고 보고 노동자들이 직접 경영하는 형태의 점포인 Union Shop을 설립해 늘려갔다. 이는 일종의 소비조합의 형태이다. 이는 500개까지 늘어가며 확장되었지만, 이듬해 막을 내리고 만다. 여기에는 여러가지 이유가 있지만, 협동조합을 어떻게 운영할 것인가에 대한 내부적인 구조와 제도가 제대로 정비되지 않아 빚어진 갈등에 기인한다. 유니온 샵이란, 근로자가 어느 노동조합에 가입하지 아니할 것 또는 탈퇴할 것을 고용조건으로 하거나 특정한 노동조합의 조합원이 될 것을 고용조건으로 하는 약정을 말한다. 여기서 '고용조건으로 한다' 는 의미에는 노동조합 가입여부에 따라 고용여부를 결정하는 것은 물로 기존 고용을 취소하는 것까지 포함한다. 따라서 이미 근로계약에 체결된 근로자에게도 해당한다. 앞의 오웬이 협동촌이나 국민공평노도교환소처럼 자본주의 사회에서 격리된 방식의 협동조합 모습을 추구하였다. 하지만 킹은 협동촌을 협동조합의 궁극적 모습으로 인식한 점에서는 오웬과 같지만, 자본주의 체제에서도 협동조합 방식의 점포설립을 통해 노동자의 이익을 지킬 수 있다고 믿어 좀 더 현실적인 대안을 제시하였다고 볼 수 있다. 이들의 초기 협동조합운동은 모두 실패로 끝났지만, 조합원이 소유권, 통제권, 수익권을 모두 확보하고 있는 체제라는 점에서 오늘날의 협동조합과 본질적으로 같다. 단 협동조합의 운영원리와 제도가 제대로 정립되지 않는 것이 실패요인이다. 그래서 협동조합의 근본적 제도와 운영방침을 확립한 1984년 로치데일공정개척자조합을 최초의 근대적 협동조합으로 본다. 협동조합의 가치는 다음과 같다. 자조, 자기책임, 민주, 평등, 공정, 연대의 가치를 토대로 한다. 선구자들의 전통에 따라 정직, 공개, 사회적 책임, 타인에 대한 배려의 윤리적 가치를 신조로 삼았다. 농협직원들이 변화하는 이유는 협동조합의 원칙, 가치, 윤리적 가치들을 회복하여 다시 협동조합의 시대가 오기를 바라기 때문일 것이다. 그랬을 때 농협을 비롯한 협동조합은 미래의 선택지 중 하나가 될 것이다. 많은 사람들이 협동조합이 쇠퇴하는 조직이 아니라 계속 발전할 수 있는 조직형태로 보고있는 이유이다.

세계협동조합연맹은 1995년 9월 창립 100주년을 맞이해 영국 맨체스터에서 열린 제31차 총회에서 '협동조합 정체성에 관한 성명서'를 채택했다. 협동조합의 성격을 규정하는 '정의'와 함께 세계의 모든 협동조합과 협동조합인(협동인)이 공유하고 실천해야 할 '윤리적 가치'와 7대 운영원칙을 발표했다. 그동안 협동조합의 정의나 7원칙은 많이 알려져 왔으나 윤리적 가치는 별로 알려지지 않았다. 세계연맹은 협동조합과 협동인의 직업윤리라고 할 수 있는 윤리적 가치에 대해 "협동조합은 자조, 자기책임, 민주주의, 평등, 공평과 연대의 가치를 기반으로 한다. 조합원은 선구자들의 전통에 따라 정직과 투명, 사회적 책임, 그리고 타인에 대한 배려의 윤리적 가치를 신조로 합니다."라고 선언했다.

세계연맹은 협동조합이 지켜야 할 6가지 가치 가운데 첫 번째로 '자조'를 들었다. 자조란 말 그대로 '자기를 스스로 돕는 일'이다. '협동協同'이란 말은 원래가 여러 사람이 모여(十) 서로의 힘(力)을 하나의 방향(同)으로 모으는 것을 뜻한다. 협동조합이란 협동조합을 만들기로 하고 자발적으로 모인 사람들이 힘을 모아 자신들의 운명을 스스로 개척하는 노력을 다해야 한다. 모든 조합원들은 협동조합이 필요로 하는 자본, 기술, 재능 등 모든 것을 십시일반 해야 하며, 그 첫 번째가 필요한 자금을 조합원 스스로 모으는 일이다. 협동조합이 시작부터 정부 재정지원 등 외부지원을 바라는 것은 자조와 자족의 정신을 훼손한다는 점에서 '협동조합을 죽이는 독약' 이라고 까지 말한다.

두 번째 가치인 '자기책임' 은 협동조합 설립과 운영, 지속적 성장 발전 등에 이르기 까지 협동조합의 모든 것에 대해 조합원이 스스로 책임을 진다는 의미이다. 협동조합이 조합원에 의해 자주적으로 조직되고 민주적으로 운영되며 조합원의 필요와 열망을 충족시키는 일을 하기 위해 만들어 졌기 때문이다.

세 번째 가치는 '민주주의' 이다. 협동조합의 조직과 운영이 민주적이어야 한다. 조합장과 이사, 감사, 대의원의 선출에서 의사결정과 집행 등에 이르기까지 민주주의의 원리가 적용돼야 한다. 협동조합을 '풀뿌리 민주주의' 의 실천도장이라고 부르는 것은 그 때문이다.

네 번째 가치인 '평등' 은 모든 조합원은 협동조합에 대한 책임과 의무, 자격, 권리 등의 행사에서 차별 없이 동등한(같은) 가치를 가져야 한다는 것이다. 협동조합은 사람중심의 인적 결합체이기 때문에 모든 조합원이 평등한 대접받아야 하는 것은 너무나 당연하다. 다섯 번째 가치인 '공평' 은 어느 한쪽으로 치우침이 없이 공정하고 올바른 것을 의미한다. 협동조합은 모든 조합원을 공정하고 공평하게 대우해야 하며, 조합원이 어떤 편견이나 우대나 특혜로부터 자유로워야 하고 불편부당한 대접을 받지 않은 것을 말한다.

마지막으로 연맹은 '연대' 를 강조한다. 조합원의 결사체인 협동조합은 모든 조합원의 집단적인 참여와 노력을 통하여 개인적으로는 불가능한 공동의 목표를 달성할 수 있다는 '협동의 힘'을 바탕으로 하는 조직이기 때문이다. 연대는 협동조합을 협동조합답게 하는 힘의 원천이라고 할 수 있다. 협동조합의 연대는 조합원간의 협동과 이를 넘어선 협동조합간의 협동, 더 나아가 지역적, 국가적, 지구적 연대까지를 포함한다.

이어서 연맹은 협동인이 지켜야할 5가지 덕목을 제시하고 있다. 연맹은 먼저 협동인들이 '협동조합선구자의 전통'을 존중할 것을 강조한다. 협동조합은 하룻밤 사이에 세워지지 않으며, 어느 날 갑자기 하늘에서 떨어진 것도 땅에서 솟아난 것도 아니라는 점을 강조하기 위한 것이다. 세상의 모든 협동조합은 설립자들의 실패와 성공, 수많은 시행착오 속에 흘린 거룩한 피와 땀의 결과라는 역사적 사실을 일깨우기 위한 것이다. 협동인들은 협동조합선배들의 헌신과 노고와 그들의 시행착오, 고뇌에 찬 실패와 성공의 스토리를 알아야 하며 이를 소중한 가치로 여겨야 한다.

연맹은 협동인이 지켜야 할 두 번째 덕목으로 '정직과 투명성'을 강조한다. 성공한 협동조합들의 역사는 협동인들의 정직과 투명성이 협동조합을 위기에서 건져내고 성공으로 이끈 원동력이란 것을 보여주고 있다. 협동조합은 정직과 투명성에 대한 조합원의 신뢰를 잃는 순간 무너질 수 밖에 없는 사람들의 '믿음' 위에 서있는 조직이기 때문이다. 협동조합의 모든 거래행위는 정직해야 하며, 협동조합의 경영, 재정, 회계 등은 모두 투명하게 공개되어야 한다.

연맹은 협동인들의 세 번째 덕목으로 '사회적 책임'을 강조한다. 협동인들은 자신들의 필요와 열망의 충족을 넘어 지역사회 일반주민들의 삶의 질의 향상은 물론 지역사회가 당면한 문제 해결에도 관심을 가져야 한다. 협동조합은 일정한 지역을 기반으로 설립되는 조직이기 때문이다.

마지막으로 연맹은 협동인이 가져야 할 덕목으로 '타인에 대한 배려'를 꼽는다. 협동인들은 이웃에 대한 나눔과 돌봄의 배려정신을 가지고 실천해야 한다. 협동조합은 조합원들끼리만 잘 먹고 잘살기 위한 조직이 아니라는 것이다. 협동조합은 더 나은 세상을 만드는 일에 나서야 하며, 이를 위해 협동조합이 보유한 인적, 물적 자원을 사용해야 한다.

협동조합의 원칙은 7가지이며 다음과 같다. 첫째, 가입의 자유(자발적이고 개방적인 조합원 제도) 둘째, 조합원에 의한 민주적 관리 셋째, 조합원의 경제적 참여 넷째, 자율과 독립 다섯째, 교육·훈련 및 정보제공 여섯째, 협동조합간 협동 일곱째, 지역사회에 기여이다.

3가지 운영원리의 연계성을 살펴보자. 협동조합은 영리회사와 달리 투자자의 이윤목적이 아니라 조합원인 이용자의 이용 편익을 위해 사업을 운영한다. 이용자의 편익을 극대화하는 핵심전략이 원가경영 원칙이다. 원가경영에 의한 저렴한 서비스제공은 이용자가 협동조합사업에 자발적으로 참여하게 되는 계기로 작용한다. 협동조합의 원가경영이 원가수준을 낮춰 사업경쟁력을 높이려면 적정 사업규모 확보에 의한 비용절감이 중요한데, 이를 위해서는 조합원의 공동행동을 통한 사업 참여가 매우 중요하다. 이용자 편익을 위한 이용자 중심경영의 핵심전략이 원가경영이다. 이윤극대화를 추구하는 영리회사가 평균비용보다 높은 수준의 가격을 설정하여 초과이윤을 실현하는 반면, 협동조합은 서비스 가격을 낮게 설정하여 영리회사에 대한 경쟁력을 확보하게 된다. 협동조합의 원가경영 사업방식은 조합원에게 최선의 가격으로 시장서비스를 제공하여 이용자 이익을 극대화하며, 영리기업의 초과이윤 추구행위와 독과점 가격

횡포를 견제하여 시장경쟁을 촉진한다. 협동조합의 원가경영이 원가 수준을 낮춰 사업경쟁력을 높이려면 적정 사업규모 확보에 의한 비용절감이 중요한데 이를 위해서는 조합원의 공동행동을 통한 사업참여가 매우 중요하다. 협동조합의 경쟁력은 조합원의 협동 즉 조합원의 공동행동에서 나오며, 이는 협동조합이 영리회사에 대한 경쟁우위를 확보하기 위한 핵심수단이다. 이는 협동조합이 영리회사의 시장지배력 행사에 대응하기 위한 조합원의 집단적 자구노력에 해당한다.

마지막으로 협동조합의 정의를 알아보자. 협동조합은 "공동으로 소유하고 민주적으로 운영되는 사업체를 통하여 공통의 경제적, 사회적, 문화적 필요와 욕구를 충족시키고자 하는 사람들이 자발적으로 결성한 자율적인 조직"이다. 이는 모든 협동조합에 적용되는 정의이고 ICA에서 정의한 바이다. 미국 농무성에서 정의하는 것은 협동조합이란 "이용자가 소유하고 통제하는 사업체로서 그 이익을 사업 이용액에 비례하여 이용자에게 배분하는 사업체"이다. 이 정의를 통해서 미국 농무부는 1987년 협동조합 원칙을 이용자의 소유권, 통제권 및 수익권에 대한 간결하고 명확한 내용으로 정립한다. 이는 다양한 협동조합 원칙들과 일관성을 갖는다는 점에서 연구자들에게 협동조합의 현대적 원칙으로 인정되고 있다.

농협의 이념 2

농협의 이념 두 번째 시간이다. 이번 시간에는 세계속 협동조합의 위상을 알아보고 두 번째는 협동조합의 구조문제와 대안 그리고 새로운 협동조합의 출현과 과제에 대하여 살펴보자.

국제 협동조합 연맹은 1880년대부터 영국과 프랑스의 협동조합 운동가들이 상호 교류하는 가운데 설립되었다. 다양한 배경과 형태, 운영원칙을 가진 협동조합들 간에 이견으로 발족을 하지 못하다가, 1895년 비로소 1회 대회를 영국 런던에서 개최함으로써 출범하게 되었다. 한국 농협은 1961년 종합농협이 탄생하면서 부터 ICA에 가입하려고 노력하였지만, 당시 농협중앙회장을 대통령이 임명하는 제도 때문에 ICA의 원칙 중 '정치적 중립의 원칙' 에 위배되어 정회원 자격을 얻지 못하다가, 1963년 준회원 자격을 얻게 되었고, 1972년 바르샤바 ICA총회에서 준회원 제도를 폐지하면서 자동으로 정회원 자격을 얻게 되었다. 현재 농협중앙회 뿐만 아니라 수협중앙회, 신협중앙회, 새마을금고연합회, 임협중앙회 등이 ICA 정회원으로 되어 있다. ICA에는 사업전문성을 높이기 위해 농업, 금융, 소비자, 수산업, 보건, 주택 등 8개 분과를 두고 있다. 농업분야의 국제기구가 ICAO이다.

한국농협은 1998년에 필리핀 마닐라에서 개최된 ICAO 총회에서 회장국으로피선되어, 현재까지 중앙회에 ICAO사무국을 설치, 운영하고 있다. ICA의 회원과 집행부 구성은 전통적으로 유럽의 소비조합이 중심이었으나, ICA에서열리는 두 가지 총회 즉 전체총회와 지역총회가 있다. 현재 한국에서는 김병원 농협중앙회장이 ICA 이사로 활동하고 있다. 1960년 이후 아시아, 아프리카, 중남미 지역에서의 가입이 늘어나면서 세계적인 조직으로 발전하고 있다. 회의는 전체총회와 지역총회가 있다. 전 회원 조직이 참여하는 전체총회와 아시아 태평양, 아프리카, 아메리카, 유럽에서 이루어지는 지역총회로 나뉘어 개최된다. 이 두 총회는 매년 서로 번갈아 가면서 2년마다 개최된다. ICA 이사회는 전체 총회에서 선출하는 회장 1명, 각 지역총회에서 추천하는 부회장 4명, 이사 15명 등이 4년을 임기로 선출되며, 총 20명으로 구성된다. UN은 조사를 통해 협동조합은 '위기에 강하다는 점'을 발견했다. 전세계적으로 은행을 비롯한 모든 산업에서 위기를 겪고 있는데 네덜란드 '라보뱅크'라는 협동조합은행의 실적을 봤더니 2008년 금융위기를 겪고 오히려 수신액이 이전보다 3배급증했다. 협동조합 은행이 다른 주식회사 은행보다 훨씬 더 신뢰가 간다는 믿음이 생겨 예금이 늘어나게 된 것이다. 또 이곳은 정부의 지원을 받지 않고 스스로 성장을 했던 은행이다. 이 한 곳만 이런 현상이 벌어졌을까요? 그렇지 않다. 스위스에 있는 '라이파이젠뱅크'는 스위스 은행순위에서 10위권도 못하다가 금융위기를 겪으면서 오히려 순위가 4위까지 올라섰다.

협동조합은 많은 장점을 가지고 있다. 우선 협동조합은 사람을 중시하고 일자리를 유지하는 데 최선을 다한다. 스페인 바스크 산간지방에 협동조합으로 이루어진 '몬드라곤' 이라는 곳이 있다. 금융위기 당시 스페인 전체적으로는 26%의 기업이 도산했다. 하지만 몬드라곤은 전체사업체중 단 2개로 비율상으로 1.6%의 기업만 도산한다. 더 놀라운 것은 이 당시 도산한 협동조합의 직원들도 전혀 해고없이 다른 곳으로 재배치 받아서 일자리가 유지됐다는 점이다. 몬드라곤이 산으로 둘러 쌓여 있어서 그 당시 외부의 영향을 전혀 받지 않았을까요? 그렇지 않다. 매출규모가 평소의 1/10로 급감하는 부분이 있었다. 그럼에도 불구하고 기업이 쉽게 도산하지 않고 일자리가 잘 유지되며 심지어 어려운 가운데 신규고용도할 수 있었던 이유는 무엇일까요? 바로 협동조합의 '나눔과 공유의 마법' 때문이다. 한 협동조합이 어려워졌을 때 다른 협동조합들이 이를 지탱을 해주고 협동조합 기업 전체가 어려워지더라도 서로 나눠 갖기를 통해서 어려움을 이겨냈던 것이다. 예를 들어 어려움이 왔을 때 임금을 낮추고, 주5일 근무를 주4일 근무로 조정하는 방식으로 어려움을 나누었다. 우리 가정에서도 가정경제에 어려움이 생겼을 때 가정의 구성원 각자가 허리띠를 졸라매고 전보다 부족하지만 서로 나누면서 어려움을 헤쳐가듯이 협동조합도 나눔을 통하여 어려움을 헤쳐 나간다.

협동조합의 강점을 키워드로 뽑아보면 네가지다. 첫째 빈곤을 감소시킬 수 있다. 둘째 사회를 통합하고 일자리를 창출한다. 셋째 사회의 지속성장을 가능하게 한다. 넷째 지역사회에 기여한다. 협동조합이 굉장한 역할을 하고 있다는 생각보다는 그 동안 우리에게 꼭 필요했던 것들이고, 당연한 것들을 할 수 있다는 감동이 밀려온다.

우리에게 꼭 필요한 당연한 것들을 하는 협동조합이 가지는 힘이 느껴지는 대목이다. 우리나라 역시 이러한 협동조합의 매력에 반해서 2011

년 12월 29일 여야가 만장일치로 '협동조합기본법' 을 통과시켰다. 경제가 어려워지고 실업률이 지속적으로 높아지는 가운데 협동조합을 통해서 대안을 제시하고자 노력하고 있다. 자본주의 경영체계의 대안으로 협동조합이 될 수 있을까. 그럼 지금의 자본주의는 어떤 역사를 가지고 있을까요? 먼저 자본주의가 어떻게 발전을 해왔는지 잠깐 살펴보자. 초기 자본주의는 아담스미스의 '보이지 않는 손' 이 대표된다. 정부는 심판자적역할, 중재자적 역할만을 하고 시장의 보이지 않는 손에 의해서 수요와 공급의 원리에 따라 모든 것이 이루어 질 것이라는 믿음이 있었다. 노동자와 사용자간의 수평관계가 이루어지고 정부는 중간에서 중간자적 역할만 하면 된다. 그래서 초기 자본주의 국가를 '야경국가' 라고 했다. 최소한의 역할, 밤에 치안만 잘 담당하면 된다는 생각이 있었다. 그런데 과연 이런 역할만으로 모든 것이 잘 맞아 돌아갔을까요? 그렇지 않다. 아담 스미스는 국가가 어떻게 부를 창출하는가에 초점을 맞추었다. 그로 인해 나타난 모습은 어떠했습니까? 대부분 노동자들의 피폐한 삶, 아동노동 등 많은 사람들이 고통 받는 것이었다. 그래서 사회적 경제학 선구자인 '샤를지지드' 는 이렇게 이야기한다. "기존의 경제학은 부를 창출하는 것은 이야기하지만 부가 어떻게 창출이 되고 어떻게 분배되어야 하는가에 대해서는 고민하지 않았다" 라고 설파한 바 있다.

여기서 '경제란 무엇인가' 에 대해서 다시 한 번 생각해 보자. 우리가 '경제' 라고 할 때 사회전체의 부를 창출하는 것만을 '경제' 라고 하지 않는다. 부가 만들어지는 과정, 만들어진 부의 분배까지도 '경제' 라고 할 수 있다. 하지만 기존의 경제학은 이러한 부분은 전혀 이야기하지 않았다. 자유방임 자본주의는 한계에 부딪친다. 이어 2차 세계대전 전후로 자본주의경제 자체를 부정하지 않고, '내재적 모순' 을 수정·완화함으로써 자본주의체제를 지속적으로 유지하기 위한 정책적 노력의 일환으로 '수정자본주의' 가 나오게 된다. '케인즈주의' 로 대표되는 '수정자본주의' 로 미국의 뉴딜 정책이나 영국의 복지국가정책으로 발전하게 된다. 그러나 곧 '수정자본주의' 도 한계에 봉착한다. 이후 1970년대부터 19세기의 자유방임적인 자유주의의 결함에 대하여 국가에 의한 사회 정책의 필요를 인정하면서도, 자본주의의 자유 기업의 전통을 지키고 사회주의에 대항하려는 사상인 '신자유주의' 가 대두된다. 그러나 '신자유주의' 역시 실물투자와 경제성장이 지체되고 실업이 크게 늘어났으며, 국내의 소득격차가 심화된 것은 물론 선진국과 개도국 사이의 빈부격차도 확대되는 등 많은 한계점을 노출하였다. 그럼 이 다음의 자본주의의 모습은 무엇일까? 고민을 하게 된다. 아직 명확하게 어떠한 모습인지 나타나진 않았지만 분명한 것은 현재의 모습은 한계가 있다는 점이다. 그래서 '협동조합' 이 '자본주의 경영체계의 대안' 으로서 대두되고 있는 것이다.

농협의 이념 3

다음으로 전통적인 협동조합의 구조문제이다. 협동조합 구조문제 발생 원인은 시장지향적 사업전략과 전통적 조직구조의 불합치문제로 발생한다. 평등주의에 기초한 전통형협동조합 모형의 조직구조 때문에 시장지향적인 규모화, 차별화 전략을 추구하지 못함에 따라 발생하는 문제이다.

앞에서 간단히 살펴본 협동조합의 구조적 문제를 소유권과 수익권을 포괄하는 '재산권 문제' 와 '통제권 문제' 로 크게 구분하여 제시하면 다음과 같다. '재산권 문제' 는 공동재산 문제, 투자기간 문제, 위험회피 문제, 교차보조 문제 등이 있다. '통제권 문제' 는 대리인 문제, 무임승차 문제, 사후관리문제, 영향비용 문제 등이 있다. 각각의 문제를 하나씩 살펴보도록 한다. 먼저, '재산권 문제' 를 살펴보자. '공동재산 문제' 는 공동 소유로 인한 재산권의 불명확성 때문에 발생합니다. 사업을 위한 투자에 대한 기여와 이익 배분 사이에 발생하기 때문이다. 이익 배분과 관련하여 잔여청구권이 제한되고, 공동자본으로 축적되고, 투자 기여도가 적은 조합원이나 비조합원들도 반사이익을 얻는 무임승차문제 등이 존재하기 때문이다. 공동자본을 투자한 미곡종합처리장(RPC) 사업 운영 사례가 그 예이다. 서구 농협은 관련 대안으로 공동자본의 지분화, 지분거래 허용, 출자와 출하권연계 등을 채택하고 있다. '투자기간 문제'는 출자지분을 거래할 수 있는 자본시장이 존재하지 않아 재산권의 거래가 제한적이기 때문에 발생한다. 이용배당 형식으로 실현되는 잔여 청구권이 조합원으로 가입되어 있는 기간에 한정되기 때문이다. 결국 노령 조합원 등은 장기투자를 반대하는 현상이 나타나게 된다. 관련 대안으로는 출자액과 출하권의 연계, 출하권의 양도 허용 등이 있다. '위험회피 문제'는 지분거래 시장이 없어서 위험선호도에 따라 자산의 포트폴리오를 조정하기 곤란하기 때문에 출자를 기피하게 된다. 관련 대안으로는 지분거래, 외부투자 확대 등이 있다. '교차보조 문제'는 특정사업의 자금조달, 수익배분, 손실보전 등에 상호보조가 일어나 수익자부담 원칙이 지켜지지 않는 문제이다. 사업부문 간 교차보조는 사업효율성 저하, 시장대응력 약화, 자립경영 약화 등의 문제를 발생시킨다. 관련 대안으로는 수익자부담원칙 적용, 사업부문별 회계의 독립 등이다.

다음으로 '통제권 문제'를 살펴보자. '대리인 문제'는 이사회나 경영자가 조합원의 이해와 상충된 의사결정을 함으로 인한 문제이다. 조합원이 대리인인 경영자 통제가 불완전하여 발생하는 것이다. 지분거래 시장부재로 출자증권의 시장가격 등을 기준으로 경영진의 경영성과를 평가할 수단이 부재로 통제가 어렵게 된다. 관련 대안은 지분거래 허용, 전문경영인 인센티브 강화, 성과평가시스템 도입, 이사회 교육 등이 있다. '무임승차 문제'는 투자나 이용을 적극적으로 하지 않는 농가가 협동조합 경제적 성과를 선택적으로 누리게 되는 문제이다. 즉, 가격에 따라 협동조합과 영리회사를 선택적으로 이용하는 것이다. 관련 대안은 폐쇄형 조합원 제도, 출하협약 체결, 출자와 출하권의 연계, 출자증권의 지분화 등이다. '사후관리 문제' 는 개별 조합원들이 의사결정이나 경영진 감독에 영향력을 발휘할 수 없고, 사후관리 활동에서 얻을 수 있는 이득이 적을 때 경영자나 타 조합원의 결정에 단순히 따르는 문제가 발생한다. 조합원의 사후관리가 부족하면 이사회 구성원들이 사적이익을 의사결정에 반영함으로써 경영자의 합리적 의사결정을 방해하는 문제가 발생하게 된다. 관련 대안은 기업경영 공개, 협동조합 참여에 대한 조합원 교육, 수직통합을 통한 정보의 내부화 등이 있다. '영향비용 문제' 는 조합원 자신의 이익을 위해 영향력을 행사하는 과정에서 수반되는 비용과 관련된 문제이다. 자신의 이익을 확대하기 위해 로비활동이나 정치적 압력을 행사할 때 발생한다. 소수의 대농으로 동질적이고, 시장지향적일 때 최소화가 가능하다.

협동조합 구조문제의 해결방안을 요약해보자. 첫째, 협동조합 원칙의 유연한 수정(비례성원칙의 도입) 둘째, 소유권 제도의 혁신(새로운 자본조달) 으로 제시할 수 있습니다. 다만, 협동조합의 소유권 제도의 변화에 따른 탈상호주의 문제는 점검해 볼 필요가 있다. 비례모형 협동조합은 시장환경과 조직구조 변화에 대응하여 등장하였으며, 전통모형 방식의 생산지향적 요소를 개선하려는 행동을 추구하는 특징을 가진다 '이용자-소유 원칙' 의 유연화가 있다. 전통모형 협동조합은 이용자가 소유한다는 원칙하에 자본조달을 조합원에 한정해 왔으며, 지분거래와 지분상환을 제한하는 등 투자자의 개별 소유권을 제약해 왔다. 기업모형 협동조합은 전통모형 협동조합의 제약요인을 극복하기 위해 투자자의 범위를 확대하고 투자자의 개별 소유권을 확장하는 방향으로 협동조합 원칙을 수정하고 있다. 다음은 '이용자-통제 원칙' 의 유연화이다. 전통모형 협동조합은 대자본에의한 지배 방지와 개인의 이익을 위한 경영활동 통제 욕구를 완화하기 위해 조합원에게 1인 1표의 동등한 통제권 부여한다. 기업모형 협동조합은 사업에 대한 기여도가 큰 선도농의이탈을 방지하기 위해 조합 사업의 이용 또는 출자에 비례하여 통제권을 부여하는 비례투표제를 추구한다. 마지막으로 '이용자-수익 원칙' 의 유연화이다. 전통모형 협동조합은 투자자의 투자수익(출자배당)을 제한하고 있으며, 가격책정 시에도 물량, 거리 등에 대한 이점을 인정하지 않고 동일한 기준 적용한다. 기업모형 협동조합은 수익배분에 있어서 투자자에 대한 이익을 보장하는 추세이며 특히 자본집약적 가공사업 투자가 중요한 분야에서는 이러한 경향이 뚜렷하다. 기업모형 전환의 성공사례로는 신세대 협동조합이 있다. 가공사업을 중심으로 사업전략과 조직구조를 차별화한 시장지향적인 농협으로 변모한다. 전통모형 협동조합의 '동등성원칙' 에 의한 자본부족 문제와 조합원 참여부족 문제를 해결하기 위해 '비례성원칙' 을 도입한다. 현실에 존재하는 협동조합들은 조직구조와 사업방식에 따라 매우 다양한 위치에 놓이게 되는데 서구 농협의 경우 미국 중서부지역의 신세대협동조합에서부터 유럽 지중해 연안국가의 공공성이 강한 농협에 이르기까지 다양한 형태를 보이고 있다. 이러한 협동조합들은 과거 로치데일협동조합에 기원을 두는 전통모형 협동조합과 최근에 나타나고 있는 비례모형 협동조합이 있다. 협동조합 모형간의 차이는 지배구조의 차이에서 나타나고 있다. 어떤 협동조합 모형이 바람직한가에 대한 문제는 그 조합이 처해 있는 사업환경이 어떠한가에 달려 있으며 특정 모형이 다른 모형보다 좋다고 단정하기는 어렵다. 바로 근본에 대한 끊임없는 질문과 성찰을 해야 하며 근본 이념이 바로 서고 근본 이념을 지켜나갈 때 농협은 무한한 성장 가능성이 있지만, 단기적 경영 성과를 위해 근본 이념을 도외시할 때 농협은 더 큰 의기, 극복할 수 없는 위기를 맞게 된다는 것을 잊지 말아야 한다. 이미 농협이념 실천이라는 정답을 다들 알고 있다. 농협이념은 협동과 혁신이라는 새로운 가치를 제공하여 국가와 지역사회에 공헌하는 것을 그 목적으로 하고 있다.

여러분들이 지금까지는 농협이념이 무엇인지를 학습했다. 이러한 범농협 임직원의 노력은 협동조합의 본질인 이용자 중심 경영, 원가경영, 공동행동을 회복하기 위한 것이다. '이용자 중심 경영' 은 미국 농무부(USDA)의'협동조합 정의' 에서 제시한 바와 같이 협동조합의 주인인 조합원이 이용자로서 소유하고, 통제하며, 이용고배당이 이루어지는 것을 말한다. '원가경영' 은 필요이익만 남기도록 농자재공급 가격을 설정하는 것을 말한다. '공동행동' 은 수요를 집중하고, 공동선별, 공동계산 등을 통한 규모화를 말한다. 그러면 과연 이번 교육에서는 농협이념을 현장에서 어떻게 실천할 것인가에 그 목표가 있다. 여러분들이 이념교육을 받는 목적을 항상 잊지 말고 어려운 일이 생기거나, 자문을 받아야 할 때 또는 갈등이 야기될 때 혹은 해답을 찾을 수 없을 때 항상 농심을 염두에 두고 농협의 존재목적인 농민의 심정으로 되돌아 보는 것이 필요하다.

농협의 역사

농협의 역사에 관한 강의를 하고 있다. '역사의 수레바퀴를 돌려라'가 제목이다. 일주일에 두 시간씩이다. 영국의 유명한 역사학자 E. H 카는 '역사란 무엇인가' 라는 그의 저서에서 주장했다. 역사는 과거와 현재의 끊임없는 대화이다. 역사의 진정한 의미는 과거와의 대화를 통해 현재의 교훈과 반성을 구하고 미래를 준비하는 것이다. 역사에 관한 명언으로 '역사를 잊은 민족에게 미래는 없다' 라는 얘기도 있다.

농협은 1957년에 농업협동조합법과 주식회사 형태인 농업은행법이 제정되었다. 그 이듬해 58년에 농협법과 은행법이 개정되었다. 농업은행은 일반은행과 별차이가 없는(특별법에 의하지 않아 주식회사 일반은행과 같다. 그래서 자기자본 부족, 은행법과 한국은행법의 제약으로 차입과 대출이 제약되는) 주식회사였기 때문에 이윤확보와 경영안정화 원칙상 농업인을 위한 대출금리 인하, 무담보신용대출, 융자조건 완화 등을 수행하지 못했다. 그러자 그 이듬해 (58년) 특별법에 의한 농업은행의 발족으로 농업은행은 정책금융기관의 성격을 가지면서 기업적인 독립채산원칙에 의하도록 하였으나, 이 또한 경영기반이 취약하고 정부의 출자나 손실보전은 전혀 고려되지 않아 경영에 많은 어려움을 겪었다. 또한 이

때 공포된 농업협동조합법을 보면 농협 조직은 이동농협, 시·군농협, 축산과 원협 등 특수농협, 농협중앙회의 3단계 조직으로 하며, 이동조합은 여신업무만 취급하고 시·군 및 중앙회는 신용업무를 하지 않는 아주 불안정한 조직이었다. 농협과 농협은행이 다같이 농업인의 경제적 사회적 지위향상을 도모하고 국민경제의 균형있는 발전을 기한다는 설립목적이 같았으나, 문제점이 한 두 가지가 아니었다. 농업은행은 농협에 대해서는 경영여건이 불비하다는 이유로 자금지원을 꺼렸다. 그러나 경제사업을 담당한 농업협동조합은 방대한 조직망을 갖추고 출발하였으나 조직기반이 취약하고 신용사업이 배제되었기 때문에 자금력이 취약하여 사업활동의 기반을 마련할 수 없어 사업의 정상적인 수행이 어려웠다. 실제 운영과정에서 서로 유기적인 협조가 이루어지지 않았던 이유는 신용사업과 경제사업에 대한 정책당국의 이해와 판단이 부족했기 때문이다.

1961년 5·16 혁명으로 강력한 군사정권이 들어서면서 농업협동조합(구농협)과 농업은행의 통합문제는 급속한 진전을 보게 되었고 중농정책을 표방한 군사정부는 1961년 5월 31일에 발표한 혁명정부 기본경제정책에서 "협동조합을 재편성하여 농촌경제를 향상시킨다"는 방침을 천명하였다. 통합처리위원회는 8차례의 회의를 거듭한 후 새로운 농업협동조합법안을 작성하여 7월 3일 국가재건최고회의에 제출하였으며, 1961년 7월 29일에 기존의 '농업협동조합법'과 '농업은행법'이 폐기되고 새로운 '농업협동조합법'이 법률 제670호로 드디어 공포되었다. 새로운 '농업협동조합법'이 공포되면서 많은 변화가 있었다. 우선 농업협동조합·농업은행 통합준비위원회가 설립되었다. 그리고 8월 11일에는 '농협중앙회정관'에 대한 농림부장관의 승인을 얻었고 조직을 정비하여 중앙회가 설립되었다. 또한 140개소의 군조합, 383개소의 군조합 지소, 101개소의 특수조합, 2만1,042개소의 이동조합에 대한 조직을 완료함으로써 3단계 계통조직을 갖추고 8월 15일에 새로운 출발을 하였다.

조합임원에 대한 선임 절차를 살펴보면 '농업협동조합법' 에 의하면 조합임원의 선임에 있어서는 이동조합의 경우 조합장은 이사회에서 호선하고, 이사 및 감사는 총회에서 조합원 중에서 선출하도록 하였다. 그리고 군조합의 경우 조합장 및 감사는 총회에서 이동조합의 조합원 중에서 선임하고, 이사는 총회에서 이동조합의 조합장이 모여 읍면별로 1인을 호선하되 15인 이내로 하였다. 특수조합의 경우에는 조합장, 이사, 감사를 총회에서 조합원 중에서 선출하도록 하였다. 중앙회의 경우 회장은 운영위원회의 추천에 의하여 농림부장관이 재무부 장관과 합의하여 제청하면 대통령이 임명하고, 부회장과 이사는 운영위원회의 승인을 얻어 회장이 임명하며, 감사는 총회에서 선출하도록 하였다. 그런데 법이 시행된지 6개월도 채 안된, 1962년 2월 12일 '농업협동조합 임원 임면에 관한 임시조치법' 이 제정되었다. 갑자기 '농업협동조합 임원 임면에 관한 임시조치법' 이 제정된 이유의 골자는 농협의 건전한 육성을 기하기 위하여 조합장을 중앙회장이 농림부장관의 승인을 얻어 임명토록 하고 이동조합장의 임명에 있어서 중앙회장이 그 권한을 도지부장에게 위임할 수 있었기 때문이다. 농협의 대표 선임방식을 완전히 임명제로 전환시킨 것이다. 협동조합의 자율성과 민주적 절차를 완전히 무시하고 농협을 정부의 통제하에 두어 사실상 공사화한 것으로, 한국 농협의 협동조합으로서의 정체성에 심각한 왜곡을 가져왔다. 그리고 그때 당시 군사정부가 협동조합을 조합원의 참여 속에 자율적인 경제공동체로 성장할 가능성에 주목하기

보다는, 농촌 통제와 국가주도에 의한 경제발전의 도구로 보았음을 유추하게 하는 사건이었다. 법 위에서 법을 유린했던 이 임시조치는 1972년 12월과 1980년 12월 2차례에 걸쳐 개정된 이후 1988년 12월에 이르러서야 폐지되었다.

종합농협 출범이후 1960년대에는 계통조직을 정비하기 위해 노력했다. 이동조합 합병 4개년 계획을 추진하고 시군조합이 취급하던 농사자금 및 비료공급 업무를 이동조합으로 이관했다. 시군조합 중심으로 정부위촉사업을 실시하여 농업자금, 비료, 농약 공급을 통한 식량증산을 지원하였고 군금고, 교육금고 업무를 전담 취급한다. 이동조합 합병을 추진하여 조합수가 약 1/10로 감소하였으며, 조합당 평균 조합원 수도 10배 가까이 증가하였다. '이동조합' 이라는 명칭 대신 '단위조합' 이란 명칭이 공식적으로 사용된다.('73년) 특히 1969년 일정 요건을 갖춘 145개 단위조합으로부터 시작된 상호금융은 농촌의 유휴자금을 저축으로 흡수하여 이를 조합원에게 영농자금 및 가계자금으로 공급해 줌으로써 농촌의 고리채를 없애는 것에 결정적인 기여를 하였다. 또한 조합원들의 호응이 좋아 조합원과의 밀착화에도 결정적 기여를 하였고 단위조합의 경영기반을 강화할 수 있게 하였다. 이에 따라 단위조합은 농민사업과 지역개발사업을 적극 추진하는 등 농협의 기간조직으로서의 위상을 갖게 되었고 지역발전을 주도하는 중심체적인 역할을 수행하게 되었다. 특히 1970년 생활물자 사업 실시에 따라 설치된 전국 방방곡곡의 농협 연쇄점은 농촌주민에게 양질의 생활용품을 저렴한 가격으로 공급해 줌으로써 조합원의 소비생활을 안정시키는 데 이바지하였다.

이런 합병과정과 사업기반의 확립을 거쳐 1970년대 후반, 단위조합이 급성장하게 되자 단위조합, 시군조합의 기능중복 및 비효율성 문제가 대두되었고 마침내 1981년에 시·군조합의 법인격을 소멸시키고 중앙회의 지사무소로 흡수하면서 농협은 2단계 조직으로 변화를 맞이한다. 단위조합이 농협의 각종 사업을 추진하는 중심체로서 기능을 담당하고, 중앙회는 단위조합의 사업추진을 지원하는 종합기획, 지도교육, 조사연구 사업 중심의 연합회적 기능을 강화하며 시군지부는 농기구서비스센터, 농산물 판매시설 등 각종 사업시설과 시·군조합 지소를 단위조합으로 이관하고, 군 단위에서 수행하는 경제사업과 농업자금조달을 위한 신용사업 위주의 운영체제로 전환한 것이다. 한편 이때 '축협중앙회' 가 설립되어 '농협' 은 축산계 특수조합과 배합사료공장, 축산물 공판장, 시범목장 등 축산관계 조직과 사업소, 그리고 양축농가에 대한 지도지원, 가축시장 관리의 업무를 '축협중앙회' 로 이관한다.

1987년 6월 10일 민주항쟁 이후 사회 전체적으로 민주화 요구가 거세게 일어난다. 농협은 1988년 농협법 개정을 통하여 1962년 군사정부시절 농협임원 임면에 관한 임시조치법이 폐지되었다. 종전에 중앙회장을 농림수산부장관의 제청으로 대통령이 임명하였으나 농협법개정에 따라 회원조합장이 직접투표로 선출한다. 또한 89년 3월 부터 90년 3월까지 조합원이 직접 조합장을 뽑았으며, 90년 4월 회원조합장이 직접투표에 의한 초대 직선회장이 선출되게 된다. 농협의 사업계획 및 수지예산에 대한 주무부 장관의 사전 승인제도가 폐지되고 회원 농협에 대한 지방행정기관의 감독권이 폐지되면서 자율경영체제가 확립된다. 중앙회와 회원조합에 대한 사업범위가 확대되었는데 농지중개업무, 농협 소유 화물자동차 운송 허용, 전문조합 신용사업 취급, 관련기업에 대한 출자 허용, 중앙회의 지급보증 완화 등이다.

1998년 김대중 정부는 출범과 함께 축협 등 협동조합개혁을 100대 국정과제로 선정하고 개혁작업에 착수하였다(협동조합개혁위원회). 99년에 농축인삼협 통합법을 제정하였다. 그러자 축협중앙회는 헌법소원을 내고 결국 2000년 6월 헌법재판소가 재판관 전원일치로 합헌결정을 내려 협동조합중앙회 통합을 둘러싼 논쟁은 마무리 된다. 2008년 이명박 정부에서는 경제사업을 활성화하고 회원조합과 농업인의 권익을 대변하기 위해 농협중앙회를 개혁하기 시작하였다.

2009년 3월 농협 개혁위원회는 신용·경제 분리방안을 정부에 건의하고 2011년 3월 국회를 통과하였다. 2012년 이후 중앙회 경제사업과 신용사업을 분리하여 각각 지주회사를 설립하고 경제사업 활성화를 추진한다. 그럼에도 불구하고 우리나라의 농협은 우리나라 뿐 아니라 세계에서도 으뜸가는 협동조합다. 매출액과 1인당 GDP 대비 매출액으로 구분하여 세계 10대 협동 조합 선정(2014년 기준)되었을 정도이다. 우리나라 농협은 매출액 기준 상위 4위를 차지하고 있으며, 1인당 GDP 대비 매출액 기준으로는 세계 1위를 차지하고 있다.

농협은 1961년 종합농협으로 탄생한지 58년이 되었고 이제 곧 60년을 맞이하게 된다. 세계에서 농업인을 위한 생산자단체로써의 제대로 역할을 하는 농협으로 발돋움하고 있고 세계 4위의 협동조합으로 자리매김되고 있다. 우리 농협의 역사에서 교훈을 얻어 더욱 발전되고 지속가능한 조직체로 만들어가야 할 것이고 협동조합으로서 본연의 목적을 잊지 않는 조직체로서 국민과 조합원으로부터 신뢰받는 농협을 만드는데 범농협인이 혼신의 노력을 다해야 할 것이다.

농협의 역사 2

세계 1위 휴대폰 제조업체 노키아는 2007년 세계 휴대폰 시장의 40% 이상을 점유했다. 2007년에 애플의 아이폰이 출시됐다. 자신만의 살길을 모색했고 책임전가에 급급했던 노키아는 경국 소통과 결속력 부재로 인해 혁신동력을 상실하고 몰락의 길로 가고 말았다. 2013년에 휴대폰 사업은 마이크로소프트사에 매각하기에 이른다. 시장의 위협요인과 사업 혁신의 필요성을 인지했지만 그런 변화와 혁신에 실패함으로써 몰락하고 만다.

또다른 예는 소니다. 2007년 소니는 엄청난 투자비용의 손실을 안고 결국 커넥터 사업을 접었다. 그리고 실패 이유를 사일로 때문에 소통이 불가능했다고 고백했다. 사일로란 다른 부서와 소통하지 않고 자신의 이익만 추구하는 부서이기주의를 이야기한다. 작은 것 때문에 시작된 갈등이 결국 커다란 댐과 기업들을 몰락시켰다. 갈등은 어느 곳이든 존재할 수 있지만, 제때 갈등을 효과적으로 해결하지 못하면 불필요한 비용이 발생하게 된다. 갈등 수습비용은 막대하다. 2016년 기준 OECD 가입국 사회갈등지수 세계 3위(1.88OECD평균갈등지수 1.13)로 되었다. GDP의 27%가 갈등비용(전국민 매년 900만 원 손실, 연간 최대 246조 손실

우려)으로 지출되었다. 제도적인 노력 외에도 각 구성원의 인식 속에 깊이 내재해 이는 갈등을 해소하기 위해 많은 교육을 실시하고 있다.

외부에서는 중앙회와 농축협을 구분하지 못한다. 갈등을 조기에 수습하지 않으면 공멸할 수도 있다. 농축협과 중앙회의 갈등에 관하여 농축협직원은 58.8%, 중앙회직원은 39.4%가 심각하다고 설문에 답하고 있다. 갈등해소 노력에 대한 불신도 심각하다. 갈등해소 노력에 대한 상호간의 평가를 보면 농축협 직원의 평가로 중앙회가 노력하지 않는다가 63.2%이고 농축협이 노력하지 않는다는 중앙회직원의 응답이 46.4%이다.

갈등을 유발하는 4가지 장벽은 NIH장벽, 독점장벽, 검색장벽, 이전장벽 네 가지가 있다. 첫째 NIH 장벽은 외부의 의견을 듣거나 협업을 하려하지 않을 때 나타나는 장벽이다. 폐쇄적인 문화에서 비롯된다. 주로 집단 내에서만 소통한다. 그리고 자신의 문제는 스스로 해결해야 한다고 여긴다. 또한 지위상의 경계를 넘고 싶어하지 않는다. 부서의 약점이나 문제를 드러내고 싶어하지 않는다. 두 번째는 독점장벽이다. 남을 돕거나 자신이 알고있는 것을 공유하지 않을 때 나타나는 장벽이다. 다른 동료부서를 경쟁상대로 인식한다. 개인적 목표에 대한 보상이 제한된 인센티브로 제공되므로 남을 돕거나 공유하면 불이익을 받는다고 여긴다. 그리고 다른 사람을 도울 시간이 없다. 지식을 공유하면 자신의 권력을 잃을 수 있다고 생각한다. 세 번째는 검색장벽이다. 기업내 해당정보와 사람을 찾을 능력이 없을 때 나타나는 장벽이다. 회사의 규모에서 필요한 지식 및 정보검색에 지나치게 많은 시간을 소모한다. 그리고 물리적 거리가 멀어질수록 검색이 어려워진다. 다음으로는 너무 많은 정보는 검색을 어렵게 만든다. 마지막으로 네트워크의 부족 즉 빈약한 인맥이 검색을 어렵게 만든다. 넷째는 이전장벽이다. 전문지식과 노하우, 기술을 이전하는 능력이 없을 때 나타나는 장벽이다. 암묵적 지식은 이전하기 어려운 지식이다. 형식지와 대비되는 부분이다. 수영하는 법이나 자전거를 타는 법, 테니스를 치는 법 등이 그 예가 될 것이다. 수많은 시행착오를 거쳐서 제대로 기술을 몸에 익히게 되면 그런 부분은 쉽게 이전이 되지 않는 부분이다. 다음은 약한 유대감이 이전을 쉽게 만들 수 있는 강한 유대감 부족이 이전을 어렵게 한다. 마지막으로 공통의 인지틀 부재이다. 함께 일하는 법을 모른다. 긴밀한 업무관계 형성이 필요한 부분이다. 네 번째로 상생과 동행을 위한 실천방안이다. 이는 농협 역사의 결론 부분이다.

농협에 위기가 올 것인가를 직원들에게 물어 보았다. 10년 내 위기가 올 것이라고 응답한 비율이 87.6%였다. 지금 현재도 위기라고 응답한 직원이 25.2%에 달한다. 도농간의 소득격차는 향후 더욱 확대될 것이라는 암울한 전망이 나오고 있다. 1995년 도농간의 가구소득은 거의 비슷한 수준이었다. 그런데 30여년 후인 2026년 전망치를 보면 거의 반토막 수준이다. (8,373만 원 대비 4,194만 원 차액 4,179만 원) 농촌경제연구원의 전망이다. 역사의 수렁에 빠진 농협 어떻게 위기를 극복할 수 있겠는가. 첫 번째는 '농협의 존재목적을 잊지말라' 이다. 농업인의 삶의 질 향상이라는 농업협동조합의 목적을 항상 명심해야 한다는 것이다. 농협사업의 본질을 살펴보자. 상호금융은 자산운용을 통해 수익을 창출하고 그 수익을 농축협에 환원해야 한다. 금융지주도 최대한 수익을 창출해서 농업인지원의 재원 조달에 최선을 다해야 한다. 경제지주도 필요이익을 만들어서 농업인 실익제고에 역할을 다해야 하는 것 등이 농협사업의 본질이다. 두 번째는 소통을 활성화 해야 한다. 경영진 및 직장인 모두 소통이 부족하다는 데 공감대가 형성되어 있다. 소통을 가로막는 벽 첫 번째는 상명하복의 조직문화(32.3%)이다. 마지막은 소통채널의 부족(13.3%)이다. 설문조사결과를 보면 상하간 소통이 잘 되고 있다(39%)이고 부서간 협업이 잘 되고 있다(39%)로 나타난다. 피터드러커도 "기업에서 발생하는 문제는 60%가 잘못된 커뮤니케이션에서 비롯된다" 라고 했다. 소통의 부족과 왜곡이 문제의 원인다. 원활한 소통은 문제의 해결책이기도 하다. 각 기업들이 전사적으로 소통을 위해 애를 쓰고 있다. 소통하는 조직문화를 만들어야 한다. 상생. 시너지를 만들기 위해 소통이 기본이다.

소통하는 조직을 위해서는 5가지에 대해 공유할 수 있어야 한다. 부서간, 개인간, 조합원간 신뢰가 필수적이다. 신뢰가 없다면, 공유할 수 없다. 신뢰의 중요성을 강조한다. 내 직급, 내 부서, 내 상황에서 할 수 있는 것을 찾아야 한다.(비전, 목표를 공유하려면 나는 무엇을 할 수 있는가) 범농협 통합교육은 소통의 장이며 상호간 소통을 통해서 서로 공감하고 이해도도 높아지고 있다. 상호 애로사항과 고민을 나누고 소통하는 '상생 컨퍼런스' , 농축협과 중앙회 직원이 고르게 참여하여 소통을 확대하는 '농협이념전문교육' , 농축협, 중앙회, 계열사 직원을 혼합 구성하여 공감과 이해의 리더십을 증진하는 '직급별 리더십 교육' ,중앙회 및 계열사 신규직원에게 농·축협 사업장을 체험하며 학습하도록 하는 '신규직원 현장체험' 등으로 갈등해소에 노력하고 있다. 관행과 비효율 제거를 위해 많은 노력을 한다. 조직 슬림화를 위해 불필요한 서울본사를 지방으로 이전하고, 계열사 중복업무를 조정하여 단일화 시켰다. 경영효율화를 위해 골프회원권을 전량 매각하고, 사무소 차량 임대기간을 연장했으며, 전산기기 등 공급기준을 개선하면서 계열사 전무의 기사 배치도 폐지했다. 더불어 해외 사무소 폐지를 통해 연간 28억원의 예산을 절감하였으며, 교육, 홍보부서 등 범농협 공통기능을 통합하여 인원을 축소하고 정보를 공유했다. 권위주의적 조직 문화 해소에도 진력했다. 상호 존중의 감사문화 정착을 위해 노력한 결과 감사 만족도가 개선되었고 칭찬받고 고마워하는 감사문화를 구현시켰다. 절치부심, 죽을 힘을 다한 결과 2017년 연간 사업계획이 3,700억원이었으나 목표를 초과한 5,236억원 달성했다. 중앙회에서 10년 만에 목표손익을 초과 달성했다. 농업가치헌법 반영을 위한 서명운동에 범농협적 협력이 있었다. 농업·농촌의 공익적 가치를 헌법에 반영하는 문제와 관련 사항에 대해 여야 정당 모두 긍정적 반응을 보인다.

기타 현안으로 헌법개정 진행절차가 잠시 멈춰있다. 향후 논의 재개시 지속 협력이 필요하다. 농축협과 중앙회가 함께한 농축협 종합 컨설팅의 가시적인 성과가 나타나고 있다. 총555개 농축협이 참여했다. 컨설팅에 참여한 농축협 자금지원 규모가 2조 1,915억원이다. 컨설팅으로 발국한 소득지원사업 참여농가수가 102,285호이다. 컨설팅을 통해 창출한 농가소득 증대 기여액이 1,265억원이다. 범농협이 함께하는 통합멤버십 NH멤버스가 시너지 효과를 내고 있다. 5년간 1,091억원의 효과가 기대된다. 연간 2천억원이 포인트 내부유통으로 범농협 연계 매출 증대가 기대된다. 농업인의 70.7%가 농협이 변화하고 있다고 답하고 있고 농협 농업인을 위해 제대로 활동하고 있습니까에 대한 답변도 나아지고 있다. 국민의 69.8%가 지역사회 발전에 농협이 기여하고 있다. 또한 국민 93.8%가 지역사회 발전에 농협의 역할과 노력이 중요하다고 답변하고 있다.

최종적인 결론으로 상생과 동행을 위한 우리의 실천방안은 첫째, 농협의 존재목적을 명심하라. 둘째, 소통을 활성화하라. 셋째, 처절하게 자신을 혁신하라. 넷째, 범농협 시너지를 극대화 하라이다. 농협임직원 모두가 투철한 역사 인식을 갖고 농협의 존재목적을 잊지 말고 소통과 혁신에 노력하고 시너지를 극대화 시킨다면 농협이 당면한 위기를 극복하고 세계 초일류 협동조합으로 계속적으로 성장 발전해 나갈 것이다.

대부도 반나절

올해 여름은 유난히 더웠고 힘들었고 유래를 찾아볼 수 없는 폭염에 열대야에 어려움을 겪었다. 이제는 거의 평년 기온을 되찾아 가고 있는 요즘이다. 지천으로 울어대는 매미소리에 여름의 진수를 느끼고 있는 셈이다. 말복이 지나고 처서가 지나면 여름도 이제 그 기세가 좀 꺾어지리라 기대한다.

지난 7월 중순에 대부도 학균네에서 신녹사의 모임행사가 있었다. 회장님이 올린 최초 알림내용부터 보자.

학균네. 며느리맞이 신녹사 모임 행사 준비하느라 더운 날씨에 고생이 아주 많으시지요? 7월 14일 토요일입니다. 신원동 동부아파트 앞에서 오후 두 시에 출발하면 3시 또는 4시쯤 도착하겠지요. 참석인원이 예상 외로 적으니 간단하게 비싸고 맛있는 것으로 준비하세요. 대충 파악해 보니 부부동반 참석 여섯쌍(범수, 영근, 훈민, 용성, 민경, 영재)입니다. 1명 참석(승환, 수미)입니다. 불참은 기택이네, 재민네입니다. 학균네. 우리 신녹사를 위해 만나는 그 시간까지 고생 많이 하세요.

지난 5월에 학균의 결혼식이 있은 후 2개월만이었다. 오후 두시에 신원동 동부아파트 앞에서 만났다. 워낙 더운 날씨여서 모두들 냉방이 잘 되어 있는 우리은행 365코너에서 더위를 식히고 있었다. 멀리서 온 민경네가 아이스크림을 사가지고 왔다. 사모님들은 고문님 차에 탔고 남자회원들은 총무님 차에 탔다. 남자 7명, 여자 5명이었다. 신림동 도림천변길을 따라 가서 강남순환을 타려고 했는데 입구가 꽉 막혀있었다. 관악산 주차장쪽으로 가려는 등산객들의 차 때문에 생긴 정체였다. 차량이 강남순환로에 들어서자 시원하게 달릴 수 있었다. 네비게이션은 민경아빠가 코치를 했다. 이리저리 코치를 받아가며 가는 길에 정체구간은 거의 없었다. 그러나 길은 좀 멀었고 통행료를 많이 내야했다. 목적지에 도착하니 거의 오후 4시쯤이었다. 학균네가 이렇게 대부도 전원주택으로 내려온 지 1년 정도가 지났다. 서울 강서쪽에 살다가 이곳에 전원주택을 짓고 내려와서 정착해가는 중이었다.

햇살이 따가운 여름날씨였고 해가 아직 중천에 남아있었다. 조금 후에 영재네와 사모님을 태우고 출발했던 고문님 차가 도착했다. 먼저 집구경부터 했다. 2층으로 지어졌고 거실도 넓었고 화장실도 3개였다. 대지가 130평에 건평이 30여 평 정도였다. 건축에 소요된 기간도 2개월여가 꼬박 걸렸다. 부부가 살기에는 너무 넓은 것이 아닐까 했다. 거실 등의 나무는 편백나무로 향기가 났다. 전등도 최신 LED로 고가의 최신식 간접조명을 설치해 두었다. 주택의 마당에는 잔디가 파랗게 자라고 있었고 한켠에는 아로니아, 블루베리 등이 익어가고 있었다. 마당 구석지에는 조그만 흔들그네도 설치되어 있었다. 집 뒤편으로는 고추, 가지, 상추 등 텃밭으로 활용이 되고 있었다. 바로 앞에는 천변이었고 그 너머에는 언덕이 있었다. 5분만 걸어 나가면 바로 서해바다가 있었다. 현관 앞 테라스에는 탁자와 의자가 배치되어 있었다. 소나무 등 나무를 심어야 하는 것 아니냐고도 했지만 그럴 필요가 없다는 의견이 지배적이었다. 모두들 부러워하는 눈치였다. 집안을 돌아본 후 본격적인 회합이 시작되었다. 처음 시작된 것은 회였다. 아침에 떠온 회로 약주를 한 잔씩 하면서 얘기를 나눴다. 단연 화제에 오른 것은 수미네의 빌딩구입 건이었다. 난곡 쪽에 4층 건물을 구입한 사례였다. 평생 노력한 결실이 이제 열매를 맺는 셈이었다. 요즘 젊은이들 사이에 유행하는 말로 '조물주 위에 건물주'라는 말이 있는데 그것에 합당하리라. 두 번째는 회장님네의 혼사였다. 10월 하순에 딸을 결혼시키게 된 것이었다. 이런저런 세상사 얘기를 하며 주말 오후 반나절을 보내게 된 것이다. 고문님네가 그늘막용 텐트를 간단하게 마당에 설치해서 휴식을 취하기도 했다. 두 번째로 준비된 것은 돼지목살이었다. 바베큐로 마당에서 숯불로 구워서 제공되었다. 직접 텃밭에서 재배한 싱싱한 야채도 곁들여졌다. 집사람의 공저인 책 '니르바나로 가는 길' 이란 것이 한 권씩 배부되었다. 집사람은 4년 동안 목포선원에 다니며 수행을 했다. 그에 관한 경험담을 여러 도반과 함께 펴낸 것으로 편집된 것이다. 오늘은 집사람이 수행의 마침표를 찍는 졸업날이었다. 마지막으로 준비된 음식은 한우였다. 맛있는 음식으로 포식을 한 모든 이들은 모두 흥겨운 기분이 되었고 유쾌해졌다. 일부 회원들은 천변을 넘어가 언덕가에서 게를 잡아오기도 했다. 그네에서 부부간에 기념촬영을 하기도 했다.

귀경길에는 영재네 승용차에 편승해서 서울로 올라왔다. 영재네 형제간은 7남1녀라고 했다. 누님과 형님이 계시고 영재네가 5번째라 했다. 밑에 3명의 동생이 있었다. 자동차정비업을 낙성대에서 같이 하고 있는 동생이 두 명이었다. 고향은 삼천포였다. 차량을 현재 차량으로 바꾸게 된 사연을 들었다. 구형 그랜저 XG를 탈 때였는데 기름을 착각하여 휘발유를 넣어야 하는데 경유를 넣는 바람에 하는 수없이 차를 망쳐 새차를 뽑게 되었다는 것이다.

대부도 반나절 행사를 마친 후에 후기를 남기신 부회장의 말씀이다. 우린 고문네의 도움으로 무사히 집에 잘 도착했습니다. 오늘 학균아들 결혼턱으로 맛있는 음식 겁나게 많이 준비해주신 학균네 수고 많았습니다. 그리고 오랜만에 참석하신 수미아빠, 혼자 참석하신 승환아빠 그 외 회장네 운전하신 총무네, 고문네, 또 영재네, 민경네 모두 수고 많으셨습니다. 다음은 회장님 말씀입니다. 흰머리 휘날리며 운전해주신 고문님, 일부러 신림과 광명을 오가신 총무님, 둘만의 시간에도 배려해주신 영재네, 막내라고 고생하신 영재네, 용성어머니, 아이스크림 사들고 뛰어오신 민경네 마나님 졸업식도 마다하시고 참석하신 우리 작가님, 오랜만에 모임에 오신 수미아빠. 우리 인생의 길잡이 훈민네, 저의 사사로움을 감싸주는 딱따구리 우리 누님, 모두 모두 감사하고요. 재민, 기택네는 다음을 기약하고 학균네 다시 한 번 감사드리며 오늘 이밤을 마무리 합니다. 신녹사 모두 사랑합니다.

이제 신녹사 모임을 한지도 거의 20년이 되어가는 세월이 흘렀다. 아이들이 초등학교 시절에 만난 인연인데 이제 결혼을 할 나이가 되었으니 참으로 오랜세월 회합을 이어온 셈이었다. 모든 회원이 언제까지나 행복하시고 건강한 나날들을 보내시길 기원해본다.

H 선생님과 콰이강의 다리

얼마전 동창회 총무의 모친상이 있었다. 그곳에 갔다가 동창으로부터 H선생님에 관한 얘기를 듣게 되었다.

90년대 초반이었다. 그는 청와대 경호실에 근무중이었다. 대통령의 캐나다 순방이 있었다. 당연히 경호원으로서 그는 동반했고 캐나다에 계신다던 H 선생님을 수수문했다. 현지 대사관을 통해 교포중에 H 선생님을 찾은 것이다. 동창생이 묵고 있었던 호텔로 찾아왔더라는 얘기였다. 그리고 H 선생님은 동창생을 집으로 초대했다. 동창은 선생님 댁으로 찾아갔다. 엄청난 집이었단다. 수영장도 있었고 식사로 나온 것은 송어회였단다. 학교 선생님을 마치시고 곧바로 캐나다로 이민을 가신 것이었다.

우리가 H 선생님을 만나게 된 것은 3학년 영어 시간이었다. 주교재에 관한 영어 선생님은 따로 계셨고 H 선생님은 참고서 등을 수업하는 선생님었다. 휘파람을 불면서 교실에 등장하셨다. 그것은 영화 '콰이강의 다리' 에 나오는 주제곡이었다. 보기중령의 행진곡이라고 명명되는 영화주제곡은 아침에 모닝콜용 곡으로도 인기가 높았다. 영화속에서 영국군 포로들이 행진할 때 나오는 행진곡이었는데 음율이 독특했다. 수업중에 콰이강의 다리에 관한 영화얘기도 해 주었다.

'콰이강의 다리' 는 1957년 데이비드 린감독이 제작한 영화다. 아카데미 작품상, 감독상 등 7개 부분에 수상작이었다. 이 영화는 2차 세계대전 중 버마-태국 간 철도를 수용하는 교량을 건설하라는 명령을 받은 영국군 포로들의 상황을 다룬 것이다. 그들은 본능적으로 작업을 태만히 하려 하지만 니콜슨 중령(알렉 기네스 분)의 지도 아래 주어진 여건과는 상반된 영국인의 자존심인 기상과 위엄으로 다리가 건설되어야 한다는 설득을 당한다. 처음에 포로들은 일본군 사령관 사이토(하세가와 세슈)의 이익을 위해 그의 신념을 굽히기 보다는 용감하게 고문을 견뎌내는 니콜슨을 존경한다. 그는 명예롭지만 오만해서 강박관념에 현혹되어 있음을 차츰 내비친다. 그는 스스로에게 그 다리가 영국인의 기념물이 될 것임을 납득시키려 하지만 사실은 자신의 기념물이다. 그리고 건설 강행의 주장은 적을 이롭게 하는 것이 된다. 그가 모르고 있는 동안, 연합군은 워든 소령(잭 호킨스)과 미국인 시어즈(윌리엄 홀덴)가 이끄는 특공대를 정글로 보내 그 교량을 폭파하도록 하는데…….

인도양의 보석 스리랑카의 밀림지대에서 올로케로 촬영한 〈콰이강의 다리〉는 데이빗 린 감독이 처음으로 시네마스코프 방식으로 촬영한 영화다. 이전의 전통적인 방식보다 가로가 더 확장된 스크린 투사 방법으로 '와이드 스크린' 으로 불리면서 대하 서사극의 제작에 많이 사용되었다. 제2차 세계대전의 한 축인 태평양전쟁을 다룬 이 영화는 그러나 전투 장면이 거의 없는 독특한 성격의 전쟁 영화다. 전투신이 없는 대신 포로수용소 사령관과 포로 지휘관이라는 극단의 상반된 인물을 내세워 "심리적 스펙타클"(스필버그가 쓴 표현임)을 세밀하고 과장되게 보여준다. 아카데미상과 골든 글로브 수상에 빛나는 알렉 기네스는 영국군 장교로서 위엄과 기품을 견지하면서 적을 이롭게 하는 다리 건설마저도 자신의 야망과 영국군의 기강 확립에 필요한 수단으로 광신하고는 철저하고 엄격하게 공사를 밀어붙인다. 영화는 1943년 타이 북서부에 실제로 건설됐던 전략적 교량을 소재로 구성한 프랑스 소설가 피에르 불의 소설을 각색하여 제작된 것이다. 소재만 따왔을 뿐 실제 내용은 소설과 많이 다르다고 한다. 다리는 완공 즉시 폭파되지 않았고 1945년 연합군의 폭격으로 부서진 다리를 보수해 아직도 사용하고 있다. 알렉 기네스가 연기한 포로 사령관의 행적 등도 차이가 있다.

그는 실제로 다리 공사를 지연시키고자 많은 애를 썼다. 모든 일이 원래 구상대로 흘러가지 않는게 특별하지는 않지만 애초에 데이빗 린 감독이 원하지 않았던 알렉 기네스는 다른 기라성 같은 배우들이 캐스팅을 거절한 덕택에 참여하게 되었다. 본래 뛰어난 연기로 각종 영화상을 휩쓰는 명배우로 자리매김 하게 되었다. 린 감독도 그의 진중한 연기에 매료되어 이후의 대작 〈아라비아의 로렌스, 1962〉와 〈닥터 지바고, 1965〉에 연이어 기용하게 된다. 처음에 알렉 기네스는 니콜슨 중령 역을 연기하는데 의구심을 가졌다. 그는 인기만점의 코미디 시리즈에 출연해 팬들의 큰 사랑을 받은 배우였다. 니콜슨의 캐릭터는 유머도 없고 애교도 없는 심지어 따분했다. 이를 해소하기 위해 기네스는 그의 연기에 약간의 유머를 주입하려고 무진장 노력했다. 린 감독은 그 생각에 크게 반대해 엇나가지 말라고 경고했다. 그래서 촬영 내내 두 사람 사이에 불화와 언쟁이 끊이지 않았다. 데이빗 린 감독은 처음에 니콜슨 중령 역에 알렉 기네스를 캐스팅하는 데 난색을 표했다. 그는 기네스가 그 역이 필요로 하는 "역량"이 미흡하다고 생각했다. 하지만 제작자인 샘 슈피겔은 꼭 기네스를 쓰고 싶었다. 그는 기네스가 그 역에 끌리기를 바라면서 저녁에 초대했다. 식사가 시작될 때 기네스는 그 역을 맡지 않을 것은 확고하게 보였다. 그러나 식사가 끝날 즈음 두 사나이들은 기네스가 영화상에서 어떤 가발을 쓸지 의논하고 있었다. 샘 슈피겔의 설득력이 빛을 발한 것이다. 알렉 기네스를 캐스팅하기 전에 샘 슈피겔은 니콜슨 역을 맡기려고 스펜서 트레이시를 기용하려고 했다. 트레이시는 그 책을 읽은 후 슈피겔에게 그 역은 영국 배우가 맡아야 한다고 단호하게 말했다.

영화의 주제곡으로 유명한 '콰이강의 다리 행진곡'은 케네스 알포드가 1914년 작곡한 '보기 대령 행진곡'을 말콤 아놀드가 휘파람 소리를 추가해 편곡한 것이다. 말콤은 그 해 오스카 음악상을 수상했다. 들어보면 '아!' 하고 기억해 낼 것이다. 〈콰이강의 다리〉는 비주얼뿐만 아니라 캐릭터의 내면적 지평도 확장시켰다. 〈콰이강의 다리〉에 대한 스티븐 스필버그의 "심리적 스펙터클"이라는 표현처럼, 니콜슨 대령은 거의 광기에 가까운 내면적 소용돌이를 지니고 있다. 그가 규율을 강조하고 삶의 조화를 중요하게 여기는 캐릭터라고 영화에서 아무리 강조해도, 포로의 신분으로 적에게 동지애에 가까운 감정을 느끼고 솔선수범하여 다리 건설을 차질 없이 해내려는 모습은 쉽게 이해하기 힘들다. 그의 캐릭터들에게 종종 몽상가나 공상가의 느낌이 풍기긴 하지만, 〈콰이강의 다리〉의 니콜슨 대령은 자신의 관점과 야망을 위해 세상을 변화시키려는 엉뚱한 영웅이면서, 동시에 모든 사람들이 깨닫는 것(다리 공사를 지연해야 한다)을 보지 못하는 인물이다. 결국 그의 이기적인 행동은 비극적인 결말을 맞이한다.

H 선생님의 지론은 그랬다. 젊은 시절 충분히 인생을 향유하고 추구

하고 방황하고 구가하면서 인생을 살아야 한다는 식이었다. 종교는 충분히 인생을 다 영위한 연후에 죽음이 임박할 때 쯤에 자신의 선택에 따라 선택을 하고 그렇게 생을 마감하는 것이 제대로 세상을 사는 법이란 식이었다. 40여 년 전 인생을 항해할 피끓는 젊은 이들에게 꿈과 이상을 심어주고자 했던 H 선생님이었다. 이제는 우리들도 모두 회갑은 넘긴 장년이 되었다. 아득한 추억속의 H 선생님의 박력과 활력이 넘쳤던 모습이 아스라한 회상 속에 남았다. 독실한 신앙을 가졌던 동창생들은 H선생님의 호기에 반박하기 위해 그와 안병욱 님과의 토론을 붙여야 한다고도 했다. 유명한 철학가와 맞장토론을 한다면 H 선생님의 주장은 빛을 잃을 것이란 얘기였다. 젊은 시절 인생에서 콰이강의 다리에 나온 영국군 장교처럼 그렇게 자신의 신념대로 세상을 사는 것이 필요하지 않았을까. 과연 인생을 그렇게 초지일관 자신의 신념과 소신대로 생을 영위했는지 반문하게 된다.

여름날의 문상

이번 여름은 유난히 무더웠다. 그렇게 여름이 끝나갈 즈음에 입사동기인 이 전무의 부친상 부고가 왔다. 병원은 성주효장례식장이라고 했다. 월요일이라 텃밭에서 작업을 마치고 귀가하는 길에 박 회장으로부터 부고를 보냈다고 해서 전화를 받았다. 숨을 고를 사이도 없이 곧바로 집합지와 시간 등을 협의해야 했다. 일단 문상을 갈 사람은 다섯 명이었다. 문제는 중부고속도로의 만남의 광장이냐 경부고속도로 상의 만남의 광장이냐를 놓고 실랑이를 하다 결국 중부로 결론지었다. 다섯 명이 다 집이 구구각색이니 도리가 없는 노릇이었다. 모두 집에서 차를 끌고 와야 하는 상황이었다. 일단 박 회장은 곧바로 출발해서 우리 아파트로 오기로 했다. 오후 3시에 만남의 광장에서 출발하는 것으로 약속을 정했다. 맨 먼저 나타난 이는 파주에 사는 이 부장이었다. 다음으로 나타난 이는 고양에 사는 차 교수였다. 마지막으로 나타난 이는 또 다른 분당의 이 부장이었다. 커피를 한잔하고 출발했다. 마지막 이 부장은 맨 뒷좌석을 차지했다. 차안에 공간이 좁아 어쩔 수 없이 다리도 제대로 펼 수 없는 불편을 감수할 수밖에 없었다.

평일의 고속도로라 막힘은 없었다. 중간에 휴게소에서 한 번 휴식을 했고 목적지에는 7시쯤에 도착했다. 상가에 전면을 장식하고 있는 것은 즐비한 조화였다. 일렬로 정렬된 것이 끝이 보이지 않을 정도였다. 다섯 명이 문상을 하고 식사자리로 자리를 옮겼다. 예상대로 문상객이 엄청났다. 이 전무가 인심을 잃지 않았음을 느껴볼 수 있었다. 농협에서 중추적인 역할을 담당했던 이들이 많았다. 서울에서 내려온 문상객과 더불어 경북지역출신의 현직에 있는 사람들도 즐비했다.

우리는 잠시 앉았다가 상가를 나왔다. 상가에는 지역의 터줏대감격인 최 국장이 먼저 와 있었다. 장례식장의 맞은편에 고기집이 있었다. 모두들 그곳으로 들어갔다. 그리고 약주를 한잔하며 회포를 풀었다. 고인은 86세라고 했다. 2년 전 경운기를 몰고 가다 경운기가 전복되는 사고를 당해 몸을 다치신 것이다. 그리고 2년 정도 요양병원에서 지내시다 돌아가신 상황이었다. 나는 운전을 해야 했기에 식사만 하고 술은 마실 수 없었다. 셋은 만남의 광장에 차를 주차해 두었고 박 회장은 우리 아파트 주차장에 주차를 해둔 상태였다. 거의 11시 30분쯤에 만남의 광장에 도착했다. 주당으로 손꼽히는 이 부장은 만남에 광장에 도착할 때까지 결국 술이 깨지 않아 대리기사를 불러서 차를 가지고 귀가했다. 그래도 거의 여름이 끝자락이라 더위가 한 풀 꺾인 상황이었다.

예로부터 우리 조상들은 관혼상제를 무척이나 중요시했다. 관과 혼은 자식을 위해 부모님이 해주시는 것이고 상제는 자식이 부모님을 위해 받드는 식이다. 다음날에는 다른 동기들이 문상을 갔다. 축협의 강 상임이사와 예천에 낙향해 살고 있는 황 부장이 문상을 간 것이었다. 이번에도 최 국장이 외부에서 온 문상객들을 대접했다. 동대구역 부근의 연탄불고기 집이었다. 대구에서 사업체를 운영하고 있던 권 사장도 함께했다.

이 전무의 문상이 있는 뒤 며칠 후 모임의 회원이 모친상을 당했다. 이번에는 홀로 조문을 위해 홀로 갈 수밖에 없는 상황이었다. 장례식장은 예천장례식장이었다. 부고를 받고 집에서 오후 세 시쯤에 출발을 했는데 단양 휴게소에서 휴식을 취하면서 황 부장에게 연락을 취했다. 문상을 간다고 했더니 자신도 문상을 해야 한다는 얘기였다. 다행히 장례식장이 같은 곳이었고 상주가 동일인이었다. 일단 장례식장에서 같이 만나기로 약조를 했다. 황 부장과 상주는 초등학교 고등학교 동창이었다. 장례식장에 도착하니 비가 내리고 있었다. 안타깝게도 입관을 하던 중이어서 제대로 문상을 할 수 없는 상태였기에 준비가 되기를 기다렸다. 얼마 후 준비가 된 다음 문상을 하고 식사를 했다. 안동지방의 주메뉴인 문어가 빠지지 않았다. 황 부장은 배추전도 소개를 했다. 유명한 요리라 했다.

얼마 전 TV프로 〈수미네반찬〉이란 프로에서 배추전을 직접 요리하는 것을 보여주었다. 배추전에는 빠질 수 없는 것이 막걸리였다. 아주 얇게 전을 부치고 배추의 결을 따라 찢어서 먹고 간장에 찍어먹는 식이었다. 경북에서 유명한 전이었다. 모임의 사람들은 다음날에 문상을 할 것이라고 했다. 고인의 사위는 공교롭게도 농협안산공판장 부장장이었다. 예전부터 알고 있던 이였는데 황 부장도 알고 있었고 친구의 동생이라고 했다. 나와 황 부장은 문상을 마치고 도청부근의 번화가로 가서 다시 회합의 시간을 가졌다. 황 부장의 집 근처여서 집까지는 걸어서 갈 수 있는 거리에 있었다. 친구의 권고는 집에서 하루 자고 오후 점심식사를 하고 귀경하라는 것이었다. 회합의 시간은 거의 두 시간쯤 경과했다. 문상과 회합을 끝내고 나니 거의 10시경이 되었다.

이제는 귀경하는 일만 남았다. 그런데 비가 내리는 악천후의 상황이어서 만만치 않았다. 폭우가 쏟아져 시야가 제대로 확보되지 않았다. 야간이어서 그런지 화물차도 많았다. 최대한 속도를 조절하며 방어운전을 하려고 했다.

웬일인지 올해는 부고가 그렇게 많은 듯했다. 친구들의 부친상이 많았다. 부산도 두 차례 다녀왔다. 이제는 세월의 무게를 느낄 만큼 나이가 든 증좌이리라. 모든 분들이 고인의 명복을 기원했다. 이번에 문상을 가면서 알게 된 것 중의 하나로 49제에 관한 것이다. 49제는 49일째에 제사를 지내는 것인 줄로 알았는데 확인해 보니 아니었다. 매 7일마다 제를 지내고 그것이 49일째 되는 날에 최종 마무리가 되는 날이었다. 고인이나 망자가 이승에서 저승으로 가는데 소요되는 기간이라고도 했다. 그래서 이승을 떠나 염라대왕 앞에서 이승의 삶에 대한 평가내지 판단을 받는 날이 49일째라는 얘기도 있다. 결혼식과 장례식은 인간이 겪어야 하는 인생사의 두 중심축이라 할 수 있는 부분이다.

나의 원칙은 가급적이면 문상은 꼭 가보려 한다. 결혼식은 축복의 자리여서 가도 그만 안가도 그만이라고 생각되지만 말이다. 항상 느끼는 부분이지만 문상을 가보면 상주의 삶이 반추되고 느껴지는 부분이 있다. 세상인심이 예전과는 많이 달라졌지만 그래도 장례문화는 변치 않아야 하는 것 아닌가 싶다.

자한의 하루 일상

무더운 여름철이다. 뜨거운 햇살이 여름의 진수를 느끼게 한다. 내일부터는 벌써 제주도에서 시작되는 장마가 본격적인 여름을 예고하고 있다. 요즘의 하루 일상은 거의 다람쥐 쳇바퀴 돌 듯이 그렇게 정형화된 나날들을 보내고 있다.

아침에 일어나면 세면을 하고 출근을 준비한다. 집사람과 함께 집을 나서면 먼저 집사람을 성동광진 교육지원청에 내려주고 농협이념중앙교육원으로 출근한다. 집에서 교육지원청으로 가는 길은 상도터널을 지나 한강대교를 거쳐 강변북로로 가는 경우가 일반적이다. 그렇지 않을 경우에는 흑석동을 거쳐 88도로를 타고 가다가 성수대교를 건너면 곧바로 지원청에 도착한다. 통상적으로 출근을 하면서 집사람은 아침요기를 한다. 사과를 한쪼각 먹는 정도로 충분하다. 정상적으로는 용비교 쪽을 지나 강변북로를 타고 원흥방면으로 와서 출근한다. 일찍 출근이 되는 때에는 먼저 텃밭에 들러 작물을 돌보고 출근하기도 한다. 교통상황이 일반적이지 않아 도저히 용비교쪽의 정체가 심각해서 지나기가 어려울 경우 월요일이나, 금요일 등 특별한 날에는 내부순환로를 이용한다. 통상 홍제IC에서 빠져나와 은평구청방면으로 진입해서 서오릉을 거쳐 농협대학방향으로 내달린다. 홍제IC를 빠져나가 우회전하기까지가 보통일이 아니다, 통상 8시경에 도착이 되는데 항상 그쪽으로 차들이 줄 지어 있고 네비게이션에는 빨간표식으로 표시되어 있기 일쑤다. 그곳을 빠져나오는 것이 가장 난코스인 셈이다. 어떤 경우에는 그 300~500미터 가량을 빠져 나오는데 20여 분이 소요되기도 한다.

예전 2015년과 16년 2년동안 도농협동연수원의 부원장으로 근무한 경험이 있어 이념중앙교육원으로 가는 길이나 교육원내 상황은 충분히 익숙해져 있는 상황이다. 원내는 물론이고 주변의 지형 음식점 등도 거의 대부분이 다 섭렵이 된 바 있지만 아직도 처음 가보는 곳이나 생소한 데도 있기는 하다. 지형도 많이 변화되었다. 아파트가 들어섰고 창릉천 등은 신도시가 개발될 것으로 발표가 되어 지가가 들썩이기도 하는 등 빠르게 변모되고 있는 곳이 고양시 원흥, 삼송 지구 등이다. 올해 5월부터 시작된 텃밭 농사도 경작을 시작한지 이제는 거의 두달여가 되어간다. 상추는 계속 수확이 되고 있다. 가지도 이제는 하나 둘씩 여물어 꽤 탐스러운 모습을 보여주고 있다. 호박, 파프리카, 피망 등은 아직도 많은 땀과 노력 등 정성이 더해져야 할 것이다. 작년에도 텃밭을 한 적이 있어 이제는 많이 익숙해졌다고는 하지만 아직 초보에 불과할 뿐이다.

사무실에 출근하면 연일 계속되는 이념교육 과정의 교육생들과 마주하게 된다. 교과목 강사로서 화요일과 수요일에 두 시간씩 농협이념, 농협역사를 강의한다. 36명의 농협인을 대상으로 강의를 수행하는 것이다. 다행히 담임교수에서는 제외를 시켜주어 강의에만 전념하도록 배려를 해주었다. 이곳에는 농협대학교, 도농협동연수원과 더불어 3개 기관이 공존하고 있다. 이념교육 과정은 월요일에 시작해서 금요일에 마무리가 되는 4박 5일간의 일정으로 진행된다. 물론 제2 회합, 제3 회합까지 종료되어야 전과정이 끝나는 형식이다.

예전에는 1회합 2박 3일간의 일정 제2 회합 일손돕기 및 농심캐기 그리고 제3 회합으로 2박 3일간의 교육과정이 진행되었다. 또한 지금처럼 일과시간 만의 교육이 아니라 밤 11시까지 과정이 진행되어 열과 성을 다한 교육으로 정평이 나 있었다. 중식은 대부분 외식을 한다. 교육원 근처 사설 식당에서 식사를 하는 편이다. 대부분이 추어탕이나, 곰탕, 해장국 등 일상적인 음식들이 주류를 이룬다. 어떻게 습관이 되다 보니 이제는 아주 익숙해졌다. 종종 농협대학의 김 처장, L 교수님, 한 소장 등이 합류하기도 한다.

이제 명예퇴직을 한지 1년 반이 지났다. 한 해 동안 실업급여를 수령하며 생활한 형편이었다. 이제는 다시 이념중앙교육원에 재취업하여 생활하고 있다. 명퇴전에 비하면 비할 바가 아니지만 그나마 이렇게 안정적으로 직장생활을 하는 것에 위안을 삼아야 하리라. 보통 일과를 마치면 동료 교수와 함께 퇴근한다. 전 교수님을 원흥역에 내려주고 귀가길에 오른다. 고비는 가양대교를 건너는 것이다. 대부분 원활한 교통흐름을 보이지만 간혹 정체구간이 길어지는 경우도 있다. 올림픽대로를 달리다 여의도를 거쳐 귀가하는데 통상 40분 정도가 소요된다. 도저히 가양대교을 건널 수 없을 지경이 되면 강변북로를 탄다. 그러면 거의 여의도에 있는 서강대교, 마포대교, 원효대교 중 하나를 건넌다. 통사 가양대교가 막히면 여의도도 정체가 심각한 수준이다. 그러면 거의 퇴근시간도 한 시간쯤 소요된다. 집으로 돌아오면 잠시 휴식을 취했다가 곧바로 채비를 해서 산책에 나선다. 백수시절 항상 하루 한 번씩 외출을 해야 하는 것이 필수적인 일과 중의 하나여서 버릇이 든 셈이다. 햇볕을 쬐고 바깥 바람을 쐬는 것이 생활의 활력소가 된다. 산책에서 돌아오면 샤워를 하고 저녁을 먹는다. 통상 간단하게 요기를 하는 편이다. 요즘은 운동이 부족하고 살만 찌는 형편이어서 활동량을 많이 늘려야 한다. 그리고 먹는 것을 줄이려고 애를 쓰고 있다. 중성지방 등이 고질적인 문제로 되어 있다. 1년 쉬는 기간 동안 거의 병원에 다니면서 몸관리를 했음에도 아직까지 제대로 병구완이 다 된 것 같지는 않다. 과제로 남아 있는 부분은 임플란트 시술이 있다. 작년 12월에 발치를 했음에도 불구하고 아직 비어 있는 상태다. 오후 7시쯤이면 TV로 뉴스를 좀 보다가 책읽기에 들어간다. 한 시간쯤 책을 읽은 후 일기를 쓰고 취침한다. 일기는 꼭 빠뜨리지 않는 일과중의 하나다. 습관처럼 길들여진 일이다. 보통 그날 그날의 일상과 느낀점 등을 기록하고 자취로 남겨 놓는 것이다.

자한의 하루 일상은 이렇게 무미건조하고 담백하기 그지없다. 하지만 이런 일상이 추억되고 회상되는 날이 되리라. 이제는 이 생활도 6개월을 남기고 있다. 새롭게 활동할 수 있는 업을 찾아야 할 것으로 보인다. 어떻든 현재의 위치에서 일상적인 생활에 충분히 작응하고 잘 영위해 나갈 필요가 있으리라. 최고의 위치에서 최하의 직위로 전락되었지만 자존감을 잃지않고 초심으로 돌아가 활력있는 삶을 살아가는 것이 필요해 보인다.

손가락 결절종

따뜻한 겨울인 듯한데 문제는 미세먼지였다. 요즘의 대세는 삼한사미란 말이 실감나는 요즘이다.

지난 주말이었다. 오른쪽 네 번째 손가락 끝마디 접쳐지는 곳에 딱딱한 것이 만져졌다. 처음에 느낀 것은 뼈가 돌출된 것은 아닌가 여겼다. 주말을 보내고 월요일 오후에 동네 정형외과 병원에 갔다. 불안한 마음으로 진료를 받았더니 뼈는 아니라고 했다. 종기도 아닌 듯했다. 일단 초음파를 해서 한 번 세밀하게 봐야 한다는 얘기를 해서 초음파실로 가서 초음파를 했다. 해당부위에 젤 같은 것을 바르고 움직임을 관찰했다. 조그만 모양의 이물질로 보이는 것이 꿈틀대며 이리저리 움직여지는 모습을 볼 수 있었다. 담당의사의 설명을 들었다. 방법을 일러주었다. 손가락 부위에 ㄴ자 형태로 절개를 하고 결절종을 제거하는 수술을 하고 봉합을 하는 것이 한 방법이다. 그리고 그냥 놔두면 자동적으로 없어지기도 한다. 약물요법은 소염제 등을 복용하는 것도 있는데 권장할 만한 방법은 아니다. 별다른 통증이 있는 것은 아니었다. 어떻게 할 것이냐고 해서 낭종 제거 수술을 하겠다고 했다. 수술을 준비하는데 30분쯤 소요되었다. 일단 수술실로 올라갔다. 간호사의 안내대로 상의를 다 벗고 수술용 환자복을 입었다. 오른쪽 팔부분이 끈으로 된 형태였다. 수술준비는 손바닥 전체를 소독하는 것부터 시작이 되었다. 그리고 마취주사를 놓았다. 마취주사는 세 대 정도였다. 부분국소마취라고 했다. 따끔하다고 경고를 했음에도 이를 악다물고 통증을 참았다. 계속 얘기를 하면서 수술을 하는데 오른쪽 팔을 빼고는 모두 녹색천으로 덮여져 있어 수술을 하는 부분을 볼 수는 없었다.

처치가 다 완료된 후 제거된 결절종을 보여주었다. 하얗게 딱딱한 것이 콩알만 했다. 절개된 부위를 수술실로 봉합하고 기브스를 했다. 기브스 위에 압박붕대를 감았다. 손가락 중 셋째 손가락과 넷째 손가락을 중심축으로 부목을 대고 고정을 시켜놓은 식이다. 졸지에 오른손을 거의 사용할 수 없을 지경이 되었다. 상처가 곪지 않도록 하기 위해 약을 처방해 주었다. 소염제, 항생제, 소화제가 들은 것을 4일치 처방했다. 병원 옆 30미터 거리에 있는 약국에서 약을 조제해왔다. 당장 문제가 되는 부분은 식사를 제대로 할 수 없는 부분 등 일상사였다. 우리 일상에서 오른손이 얼마나 큰 역할을 하고 중요한가를 느껴보는 순간이었다. 일단 오른손에서 쓸 수 있는 부위는 엄지와 검지만 쓸 수 있는 상황이다. 다행스럽게 숟가락을 쓸 수는 있었다. 문제는 젓가락질이었다. 손가락 세 개가 필요한 기본인데 두 손가락으로는 어떻게 해 볼 수가 없었다. 대체방법으로 쓸 수 있는 것은 젓가락 대신 포크였다. 곰탕을 끓여서 식사를 했다. 어렵게 식사를 하니 맥이 빠졌다. 내일부터 당장 출근 등 일상사에서 걱정되는 부분은 운전을 할 수 있을 것인가 였다. 다행히 기어변속은 간단히 두 손가락을 활용해서 할 수 있었다.

다음날부터 일상생활이 쉽지 않다는 것을 절감할 수 있었다. 거의 모든 일상생활에서 오른손은 필수적으로 사용할 수밖에 없는데 매사가 불편할 수밖에 없었다. 머리를 감는 것도 왼손으로 어설프게 할 수밖에 없었다. 왼손으로 샴푸를 머리에 바르고 비벼 감고 바가지에 물을 부어서 머리에 들어붓는 식으로 감는 것이 요령이었다. 면도도 쉽지 않았다. 첫날을 발을 씻는 것은 집사람에게 부탁해서 해결했다. 글을 쓰는 것은 말할 것도 없고 컴퓨터도 전혀 활용할 수 없을 지경이었다. 겨우 이런 상태에서 제대로 할 수 있는 부분이 마우스를 움직이는 정도만 가능했다.

손목결절종이라는 것을 검색했다. 갱글리언ganglion으로도 불리는 이 증상은 관절낭 등에 생기는 일종의 낭종이다. 결절종은 관절액이 새어나와 투명한 젤리같은 성분이 들어있는 주머니를 형성하는 질환이다. 손과 손목에 흔히 생기는 연부조직(근육, 인대, 지방, 혈관 등) 종기로 흔히 물혹이나 자갈풍으로 불린다. 손가락 마디에 물혹이 생기며 간혹 피부가 얇아지는 경우도 생긴다. 손가락 마디벽의 날카로운 모서리 때문에 마디를 둘러싼 막이 닳아서 마디 안에 있던 액체가 흘러나온 것이다. 쥐눈이콩, 완두콩만한 것부터 호두만한 것까지 결절종의 종류는 다양하다. 결절종은 모든 연령층에서 발생할 수 있고 성인 남자보다 성인 여자에게 더 많이 생기는 편이라 한다. 정확한 원인은 확실하게 밝혀지지 않았다. 주로 외상을 입거나 손을 과다하게 사용할 경우 증상이 나타날 가능성이 높은 것으로 보인다. 대부분은 그냥 놔둬도 큰 문제가 없지만 계속 손을 사용하게 되면 통증이 나타나기도 한다. 결절종의 진단은 비용부담이 크고 복잡한 과정이 필요한 MRI(자기공명영상) 검사대신 짧은 시간에 큰 비용부담 없이 초음파 검사만으로 질환을 정확히 판독할 수 있다. 나의 경우 초음파 검사비용으로 3만5천 원이 들었다.

결절종을 진단받게 되면 결절종 부위를 절개하고 관절낭 부위의 뿌리까지 제거하는 수술을 받거나 비수술적 치료를 받는다. 비수술적 치료는 관절종에 압력을 가해 낭종을 터트리거나 주사기로 안의 혹부분을 빼내는 방법이 있다. 간단하지만 재발가능성이 높다는 단점이 있다. 오른손의 중요성을 새삼스럽게 느껴보는 순간이었다. 이런 때를 생각한다면 양손잡이인 사람이 유효적절하다. 어떤 이의 경우에는 어린 시절 오른손의 대부분을 작두에 잘려 왼손으로 모든 일상사를 하는 경우도 있었다. 또 어떤 이는 숟가락은 오른손, 젓가락은 왼손을 사용하는 경우도 있었다. 또 특이한 사례의 하나로 컴퓨터의 마우스는 왼손을 사용하는 것이다. 처음에는 낯설고 어설펐지만 조금 시간이 지나고 숙달이 되자 편하게 쓸 수 있게 되었다는 것이다. 나의 경우는 수술을 받고 매일 치료를 받으러 다녔다. 3일째가 되는 날에 기브스용으로 부목처럼 대었던 보조대를 제거하고 압박붕대만 감는 식으로 완화되었다. 거의 10일이 경과되었을 때 압박붕대도 제거하고 피부색과 같은 연분홍빛의 붕대로 치료를 해주었다. 매일 소독을 하던 것도 일주일이 지났을 때부터는 격일로 치료를 받으면 되었다. 최종 치료는 2주 후에 실밥을 빼는 것으로 종료가 되었다. 문제는 상처부위의 염증이 생기지 않도록 해야 했다. 물이 닿으면 덧나는 것 때문에 조심해야 했다. 물론 치료기간 중에 목욕도 할 수 없는 일이었다.

건강에 관한 명언 중에 그런 것이 있었다. '세월이 흐르면서 너의 신체는 걸어다니는 자서전이 되어 친구든 낯선 이든 모든 사람에게 네 삶의 크고 작은 난관을 말해준다.' (마릴린 퍼거슨) 사람이 살면서 겪게 되는 인생사를 통해서 삶의 지혜를 터득하게 되는 것이다. 어렵고 곤궁한 때를 기억하라고 했던 이도 있었다. 언제나 일상적인 삶이 평온하게 이어가고 그것을 지속적으로 영위하는 것이 쉽지 않음을 새삼 느껴보게 된다.

차茶

차에 관한 수요미식회란 TV프로를 보았다. 나는 차를 별로 즐겨 마시는 편은 아니지만 늘 관심은 가지고 있었다.

차의 역사는 아주 오래전부터 시작이 되었다고 한다. 영국에서 인도 식민지를 개척하고 그곳에서 차를 수입해 갈 때에 홍차가 생겼다. 중국에서 찻잎을 싣고 배로 태평양 인도양 대서양을 지나서 가면 거의 100일이 소요되었다. 녹색으로 파릇파릇하던 찻잎은 오랫동안의 항해기간에 발효되어 새까맣게 변해버렸다. 그래서 영어로도 홍차는 Black Tea로 불리게 되었다. 게스트로 초대된 이는 피아니스트 윤한이었다. 다음은 전현무 아나운서의 입사동기 이지애 아나운서였다. 마지막 게스트는 '차와 문화' 란 잡지의 편집장인 이상균씨였다.

아주 오래전 예전에는 보리차를 끓여서 먹기도 했다. 보리차가 발전해서 옥수수차가 되었고 그 후에는 결명자차, 도라지차 등이 인기를 끌기도 했다. 일반적으로 차라고 하면 차나무의 잎을 따서 여러 과정을 거쳐 물을 넣고 끓여먹는 것이다. 정확하게 학명으로 얘기하면 카멜리아 시넨시스라는 차나무의 잎을 넣고 끓인 것을 차라고 칭한다. 다른 보리차 등은 일반 다른 것은 대용차라고 한다. 그러자 황 선생이 정리를 했다. 차는 차나무 잎으로 끓인 차를 얘기하고 과일차라고 해서 유자차, 감귤차 등을 얘기할 수 있고 보리차, 옥수수차 등은 곡물차로 분류하면 될 것이다. 본래 차의 원류는 중국이다. 중국의 찻잎을 따서 영국이 수입했다. 홍차의 유래를 보면 중국에서 갔던 찻잎이 검게 변해 홍차는 붉은색을 띄는데도 불구하고 블랙티로 명명되었다. 그러던 것이 수입처가 중국에서 인도로도 다변화되었다.

영국에서는 잉글리쉬 블랙퍼스트란 차를 아침에 주식처럼 그렇게 마신다. 하루 한잔 마시는 그런 개념의 차가 아니라 목이 마르거나 휴식을 취하거나 기타 필요할 때마다 수시로 마시는 것이 차라는 것이다. 차는 찻잎의 산화와 발효정도에 따라 녹차, 우롱차(청차), 홍차, 보이차로 나뉜다. 녹차는 산화정도가 10%이하인 것을 칭하고 우롱차는 15%~70% 산화한 것을 말한다. 홍차는 85%이상 산화된 것이다. 보이차는 찻잎을 덖은 후 미생물 발효를 시킨 것을 이른다. 중국 윈난성의 차잎을 발효시킨 것만 보이차라 한다. 보이차는 본래 가짜라는 것이 없다. 단지 재배형으로 생산된 것과 야생에서 자연 상태로 자란 것이 있을 뿐이다. 자연산과 인공과의 차이와 같다고 볼 수 있다. 2700년 된 차나무도 있다. 50년이 된 보이차도 있으며 차테크를 하기도 한다. 다른 지역에서 발효시킨 것은 흑차라고 칭한다. 차에는 스트레이트 티가 있고 여러 종류의 차잎을 섞어서 만든 브랜디드 차가 있다. 마지막 종류는 차에 향을 입힌 가향차가 있다. 홍차에는 아삼, 다즐링, 실론 등이 있는데 이는 인도의 지역명을 따온 것이다. 아삼은 진하고 깊은 맛을 내는 홍차 달콤한 과일향과 풍미를 내는 것이 다즐링이다. 얼 그레이 차라는 것이 그렇게 유래되었다. 영국에 찰스그레이 백작이라는 귀족이 있었다. 백작은 가향차를 좋아했는데 가향차에 용안이 들어가는 것을 베르가모트 오렌지로 향을 대체해서 입힌 것을 얼그레이 홍차라 한다. 얼은 백작을 이르는 것이다.

다음으로 소개된 곳은 우리나라에서 차를 생산하는 곳 세 곳이다. 첫 번째 보성 정광문화라는 곳이다. 둘째는 하동 매암차문화 박물관이다. 장흥의 청태전을 맛볼 수 있는 다원이다. 보성은 본래 통상 일반적으로 알고 있는 녹차의 본고장이고 산 전체에 펼쳐져 있는 차밭이 장관인 곳이다. 그런데 징광문화라는 곳은 천연차밭에서 찻잎을 따서 덖은 후 비비고 제다법을 적용해서 만든 차였다. 처음 야생 차밭을 보았을 때 느낌은 농사를 망친 황폐한 황무지 느낌이었다고 소회를 밝히기도 했다. 80년에 차밭을 조성해서 95년부터 찻잎을 수확했는데 96년도에 화재가 나서 90%가 소실되었는데 다시 재생이 되어 찻잎이 생산되고 있었다. 차나무의 뿌리는 직진해서 뿌리를 내리는데 그 깊이가 2미터에 달한다. 그러니 위가 타더라도 재생되어 새롭게 찻잎을 수확해 냈다. 평론가들의 평가 중에 아기배냇향을 풍긴다고 얘기했다. 느낌으로는 거칠 것 같은데 은은하고 부드러운 맛을 냈다. 청량함과 쓴맛의 조화가 있었다. 전통수제 덖음녹차로 특별한 희소가치를 가지고 있고 세계최고수준의 덖음차이다. 차의 교본 같은 차로 볼수 있다.

다음은 하동의 홍차다 우리나라에서 홍차가 생산되는지를 몰랐다. 진정한 한국인의 차다. 잭살차로 불리고 있다. 구수하고 단맛이 살아있는 잭살차다. 삼국사기에 보면 신라 흥덕왕3년(828년)에 김대렴이라는 이가 중국에서 차 씨앗을 가져와 하동 쌍계사 입구에 최초로 심었다는 기록이 있고 비석(시비지)이 있는데 그 내용이 적시되어 있다. 맛은 '할머니 손은 약손' 같은 맛이다.

산이 높고 계곡이 깊고 물이 있는 곳이 차밭으로 최적지이다. 눈앞에 시원하게 펼쳐지는 차밭이 한폭의 풍경화같다. 외국홍차는 대엽종인데 반해 우리 홍차는 소엽종으로 녹차와 홍초의 중간 맛으로 볼 수 있다. 제조법은 찻잎을 딴 뒤 선별과정을 거쳐 그늘에서 하루정도 말려주고 햇빛에서 2~3시간 말린 후 그 다음 손으로 비벼 향이 나게 한다. 잘 비빈 찻잎은 과일향이 날 때까지만 저온에서 산화시키고 온돌 위에서 하루정도 건조시킨 후 비로소 만나게 된다. 그런 후 과일향이 가득 담긴 잭살차를 만날 수 있다. 시트러스향 또는 꽃향이 느껴지기도 했다. 윤원은 멘델스존의 봄의 노래 같은 느낌이라 평을 하기도 했다.

마지막은 장흥 청태전이다. 전이라 해서 이제 먹을 수 있겠구나 라고 생각했을 정도였으리라 오해였다. 맛을 본 게스트들의 평은 침이 고인다. 쓰지 않은 약 같은 느낌이었다. 몸에 좋은 약은 쓰다는 말이 있다. 밍밍하다는 느낌도 있었다. 25분의 기다림 후 맛본 느낌이었고 주인장은 그게 매력이라고 설명해 주었다. 산림 속에서 자란 차나무다. 부드럽게 힐링 되는 연한 맛이다. 2시간 우려내는 동안 노란빛 붉은빛으로 변화과정을 거치며 천년의 역사를 품은 발효차다. 청태전이라는 의미가 푸른 이끼가 낀 동전이란 의미다. 찻잎을 따서 가마솥에 쪄낸 후 절구에 찧어서 동전모양을 만들어 구멍을 뚫어 만드는 것이 청태전이다. 옹기에 넣어 1년 이상 발효시켜 만든다. 할머니들이 비상약처럼 챙겨주던 것이 청태전이었다. 최고의 차의 첫째 조건은 맑아야 한다. 둘째는 청량함이 있어야 한다. 셋째는 쓴맛 뒤에 단맛이 올라와야 한다. 그런데 일상에서 만들어 먹을 수 있는 차는 큰 생수통에 티백을 넣어놓고 하루가 지나면 제대로 녹차가 우려나와 마시면 그것이 최고의 차라는 것이다.

다도 등 격식을 차리는 것도 중요하지만 일상에서 항상 차를 마시는 것을 습관화하고 생활화하는 것이 최고란다. 모두 좋은 차를 마시면서 건강하고 행복한 삶을 영위하길 기원해본다.

텃밭 가꾸기

오래전에 안성에서 근무하던 시절 고추를 키워본 적이 있었다. 4년 정도 근무하던 기간 중에 3년을 키웠으니 제법 경험이 있는 셈이다. 한 번은 비료를 주는 과정에서 직접 고추모종에 직접 주다 보니 고추들이 다 고사해버리는 과오를 범하기도 했다. 새로 고추모종을 사오고 한바탕 야단법석을 뜬 적이 있었다. 다른 쪽 텃밭에는 배추와 얼갈이도 심어 그 해에는 김장을 하는 행운을 갖기도 했다. 한참 동안 고추를 키우고 수확해서 지인들에게 나눠주기도 하고 빨갛게 익은 고추는 방앗간에 가지고 가서 고추를 갈아서 양념장으로 활용하기도 했다. 집안의 냉장고 냉동실에 얼려놓기도 했었다.

매 주말마다 고추를 수확하는 것이 일과였고 고추를 갈러가는 것이 일요일의 주요 일상이기도 했다. 현직에서 작년에 퇴직을 하고 소일거리를 찾던 중에 텃밭 가꾸기에 도전을 하게 되었다. 텃밭이라고 해봐야 8평 남짓한 넓이였고 폭 60센티미터에 20미터 길이의 밭 한 고랑일 뿐이다. 한 모임에서 만남을 이어가고 있던 지인에게서 텃밭에 관한 제안을 받고 해보겠다고 했다. 한 고랑만 배정해 달라고 간청을 했다.

5월 말쯤에 텃밭이 배정되었다는 지인의 얘기를 듣고 부랴부랴 인근 동네 꽃가게에서 고추와 상추의 모종을 사들고 갔다. 잡초가 무성하게 자라있는 밭이었다. 일단 괭이로 잡초를 제거하고 땅을 평탄하게 고르는 작업을 했다. 30여 분쯤 작업을 한 상황이었는데 땀이 비 오듯 했다. 두 번째는 검정비닐을 덮어씌우는 작업을 했다. 소위 말하는 멀칭작업이었다. 멀칭용 검은 비닐을 깔고 양쪽 끝부분은 흙으로 덧씌우는 작업이었다. 안성에서는 일하는 직원이 다해주었는데 하는 한탄이 절로 나왔다. 그리고 반대 쪽의 멀칭용 비닐에도 같은 작업을 해서 멀칭용 비닐을 텃밭 위에 깔았다. 이제 모종 이식을 위한 준비작업이 완료된 셈이었다. 평일이고 늦은 오후시간이라 다른 사람들은 눈에 띄지 않았다. 아주 토질이 좋은 상태인 것 같아 보이지도 않았다. 돌들이나 자갈도 제법 있어보였다. 퇴비 등도 충분히 뿌려진 상황인지 로터리가 쳐진 상황인지도 알 수 없는 노릇이었다. 물론 잡일을 하시는 분들이 충분히 텃밭을 가꾸는데 무리가 없도록 해 두었으리라고는 짐작이 되었다. 이미 다른 고랑에는 모두 작물의 이식 작업이 다 끝난 상황이었고 한창 작물들이 성장기에 접어든 듯 보였다. 세 번째는 모종 이식이었다. 고추모종은 열을 맞춰 심었다. 양쪽으로 두 줄을 맞춰 심었다. 상추가 20포기쯤이었고 고추도 20포기쯤 되었다. 네 번째는 물주기였다. 모종의 이식 작업이 끝난 후 물을 듬뿍 주었다. 물뿌리개로 충분히 뿌리가 자라도록 물을 주었다. 텃밭의 한켠에는 수도가 있었고 플라스틱 물통도 하나 있었다. 호스가 있기는 했지만 그것을 연결시켜 물을 주는 것은 어려웠다. 이로써 텃밭 가꾸기의 1차 작업이 완료되었다. 처음 시작은 미미하였다. 끝은 성경말씀처럼 창대해질지 알 수 없는 노릇이었다.

다음날에는 추가로 모종을 더 사다 심었다. 고추 10포기, 호박 5포기,

옥수수 10포기, 가지 10포기였다. 친구들에게 텃밭 가꾸기를 할 사람을 모집하기도 했는데 모두들 손사레를 쳤다. "편하게 쉬지 뭘 그런걸 하냐"는 식의 답변이었다. 고추이외의 작물들은 다 처음 해보는 것들이라 걱정이 많이 되었다.

다음날에는 지주대를 세웠다. 그리고 줄을 쳤다. 고추와 가지쪽에는 그렇게 했고 토마토쪽에는 각 포기마다 다 지주대를 세우고 끈으로 줄기를 묶었다. 매일 텃밭으로 다니며 물을 주는 것도 보통일이 아니었다. 초보 농사꾼의 실수가 있었다. 호박 등은 야생으로 자랄 수 있도록 심어야 하는데 얼토당토않게 텃밭 한가운데 그것을 심어 놓았으니 완전 호박천지가 되어버렸다.

일주일쯤 지났는데 문제가 생겼다. 해외여행을 가게 된 것이다. 물을 줄 사람을 물색해야 하는 것이었다. 예전 같이 근무했던 직원에게 부탁을 할까, 아들에게 부탁을 해볼까, 이리 저리 궁리를 했는데 마땅한 사람이 없었다. 연휴가 끼여 있어 근무 때도 아닌데 휴일에 나와서 물을 주어야 하는 것이 보통 성가신 일이 아닐 것으로 보였다. 애초 텃밭을 권고했던 교수께 부탁을 간곡하게 드렸더니 흔쾌히 그 어려운 부탁을 마다하지 않았다. 해외여행을 끝내고 현충일에 귀국해서 물을 주러 갔더니 싱싱하게 작물들이 자라고 있었다. 자식새끼의 건강히 자라는 모습을 보며 뿌듯해 하듯이 그렇게 고마울 수가 없었다. 열흘여가 지난 후에는 비료를 주었다. 예전의 과오를 잊지 않고 뿌리부분에 직접 닿지 않게 중간 중간의 멀칭된 부분에 홈을 파고 그 속에 비료를 한 움큼씩 넣고 흙을 덮었다. 작물들은 하루가 다르게 잘 성장해 주었다.

두어 달이 지난 후부터는 수확하는 재미가 절로 신나게 만들었다. 이제부터는 일주일에 한 번씩만 물을 주는 식이었다. 중간에 병해충 등이 생겨난 가지 쪽에는 목초액을 뿌려 방제를 해보았는데 별무신통이었다. 상추도 충분히 뿌리를 내려 싱싱한 야채를 제공해 주었다. 고추도 친환경 고추를 마음껏 맛볼 수 있게 해 주었다. 가지는 무당벌레의 침범으로 잎을 갉아먹기도 했다. 안성의 근무시절이 끝나고 도시농업을 해본다고 해서 베란다에 텃밭을 가꿔본 적이 있었는데 열흘을 넘기지 못하고 상추 고추 등은 다 고사해 버리고 말았다. 참으로 참담한 실패를 거듭한 적이 있었다. 이제는 잡초들이 텃밭 가장자리에 자라나 그것을 제초하는 것이 큰 일거리가 되었다. 낫도 사고, 장화도 장만을 했다. 여름철에는 모기가 문제였다. 잠깐 수확을 하는 사이에 온 팔, 다리에 달라붙어 강제헌혈을 시키는 바람에 곤욕을 치렀다. 벌겋게 부어 오른 후에는 나중에 며칠 지나고 나니 가려워지기 시작했다. 결국 약을 바르고서야 겨우 가라앉았다. 팔에는 토시를 끼고 작업을 하면 어느 정도 방비가 되는데 다리 부분은 속수무책이었다. 그나마 더운 한철을 텃밭에 매달려 일하다 보니 보람도 느꼈고 농부의 마음도 조금이나마 헤아려볼 수 있었다. 잠깐씩 뵈는 텃밭 가꾸기 동지는 또 다른 기쁨을 안겨주었다. 어깨너머로 배우기도 하고 경험을 공유하는 얘기 상대가 되어 주기도 했다.

수확하는 기쁨과 더불어 그것이 상에 올라 맛을 보면 더할 나위 없이 행복해진다. 누구도 맛볼 수 없는 그것을 키우고 가꾼 자만이 맛볼 수 있는 즐거움일 것이다. 고추, 가지, 호박잎, 상추, 방울토마토, 옥수수 등에서 제대로의 농작물을 키워낸 보람이 더해지면 소담스러운 즐거움과 기쁨이 계속될 수 있으리라. 예전 어린 시절 시골에 가면 맛볼 수 있었던 호박잎, 상추, 고추 등이 아련한 추억으로 떠올려졌다. 텃밭 가꾸기에 심혈을 기울이면 제대로 농업을 해볼 수도 있지 않을까 하는 거창한 꿈도 꾸어본다. 텃밭에서 보다 더 큰 즐거움과 편안함을 누구나 가져보기를 기대한다.

루 홀츠

그는 1937년 미국의 버지니아주 폴란스비에서 태어났다. 어린 여동생과 네 식구가 단칸방에 살았다. 아버지는 초등학교 3학년까지 다닌 것이 학력의 전부였다. 그가 배가 고프다고 졸라대고 보채면 아빠는 그랬다, "너는 충분히 많이 먹었다"고 했다. 28살이 되던 1966년에는 노트르담 대학의 풋볼 코치 보조직에서 물러나 백수가 되었다. 그의 통장 잔고는 10달러 95센트였다. 그에게 세 번째 아이가 아내의 뱃속에서 8개월째를 맞고 있었다. 그런 힘든 상황에서 그의 아내가 책을 한권 가져왔다. 그것은 데이비드 슈왈츠가 쓴 '크게 생각하는 마술(The Magic of Thinking Big)' 이라는 책이었다. 그 속에는 100가지 소원을 적어보라는 것이 있었다. 그래서 그는 누워서 종이에 100가지 소원을 적어가기 시작했다. 첫 번째는 남편으로서 아버지로서의 소원을 적어내려갔다. 다음으로는 영적으로 하느님을 믿는 신앙인으로서 이뤄야 할 소원을 적었다. 세 번째는 직업적인 면에서 이뤄야 할 소원을 적었다. 그리고 네 번째로는 재정적으로 필요한 소원을 썼다. 마지막으로는 재미로 이뤘으면 좋을 것 같은 희망사항을 적었다.

그것을 적시하면 이렇다. 1. 백악관에 가서 미국 대통령과 마주앉아 점심먹기. 2. CBS TV 제니카슨의 투나잇쇼에 출연해서 한 시간만 떠들고 오기 3. 로마에 가서 교황을 만나 같이 차 한 잔 마시기 4. 노트르담대학에서 헤드코치하기 5. 2만 피트 상공에서 태평양으로 점프하기. 6. 제트전투기로 항공모함에 착륙하기. 7. 잠수함타고 대양을 여행하기 8. 아프리카 사파리 탐방 등 이런 소원을 적어내려가다 보니 107개를 적었다. 그러자 그런 모습을 보던 부인이 108번째에 그렇게 적었다. '취직이나 해라.' 그렇게 해서 108개의 소원이 완성되었다. 그는 그 소원을 성취시키기 위해서 부단한 노력을 했고 그것을 달성하기 위해 진력했다.

세월이 흐른 뒤 39년 후 그는 소원 108개 가운데 102개를 다 해냈다. 기적같은 일이 일어난 것이다. 첫 번째 레이건 대통령과 백악관 대식당의 헤드 테이블에서 같이 앉아 식사를 했다. 두 번째로 로마교황 바오로 6세 옆에서 사진 촬영을 했다. 다음으로 CBS TV에 나가서 토크쇼에 참여했다. 그는 그렇게 열악한 환경하게서 태어났음에도 불구하고 반어법적으로 금수저로 태어났다고 한다. 그렇게 자신과 가족을 자랑스러워 했다.

세상에는 7가지 색깔이 있다. 그 7가지 색깔로 미켈란젤로는 무엇을 했는가를 보라. '천지창조' 라는 걸작품을 만들어냈다. 음악에서 음계도 7가지밖에 없다 그렇지만 베토벤은 그것으로 주옥같은 교황곡을 창조해 내지 않았는가. 저 들판의 나무들을 보라 나무는 끊임없이 성장하지 않으면 죽음에 이르른다. 인간 나무나 풀과 마찬가지로 성장하지 않으면 도태될 뿐이다. 당신들의 어려움 문제 등을 다른 사람에게 얘기하지 마시라. 사람들은 90%가 당신의 고민에 대해서 문제에 관해서 하나도 관심이 없다. 10%마저도 당신의 고민에 기쁘게 받아들이게 된다. 결코 다른 사람에게서 당신 문제의 해답을 구할 수 없다는 부분을 명심해야 한다. 항상 자신이 노력하고 진력하면 어려움과 역경을 다 이겨내고 목표한 바를 성취시켜낼 수 있다. 여러분들이 실패하고 성공하지 못하는 것은 제대로 여러분이 주어진 여건과 상황하에서 최선의 노력을 다하지 않았기 때문이다. 당신이 다른사람들을 실패하게 해서는 안된다. 언제나 목표를 세우고 그 목표를 세운 바를 달성할 수 있는 구체적인 계획을 만들어서 구체화시키고 죽을 힘을 다해 실현시켜나가야 한다. 그것이 생을 성공적으로 이끌 수 있는 부분이다.

인생은 그렇게 복잡한 것도 아니다. 단순하게 생각하면 네 가지만 잘 지키고 네 가지를 충실히 하는 것이 필요한 부분이다. 항상 네 가지를 명심해야 한다. 네 가지 중에서 하나라도 잃게 되면 공허함에 휩싸이게 될 것이다. 첫 번째는 우리 모두는 할 일이 필요하다. 자신이 세상에 태어난 것은 일을 하기 위한 것이고 그것은 곧 성공을 향해 끊임없이 노력해야 한다는 것이다. 두 번째는 사랑하는 사람을 가져야 한다는 것이다. 그것이 아내가 되었던 가족이 되었던 말이다. 그렇게 사랑을 하고 일을 하는 것이 인간의 숙명이고 지워진 무거운 짐으로 운명적이라는 것이다. 세 번째는 믿어야할 사람을 가져야 한다는 것이다. 자신의 경우는 그것은 하나님이었다. 마지막 네 번째는 희망을 품을 수 있는 뭔가를 가져야 한다는 것이다. 그것은 아마도 사람들이 지향해야 할 그 어떤 지향점 같은 것이라고 여겨진다. 그것은 자신이 썼던 108개의 소원과 같은 것일 수 있으리라. 그의 동상이 세워져 있다. 그는 그렇게 우스개 소리로 얘기한다. 비둘기들의 앉을 자리가 더 필요해서 동상이 세워진 것이라고 농담을 한다. 두 풋볼 선수의 중간에 있는 그의 동상은 풋볼 코치로서 엄청난 공훈을 가진 그를 기리기 위함이었다. 하워드 워드 라는 불세출의 영웅을 길러내기도 했다. 한국인 어머니로 인해 우리에게 더 익숙한 분이었다. 루 홀츠는 이제 코치에서 은퇴해서 해설자로서 명강연자로 활약을 펼치고 있다. 노트르담 대학의 졸업연설 장면은 모든 이들의 심금을 울린 명연설로 회자된다. 그의 동상 받침대에는 세 글귀가 새겨져 있다. '믿으세요, 헌신하세요. 사랑하세요.' 정말 보기에는 조그맣고 보잘 것 없어 보이는 사람인 루 홀츠가 이뤄낸 성공은 거의 기적에 가까운 것이다. 정상의 팀으로 팀을 이끌었고 그렇게 정상에 선 팀을 수년동안 그 정상의 자리를 유지하도록 수성하고 지켜갔다는 것이 전무후무한 일이고 위대한 일이었다.

모든 사람이 성공할 수는 없다. 그러나 그 성공에 이르는 길을 발견한 사람은 계속적으로 성취시켜나가고 이뤄나갈 수 있으리라. 모두 성공하고 이뤄내는 성공신화를 쓰는 사람들로 넘쳐나길 기원해 본다.

현명한 여자, 이쁜 여자, 똑똑한 여자와 현모양처

얼마전에 한 모임에서 나온 이야기이다. 현명한 여자가 나은가? 이쁜 여자가 좋은가? 똑똑한 여자가 적합한가? 아니면 현모양처가 좋은가? 시대가 변하면 여자에 대한 시각도 많이 변모된다. 유행가 가사에도 있지 않은가. 똑똑한 여자. 또 그렇게 노래한다. 얼굴만 예쁘다고 여자냐 마음이 고와야 여자란다.

조선시대 최고의 여성상은 현모양처였다. 어진 어머니이면서 착한 아내란 의미이다. 신사임당이 대표적인 여성으로 각광을 받았고 그렇게 본받고자 했었다. 고래적 얘기로 삼종지도三從之道란 것이 있었고 일부종사一夫從事란 얘기도 있었다. 삼종지도란 여자로 태어나 성인이 될 때까지는 아버지를 따르고 다음으로는 결혼하는 것과 더불어 남편에 순종하고 마지막에 남편이 죽은 뒤에는 아들을 따르라는 의미였다. 예전시대에는 그것과 더불어 칠거지악七去之惡도 있었다. 첫째는 시부모에게 순종하지 않는다.(不順父母) 둘째는 아들이 없다.(無子) 셋째는 음탕함이다.(不貞) 넷째는 질투(嫉妬) 다섯째는 나쁜 병이 있다.(惡疾) 여섯째는 말이 많은 것이다.(口說) 일곱 번째는 도둑질을 하는 것이다.(盜癖) 여자가 칠거지악을 범하면 아내를 내칠 수 있었다. 그러나 삼불거三不去라는 것도 있었다. 칠거지악으로 내쳐도 다음과 같은 세가지 경우에는 내치지를 못한다. 첫째는 내쫓아도 돌아가 의지할 곳이 없는 경우이다. 둘째는 함께 부모의 삼년상을 치른 경우이다. 마지막은 가난한 살림이었는데 훗날 결혼해서 재산을 모아 부자가 된 경우이다.

요즘은 남편의 신칠거지악이 있다. 첫째는 명절 때 시부모 30만 원 친정부모 10만 원, 둘째 딸 낳았는데 아들 타령할 때, 셋째 밖에선 싹싹하고 집에선 '욱' 할 때, 넷째 반찬투정할 때, 다섯째 가사분담, 육아분담을 나 몰라라 할 때, 여섯째 모임에 나간 아내에게 계속 전화할 때, 일곱째 아내의 생일과 결혼기념일 기억 못할 때.

모임을 하는 중에 어느 친구의 아내가 현명하고, 또 이쁘고 똑똑한 이는 누구인가를 따져보았다.

현명한 여자부터 살펴보자. 그녀는 경북이 고향이었다. 남편 뒷바라지를 잘했고 아들을 훌륭히 키웠다. 해외생활을 오래한 남편을 둔 덕에 한국에서 홀로 남아 자식을 위해 헌신했다. 물론 어떤 경우에는 남편을 위해 해외에서 같이 생활하기도 했다. 유수한 대학을 나왔고 남편과 아들들에게 전혀 부족함이 없는 아내로서의 역할을 다해 낸 것이다. 아들들도 다 명문대학을 위해 좋은 직장에 취업까지 했으니 더할 나위없는 셈이다. 다소 몸이 약해보이는 점이 아쉬운 점이다. 훌륭한 교육자 집안의 딸로 태어나 좋은 사람을 만나 결혼을 했고 아들들과 남편을 위해 헌신적인 어머니, 아내로서 충실한 삶을 살아왔다.

다음은 이쁜 여자이다. 그녀는 서울의 명문사립대학을 나와 간호사로 직업을 가졌었다. 10여년 직장생활을 한 후 육아 등을 위해 전업주부로 변신했다. 대학시절 축제때 메이퀸으로 뽑힐만큼 출중한 미모를 자랑했다. 언젠가 TV프로를 방청하러 간 기회가 있었는데 빼어난 미모덕에 카메라의 집중조명을 받기도 했다. 젊은시절 날렸던 미모는 이제는 거의 퇴색된 형국이다. 30여 년이 지났으니 그 예전 아름다움을 계속 유지시킬 수는 없었다. 단 그 유전자는 고스란히 그녀의 딸에게 그대로 이어졌다. 내가 그 남편에게 물었다. 미스코리아 선발대회에 내보야 했었던 것이 아닌가. 그러자 그는 그렇게 대답했다. 워낙 출중한 미모여서 미스코리아는 생각도 하지 않고 미스 유니버스에 내보낼 것이라고 농弄을 했다. 스마트폰 속에 보여진 그녀의 사진은 정말 눈이 휘둥그래질 정도의 출중한 미모를 자랑하고 있었다. 아들은 자신이 다녔던 모교에 진학을 했었고 딸은 엄마의 출신대학에 진학한 재원이었다. 전공은 엄마와 달랐지만 대학을 졸업하고 대기업에 입사해 열심히 직장생활을 하고 있다. 아름다움은 젊은 시절 한 때라는 부분이 실감나는 대목이었다.

세 번째로 똑똑한 여자이다. 대기업 남편과 결혼한 그녀는 명문대학을 나와 시청 공무원으로 직장생활을 했다. 교직생활을 하신 아버지 덕에 반듯하게 자랐고 똑부러지게 일을 처리했고 매사를 깔끔하게 정리하는 식이었다. 평생이다시피 거의 전 결혼생활을 주말부부로 살았지만 한치도 소홀함이 없었고 빈틈이 없었다. 아들 둘을 훌륭히 키웠다. 그리고 자신도 승진에 승진을 거듭해서 사무소장으로 영전해서 직장생활의 마무리를 위해 고군분투하고 있다. 성격도 활달하기 그지 없고 맺고 끊음이 확고한 신념의 소유자로 보였다. 항상 자리를 주도하고 주인처럼 그렇게 화합하고 소통하는 직장인으로 손색이 없었다.

현명한 여자, 이쁜 여자, 똑똑한 여자 등 모든 여자가 다 일장일단이 있으리라. 문제는 그런 부분이 남편과 또는 아들, 딸 등과 어떻게 조화롭게 연계되고 관계를 형성해서 행복한 가정을 꾸렸는가가 가장 중요한 관건이 되리라.

마지막으로 현모양처의 전형같은 친구의 아내를 보자. 내가 그녀를 만난 것은 2016년도 몽골 러시아 여행 때였었다. 차분하기 그지 없었고 순종적인 아내였고 어진 아내였으며 착한 어머니 그 자체로 보였다. 수더분한 용모에 아무런 치장이나 빛나는 빼어남이 없었지만 순수 그 자체였었고 마음이 비단같아 보였다. 남편은 대기업에서 부장까지 지내다 정년을 맞았고 고향에서 농사를 짓고 있었다. 권위주의적이고 가부장적인 남편에 모든 요구를 다 받아주는 듯했다. 예전 전통적인 가부장적 가족구조의 형식 그대로인 듯했다. 슬하에 딸을 셋 두었다. 막내는 진주에서 의대를 나와 여의사로 근무를 하고 있었다. 둘째 딸은 서울 명문대학을 나와 CIP에 합격해서 법무법인에 근무하고 있는 중이었다. 장녀는 사범대학을 나와 임용고시를 합격해서 고향부근에서 교직에 종사하고 있었다. 세딸 중 막내만 같이 생활하고 있었다. 얼마나 선견지명이 있었는지 상경해서 공부할 딸을 위해 미리 서울에 조그만 집을 장만해 두기도 했다.

세상을 살면서 세가지 선택을 해야 하는 것 중에 하나가 배우자 선택이다. 가장 바람직한 것은 개인적 취향에 따라 호불호가 갈리고 이쁜여자, 현명한 여자, 똑똑한 여자도 좋겠지만 뭐니뭐니 해도 현모양처가 남자들 입장에서는 최선의 선택이 아닐까.

형님을 하늘나라로 떠나보내며

지난 휴일이었다. 우리 식구는 오랜만에 나들이 겸 외식을 하러 집을 나섰다. 아들내외도 왔다. 며느리가 의료보험 심사평가 자격시험에 합격을 해서 축하를 해주기 위해서 집사람이 자리를 마련한 것이다.

지난주에는 아들이 1박 2일 워크숍을 가는 바람에 하지 못했고 다음주에는 집사람이 일본 연수일정이 잡혔기에 날을 어렵게 잡아서 하게 된 식사자리였다. 집근처인 신림사거리 부근의 미금 대게집이었다. 휴일이어서 그런지 다른 손님은 없었다. 한쪽 벽면에는 이곳을 다녀간 개그맨들의 사진과 사인이 덕지덕지 붙어 있었다. 한켠의 수조에는 대게와 킹크랩 등이 활개를 치고 있었다. 막 식탁에 좌정을 하고 음식이 나오는 중이었다. 스마트폰을 보니 동생에게서 온 전화가 있었다. 곧바로 전화를 걸었다. 이미 3개월 전부터 발병이 되어 대학병원에서 치료를 받았던 형님이 돌아가셨다는 부고였다. 지난 봄부터 입원 가료중이었는데 이렇게 갑자기 돌아가실 줄은 미처 몰랐다. 갑작스러운 부고에 황망해졌다. 식사도 하는 둥 마는 둥 자리를 파하고 곧바로 집으로 왔다. 옷을 갈아입고 서울역으로 나갔다. 다행히 열차표를 예매할 수 있었다. 부산으로 내려가는 열차편은 오후 3시 40분 서울역 발이었고 귀경하는 열차는 8시 59분

구포발이었다. 급한 마음에 택시를 탔다. 30분쯤을 달려 서부역에 도착했다. 20분쯤 여유가 있었다. 2016년과 17년 2년간 김천구미역을 오가며 수도 없이 왔었던 서울역이었다. 편의점에서 물을 한병 샀다. 차창밖으로 펼쳐지는 풍경은 초여름의 모습이었다. 푸르런 산천초목이 언제나 그런 것처럼 세상의 인간사에는 무심하게 느껴졌다.

열차속에서 회상에 잠겼다. 형님은 나보다 6년정도 연배셨다. 특별한 인연은 1970년대 중반쯤에 3~4년쯤 우리 집에 기식을 했던 적이 있었다. 사회생활을 시작하던 초년생 시절을 우리집에서 보낸 셈이었다. 한참 농촌인구의 도시유입이 이뤄졌던 시절이었다. 형님도 시골에 있다가 부산의 봉제공장에 취업이 되어 부산으로 내려온 것이다. 직장생활은 무척이나 힘들었고 고달팠다. 야근도 잦았고 힘든 부분도 많았지만 잘 해나가셨고 어엿한 사회인으로 첫발을 내디뎠고 군에 입대할 무렵까지 우리집에서 직장생활을 했다. 어렴풋이 기억이 나는 부분은 그렇게 직장생활을 하면서도 항상 굳건하게 세상의 험한 파도를 헤쳐나갔고 이겨 나갔었다. 군복무를 마치고 결혼도 했었고 자식도 낳았다. 듬직한 아들의 뒷바라지를 위해 애썼다. 대학까지 공부도 시켰고 굴지의 대기업인 삼성에 입사도 제대로 했다. 아들은 때맞춰 결혼도 시켰고 손자, 손녀도 낳았다. 할아버지로서 형님은 항상 더할나위없이 자애로웠다. 형님은 장손으로서 조상님들의 제사를 다 모셨다. 형수님은 아들의 맞벌이로 인한 육아를 위해 서울로 올라오셔서 한 두달씩 손자, 손녀를 돌보아 주기도 했다. 이제는 편안히 여생을 즐기며 노후를 보내야 하는데 안타깝게도 갑자기 발병이 되었다.

열차는 예전에는 상상도 할 수 없을 정도로 빨라졌다. 서울역에서 출발한지 2시간 40분쯤 후에 부산역에 정확하게 도착했다. 곧바로 택시 승강장으로 가서 택시를 타고 한중장례식장으로 향했다. 수정터널과 백양터널 두곳을 통과했다. 일일이 현금으로 통행료를 납부했다. 장례식장에 도착해서 문상을 하고 저녁식사를 했다. 밥알이 거의 모래알처럼 느껴질 정도였다. 누님과 형님들도 상주와 같이 문상객들을 맞이하고 있었는데 조문객들을 만날때마다 처연한 곡소리를 내며 울음바다를 만들었다. 참으로 젊은 나이에 유명을 달리하신 것이다. 아직 한창 때임에도 저 세상으로 가신 것이다. 곡소리의 처절함 속에는 유족들의 안타까움이 그대로 전해지는 듯했다. 평촌누님께서는 형님이 입원해서 치료를 받던 중에 세 번에 걸쳐 병문을 하셨다. 처음 왔을 때에는 그래도 괜찮았었고 편안해 보였단다. 그렇게 심각할 정도의 상황은 아니었다. 두 번째 병문안을 왔을 때에는 머리쪽에 돌출부분이 있었다. 처음 발병된 병명은 폐암이었다. 나중에 암세포가 폐에서 뇌까지 전이가 되었다. 항암제 치료는 계속되었다. 병세가 워낙 위중해서 수술적인 치료가 어려울 정도로 병세가 깊었다. 얼마전 수요일에 세 번째 병문안을 왔을 때에는 잠시도 가만히 있지 못할 정도로 병세가 악화되었다. 이리저리 뒤척이고 움직이는 통에 병간호를 하던 형수님도 무척 애를 먹고 있었다.

묘자리는 의령 용덕면 가락의 선산에 부모님 묏자리 앞쪽에 평장으로 할 것이고 비석이 세워져 표식을 해놓을 것이라고 했다. 형님은 생전에 고향집이었던 기왓집을 모두 허물고 새롭게 단장할 작정을 했다. 외가가 본래 평지에서 좀 움푹 꺼져 있는 형태로 야트막하게 낮은 지형이었는데 그곳에 흙을 채워놓았다. 덤프트럭 26대 분이었다. 자형에게도 집을 짓게되면 좀 도와줄 것을 요청하게 했다. 외가의 밭에는 형님이 작물 심기 위한 준비작업으로 흑색PE필름으로 멀칭작업까지 다 해 두었는데 작물은 심지 못한 채 떠나시고 만 것이다.

내가 문상을 마치고 식사를 할 때쯤에 사촌동생 유환이 내외가 문상을 와서 같이 이런저런 얘기를 나누게 되었다. 가족모임의 회인 담안회의 회칙에는 경조사비로 집행할 수 있게 규정되어 있었고 부조금으로 50만 원이 책정되어 있었다. 병원에 입원해 있을 때에도 병문안을 하기도 했다. 김천 사촌형님네와는 병문안 시간대가 맞지않아 만나지 못했다. 유환이는 문상을 마치고 가면서 발인할 때 다시 찾아뵙겠다는 얘기를 하고 갔다. 하루를 휴가를 내고 탈상행사에 참가를 할 요량이었다. 불교 경전의 하나인 법화경에 이르기를 생자필멸生者必滅, 거자필반去者必返 회자정리會者定離라 했다. 살아 있는 이는 반드시 죽게 되어 있고 떠난 사람은 반드시 돌아오게 되어있고 만난 사람은 언젠가 헤어지게 되는 것이 인생사라 했다. 형님을 하늘나라로 떠나보내며 아쉬움이 남고 안타까움이 가득하지만 가는 사람은 가야하고 남은 사람은 남은 사람대로 세상을 살아야 하는 것이리라. 모든 사람이 살아있는 한 죽음을 맞이하게 되는 것은 당연지사다. 항상 죽음을 염두에 두고 삶을 살아야 하는 것이 인간의 숙명이고 짊어져야할 멍애 같은 것이리라. 삼가 고인의 명복을 빌며 형님이 극락왕생하길 기원해 본다.

누님의 카톡 댓글 : 자한 동생 고맙고 감사하고 또 감사하다. 사랑하는 내 동생을 멀리 보내고 아쉬움이 너무 많아 허탈한 마음 이루 헤아릴 수 없다. 고인이 병이 나기 전에 집터 돋우어 놓고 나한테 자랑하길래 그래, 이쁜집 지어놓고 우리 친·인척들과 동네사람 다 불러 놓고 집들이 하자고 약속 해놓고 그 일에 손도 대보지

못하고 그만 이 세상 모든 짐 내려놓고 훨훨 날아서 좋은곳으로 떠나고 말았네. 많은 아쉬움과 사랑을 남겨놓고 편안한 곳으로 가버렸네. 부디 그 좋은 곳에서 편안하게 잘 지내기 바란다.

그리고 윗글을 써서 올려준 자한 아우야 정말 고맙다. 감사한다.

기해년 중추절

추석 연휴가 시작되었다. 오전에 잠깐 보라매공원 쪽으로 산책을 다녀왔다. 조금이라도 시간을 앞당겨보려고 코레일에 접속했는데 여전히 매진된 상황을 확인했을 뿐이다. 짐을 챙겨서 오전 12시 10분쯤에 집에서 나왔다. 서부역까지는 택시로 이동했다. 오전 12시 50분경에 서부역에 도착했다. 캐리어와 가방 그리고 집사람의 핸드백까지 짐이 많았다. 대합실로 이동해서 자리를 찾았으나 거의 좌석이 남아있지 않았다. 조금 시간이 지나자 자리가 났다. 그러는 동안 전산으로 열차표를 끊는 곳에 가보았다. 거의 입석표도 남은 것이 없었다. 어차피 동대구까지는 입석이므로 시간을 앞당길 수 있으리라 기대했으나 어림없었다. 오후 2시에 발차하는 KTX의 플랫폼이 정해지자마자 플랫폼으로 달려갔다. 제1착이어야만 보조 좌석이라도 차지할 수 있었기 때문이었다. 미리 플랫폼으로 들어온 KTX에 재빨리 탑승해서 보조석을 차지했다. 1시간 40분 동안 보조석에서 앉아 가야 하는 신세였다. 불편함은 KTX가 서는 역마다 일어서서 대기해야 하는 부분이었다. 차창 밖의 풍경을 스마트폰 동영상으로 촬영하기를 반복했다. 간혹 터널을 지날 때는 동영상 촬영을 중지해야 했다. 동대구역부터 부산역까지는 지정된 좌석이 있어서 편안하게 갈 수 있었다.

부산역 택시 승차장에서 택시에 올랐다. 부산집에 도착했더니 해운대 형님네 형제분이 와 있었다. 인사만 나누고 곧바로 장을 보러 나섰다. 큰 마트여서 포장된 회가 비치되었을 것으로 예상했으나 의외로 회는 없었다. 결국 못골시장까지 가는 수밖에 도리가 없었다. 한 손님이 전어회를 떠가기 위해 대기하고 있었다. 다음 차례였다. 우럭과 광어회를 각각 2kg씩 주문해 두었다. 회를 포장해 가려는데 비가 내렸다. 도리가 없었다. 비를 맞으며 집으로 돌아왔다. 저녁 식사를 회에 반주까지 곁들어서 했다. 조카네 가족이 왔다. 삼부자였다. 군에 갔던 큰 아들이 마침 휴가를 나온 듯했다. 장성 상무대에서 근무하고 있었고 내년 이맘때쯤이면 제대를 할 것이었다. 제법 사나이다운 모습으로 변화되고 있는 와중이었다. 약주를 한 잔 하면서 얘기를 나눴다. 동생네는 아마도 다른 계획이 있었던 모양이다. 부모님은 여전히 잘 지내고 계셨다. 무릎보호대를 착용하고 계셨다. 인공관절 수술을 하는 것이 많이 비용이 소요된다는 얘기였다. 한 조카는 시험을 치르고 병원에 실려갈 정도였다고 하니 놀랄 일이었다. 세 식구가 만나는 듯했다. 각자 흩어져 있지만 한 번씩 만나서 우의를 돈독히 하는 듯하니 기특했다. 기해년 중추절이다. 채비를 해서 집을 나섰다. 택시로 큰 집에 갔다. 막 차례상을 준비하는 중이었다. 금방 제사상이 마련되었다. 가족도 많지 않았다. 집사람이 준비해간 복분자 술을 제주로 올리고 조상님께 이번 발령사항을 고하고 절을 올렸다. 부친께서 언주중학교 교장의 임용사항을 말씀하신 후에 절을 했다. 금일봉과 함께 제7권 수필집 영혼의 향취도 올렸다. 제사를 마치고 음복했고 아침 식사를 했다. 오전 10시 40분쯤에 귀로에 올랐다. 택시로 집에 돌아왔다. 점심때에 여동생과 조카 웅지가 왔다. 중식을 같이하면서 얘기를 나눴다. 금세 오전이 흘렀고 짐을 챙기고 나니 출발할 시간이 되었다. 택시로 부산역으로 갔다. 대합실에 잠깐 앉았다가 플랫폼으로 갔다. 김치를 싸가지고 온 것이 행여 국물이 샐 것이 우려되어 조치를 취했다. 김치 용기가 정상적인 위치로 자리 잡도록 해 놓은 것이다. 작년에는 국물이 새는 바람에 부산역 화장실에서 응급조치를 하느라 애를 먹은 전례가 있었다. 좌석이 따로 떨어져 있었는데 옆 사람과 협의를 잘해서 나란히 앉아서 갈 수 있게 되었다. 두시간여 후에 서울역에 도착했다. 서부역 쪽으로 나와서 택시로 귀가했다. 집에 귀가하니 오후 7시쯤 되었다. 작은아들이 오후 8시쯤 귀가했다. 저녁밥을 차려주었다. 큰아들 내외는 내일 집에 오기로 했다. 집사람이 부산에서 가져온 김치 등 음식을 정리해서 냉장고와 김치냉장고 등에 넣었다. 손자가 나야 할아버지의 제사를 선영에 올린다는 얘기를 처음 들었다. 4대가 지나게 되면 제사를 조상제사로 올리고 시제 때 제사를 한 번만 지낸다는 얘기였다. 아버지도 이젠 연로하셔서 제사를 모시는 것도 버거울 정도가 되었다. 시제는 막냇동생 차례라고 했다. 장손도 이제는 집안일의 애로를 토로하고 있었다. 아쉬움이 남는 대목이었다. 모든 가족 친지가 화목하고 화합해야 하는데 쉽지 않아 보였다. 안타까운 노릇이었다. 연휴 3일 차다. 회를 포장해 오겠다고 했는데 집사람이 막무가내다.

아들 부부가 점심시간에 왔다. 떡과 한우 사골을 가지고 왔다. 푸들 일종인 애완견 메리도 같이 왔다. 배변 용지를 마련해 두었음에도 엉뚱한 곳에 배설하는 바람에 애를 먹었다. 집사람이 준비한 갈비찜에 점심식사를 했다. 햅쌀로 한 밥이어서 찰기가 있었고 밥맛도 좋았다. 며느리는 새로운 직장에 잘 적응해가는 듯했다. 추석 연휴 3일이 순식간에 지나가 버렸다. 그나마 직을 유지하고 있고 직장생활을 하고 있는 것이 명절도 보낼 수 있는 원동력이 되었다. 부모님도 살아계시고 있으니 가족도 모이고 명절도 뜻깊게 보낼 수 있음을 알아야 하리라. 이번에도 여전히 처가에는 가보지도 못했다. 전화라도 드려야 했는데 그러지도 못했다. 성대시장을 둘러보니 연휴라 거의 상점도 문을 닫은 상태였고 과일가게도 명절에 팔지 못한 과일들을 싼값에 처리하느라 애를 쓰고 있었다. 고향 민심은 엄청나게 달라지고 있었다. 경제 상황은 여전히 저물가 저성장에 고통스러워하고 있었다. 정치에 대한 불신 등은 더욱 심화하고 있었다. 며느리는 시아버지와 시어머니께 각각 봉투를 주었다. 시아버지도 며느리에게 금일봉 봉투를 주었다. 다음에는 받기만 해야 할 것이다. 그리고 과일도 한 박스 주었다. 송파쪽으로 이사가 순조롭게 이루어져야 안정이 될 것으로 보였다.

기해년 중추절도 지났다. 이제는 한 해를 마무리할 일만 남은 셈이다. 가족 모두 올 기해년도 건강하고 행복하게 마무리하길 기원해본다.

임명장

지난 8월 9일에 주소연은 교장 발령을 받았다. 우리 부부는 고교 동창 6쌍 부부와 함께 일본 홋가이도 여행을 시작하는 날이었다. 한일관계가 악화되었던 때라 일본 여행을 다 취소하던 때였는데 오랫동안 계획되었고 취소했을 때 위약금 부담이 너무 컸었던 관계로 여행을 감행했다. 미리 언질을 받았던 내용이었기 때문에 변동은 없었다. 본인이 희망지는 자택과 가까운 곳을 희망했지만 강남의 요지에 있는 언주중학교로 발령이 났다. 아쉬움이 남는 대목이었다.

일본 여행이 끝나고 일상으로 다시 복귀한 후 8월 20일 오후 3시에 서울시 교육청 11층 대강당에서 임명장 교부식이 있었다. 교직에 몸을 담은 지 33년 만에 받는 임명장이다. 장학사가 된지 12년 만에 받는 것이었고 장학관이 된 지 4년 6개월만인 셈이다. 무더운 여름 날씨에 집사람과 성동광진 지원청 중등과장을 모시러 지원청에 들렀다. 약속된 시간보다 20분쯤이 지연되었다. 본래 예정은 교육청 대강당이나, 7층 국장실쯤에서 조우하기로 계획했는데 갑자기 오전에 연락이 와서 계획이 변경된 것이었다. 다행히 지원청에서 교육청까지 40분 정도만 소요되어 안도했다. 서울시 역사박물관 주차장에 차를 주차하는 동안 두 과장님은 교육청으로 가고 박 국장님 방에서 만나기로 했다. 사무실에서 준비해온 꽃다발을 들고 정장차림으로 경희궁 마당을 가로질러 교육청 쪽문을 통해 올라갔다.

7층 국장실에는 많은 손님이 와 있었다. 주인이신 국장님은 출타 중이셨다. 잠시 앉았더니 곧 국장님이 오셨다. 시원한 음료를 한잔하고 곧바로 행사장인 11층에 올라갔다. 말 그대로 인산인해였고 입추의 여지 없이 강당이 꽉 찼고 자리에 앉지 못한 이들은 통로 쪽으로 서서 대기했다. 발령을 받은 이들이 앉았고 앞 좌석에는 국장 과장님 등이 좌정했다. 오후 3시에 정확히 교육감님이 입장했고 임명장 교부식이 시작되었다. 처음에는 참석하신 국장님, 과장님 등의 개별 소개가 있었다. 유치원 원장에서부터 초등학교 교장, 중등학교, 고교 교장, 본청 과장, 교육장님 등까지 일일이 한 분, 한 분 호명이 되었고 교육감님이 대통령을 대신해서 임명장을 교부했다. 그리고 한 분, 한 분과 기념촬영을 했다. 40여분의 임명장 교부식이 끝나고 교육감님의 당부 말씀이 있었다. 여러분들의 임용을 진심으로 축하드리며 맡은바 직분을 충실히 수행해서 훌륭히 책임을 다하기 바란다는 취지의 말씀이 있었다. 법규와 규정에 따라 업무를 처리해야 하고 공직자 윤리를 지켜야 한다는 말씀 등이었다. 행사가 마무리되자 앞 단상으로 올라가 기념촬영에 여념이 없었다. 언주중 교감님 등 관계자가 오셨고 본청에서도 예전에 근무했던 부서 등에서 축하를 해 주었다. 강당에서 내려오는 것은 비상계단을 통해서 내려왔다. 임명장에는 이렇게 쓰여 있었다.

임명장. 중등학교 교장에 임함 (2019. 9. 1~2023. 8. 31.) 서울특별시 교육감이 지정하는 학교 근무를 명함 2019년 9월 1일 대통령 문재인 그리고 대통령인 관인이 찍혔고 임명장 중앙에 대한민국 관인이 찍혔다.

다음은 인사발령 통지서다. (직급) 중등학교교장 (성명) 주소연 발령사항 언주중학교 근무를 명함 2019. 9. 1 서울특별시교육감 조희연 위와 같이 발령되었기에 알려드립니다.

2019. 9. 1 중등교육과장. 임명장 교부식 후에 8월 21일과 22일 양일간에 걸쳐 사당동 연수원에서 교장연수 일정이 진행되었다. 2019년 9월 2일 자로 언주중학교 교장에 취임했다. 2017년 3월 12대 교장에 취임한 장인순 교장님에 이어 제13대 교장으로 취임했다. 오전에 취임식이 있었고 오후에 짐을 가져다주기 위해 언주중학교로 차를 끌고 갔다. 여러분께서 축하 난을 보내주었다. 신녹사, 담안회, 아들과 며느리, 최경자 님 등 이었다. 학교는 깨끗했고 아담해 보였다. 교사가 있었고 운동장이 넓었다. 교문 입구 쪽에 강당이 있었다. 그리고 「자 모양의 교사는 4층이었고 운동장과는 차광시설이 설치되었고 대형 에어컨들도 설치되었다. 나무들도 우람했고 역사와 전통을 자랑하는 명문 학교다운 모습을 보여주었다. 학교 홈페이지 인사말에 오른 교장의 인사 말씀은 다음과 같았다.

우리 학교는 1981년 3월 개교하여 서울의 명문학교로 전통을 이어가고 있습니다. 자주, 성실, 협동의 교훈아래 우리학생들의 다름을 인정하고 소통하며 배려하는 인성과 기본학력 및 창의력을 바탕으로 미래혁신역량을 키우며 자신의 꿈을 향해 한걸음씩 다가가는 학교가 되도록 하겠습니다. 학생, 학부모, 교직원, 지역사회가 손잡고 언주교육가족 모두가 행복하게 열과 성을 다하여 함께 성장하는 언주중학교가 되도록 최선을 다하겠습니다. 감사합니다.

언주중학교 교장 주소연

집사람은 1985년에 대학을 졸업하고 1년 6개월이 지난 후인 1986년 9월에 전남 고흥 두원 중학교에 최초 중등교사로서 임용되었다. 3년 6개월을 근무한 후인 1990년 3월에 서울로 전근이 되어 장충여중에 발령을 받았다. 그리고 1990년 9월부터 1992년 9월까지 3년간 육아휴직으로 휴직을 했다. 휴직 후 다시 장충여중에 복직해서 5년을 근무한 연후에 1997년 관악구의 난우중학에 전근이 되었다. 그리고 2001년에는 신림동 소재 신관중학교로 전근되었다. 생활지도부장으로 근무하면서 학생들의 기강을 바로 세웠다. 5년을 근무한 후 동작중학교에 2006년에 전근되었다. 2005년에 서초동으로 이사를 한 상태였고 2006년부터 장학사 시험을 준비했다. 2007년에 전문직 시험에 합격하고 2008년 9월에 장학사로 임용이 되었다. 서울시 교육청에 발령을 받아 장학사로 근무했다. 1년 6개월 후에는 중부교육지원청으로 전근되어 근무했다. 지역청에서 1년 6개월을 근무한 연후에 2011년 9월에 본청으로 다시 돌아왔다. 장학사시절의 근무는 야근이 태반이었고 엄청난 격무의 연속이었다. 6년 반의 장학사 생활을 거친 후 2015년 3월에 경기고 교감이 되었다. 장학관급으로 승진한 것이다. 2년 반의 교감 생활을 마치고 2017년 9월에 본청의 장학관으로 발령을 받았다. 1년 동안 본청 장학관으로 학교폭력 등 업무를 맡아 직무를 수행했다. 1년 후인 2018년 9월에 성동광진 지원청 협력복지과장으로 임명되었다. 그리고 1년후에 언주중학교 교장으로 임명장을 받은 것이다. 참으로 장구한 세월이 흘렀다. 가슴 벅차오르는 순간이고 이제는 더 이상 올라갈 자리는 없는 최고 정점을 찍은 셈이다. 축하를 드리고 그동안의 노고에 경의를 표한다. 언제나 그래왔듯이 항상 잘 해낼 것으로 믿는다. 그리고 임명장을 받은 주교장이 자랑스럽다. 지난번 장인,

장모님이 오셨을 때 따님을 잘 키워주셔서 감사하다고 감사 인사를 정중하게 드렸다. 부모님께서도 무척이나 대견해하셨고 믿음직해 하셨다. 축하하오 마누라. 주교장님 파이팅.

여름 끝자락의 결혼식

무더위가 마지막으로 기승을 부리던 여름의 끝자락에 결혼식이 있었다. 결혼식이 오전 11시였기에 일찍 준비해서 집을 나서야했다. 오전 9시 30분경에 버스를 타고 여의도역으로 갔다. 여의도역에서 전철로 환승해서 을지로입구역에서 내렸다. 목적지인 결혼식장은 명동성당이었다. 명동성당으로 가는 도중에 문 사장 부부를 만나 인사를 나누었다. 문 사장 내외도 충정로 성당에 있는 지인의 결혼식장에 가는 중이라고 했다. 오전 10시 20분쯤에 식장에 도착했다. 계단을 오르던 길에서 방산 청장님을 만나 인사를 나누었다. 손 사장도 부산에서 상경했다. 거의 예상인원은 다 하객으로 참석했다. 하객이 많아 북적거리는 모습이 결혼식다운 모습을 보여주었다. 성당에서의 예식이라 비신도들은 일찌감치 곧바로 피로연장으로 이동해서 식사를 했다. 주류로 준비된 것은 와인이었다. 레드와인과 화이트와인이 잔과 병으로 비치되었다. 양 지점장, 최 교수님, 김 상무님과 한 좌석에 앉아 식사를 하면서 얘기를 나누었다. 양 지점장은 런던 지점장시절에 혼주인 김 사장과 인연이 있었다. 영국 런던에 파견되었던 이들과는 다 골프에서 승리를 거두었는데 김 사장에게는 못당하겠더라는 하소연을 했다. 양 지점장은 동기들 중에서도 톱 랭크로 손꼽히는 싱글 수준의 프로골프에 맞먹는 실력파였다. 손주도 본 상황이었다. 최 교수님도 지난 2월에 아들 혼사를 치른 바 있었다. 현대그룹 계열사의 전무이사까지 지내고 지금은 경기 과기대 교수로 근무하고 있었다. 일주일에 9시간쯤 강의를 한다고 했다. 집은 용인에 거주하고 있었다. 바쁘게 지내고 있었다. 남 사장님은 아들과 아내를 대동하고 오셨다. 레드와인과 화이트와인을 잔으로 두 잔 가져다 드렸다. 박 상무님은 결혼미사를 다 참석하고 늦게서야 식사를 하러 오셨다. 권사장님도 부부간에 오셨다. 거의 드넓은 피로연장이 꽉 찰 정도로 손님이 많았다. 혼주와 신랑, 신부 등이 피로연장을 돌며 감사 인사를 하는 모습도 있었다. 이 고문님도 오셨다. 바쁜 시간을 내기가 쉽지 않았을 텐데 용케도 자리를 함께 했다. 채 부사장님도 모습을 보였다. 전 회장님도 오셨다. 대부분 고교동창 또는 대학동창 그리고 직장 선후배 등이었다. 양 지점장은 오후 5시에 또 다른 예식이 있다고 해서 먼저 자리를 이석했다.

셋이서 호프집에 갔다. 그리고 옛 추억을 되새겼다. 거의 김 상무의 영역이었다. 거의 지리를 꿰뚫고 있었다. 김 상무의 막내딸은 고교 3학년이라고 했다. 둘째 아들은 롯데에 취업해서 직장생활하고 있었다. 호프집을 나와서는 찻집에 들렀다. 차를 한잔 마시며 뒤풀이를 했다. 김 사장은 고교 그리고 대학의 한해 선배로 막역한 사이였다. 상대 무역학과를 나왔고 예전부터 회화에 능통했다. 코오롱에 입사해서 직장생활을 했었다. 처음에는 선릉의 회사 제공 아파트에서 생활을 동료직원들과 같이 생활했었다. 그리고 런던 지사장 생활을 끝으로 직장생활을 마감하고 독립된 회사를 차려 운영하고 경영해나가고 있는 셈이었다. 2000년경부터 런던에 가 있는 관계로 일 년에 서너 차례 정도밖에 보지 못하지만, 항상 만남을 가져왔던 터였다. 91년경에 서클의 모임을 자주 주선했었는데 그 시절에 형수와 매치가 되어 결혼까지 성사가 되었다. 형수는 그 당시 선린 정보고등학교의 국어 선생님으로 재직하고 있었다. 두 분은 결혼해서 딸 셋을 슬하에 두었는데 이번에 그중 첫째 딸을 결혼시킨 것이다. 신랑은 대학 시절 같이 공부를 했던 동창으로 현재에는 육사에서 교수로 재직 중에 있었다. 2년이 지나면 다시 런던으로 가서 학업을 계속해서 박사 학위까지 공부를 할 예정이었다. 주택은 육사에서 제공하는 교수 사택에서 지내게 될 것이라고 했다. 2년만 살게 될 것이어서 임시방편으로 필요한 가재도구만 간단히 준비해서 지낼 것이란 얘기였다. 첫째 딸은 런던에서 학교에 다녔는데 최종 대학은 옥스퍼드를 다녔다. 그리고 국내로 귀국해서 유수 기업에 취업해 직장생활을 하고 있는 중에 결혼하게 된 것이었다. 가족이 모두 총출동한 것으로 보였다. 결혼식이 있기 열흘 전쯤에 한 번의 회합이 있었다. 가까운 지인들 5쌍 부부가 모인 것이었다. 양재동의 별난횟집에서 저녁에 회합을 가졌다. 한 선배는 박 상무님네였다. 지난 학기까지 모교에서 시간강사로 활약하셨었다. 그리고 김 사장님의 동기로 장 회장부부가 참석을 하셨다. LA가 주 거주지인데 용케도 시간이 맞은 것이었다. 형수는 통영 출신으로 성악을 전공하셨다고 한다. 아들은 결혼해서 네델란드 암스테르담에 거주하고 있었다.

다음은 박 사장부부로 우리의 2년 고교 및 대학후배로 네오팜 사장을 하고 있었고 공인회계사 자격이 있는 인재였다. 처음에 회합에는 참석 예정이 없었는데 갑자기 초대되었다. 중국 술을 가져간다고 했더니 와인을 가져오라고 했다. 와인을 두 병, 복분자를 한 병 가지고 갔다. 사모님들은 화이트 와인을 마시는 중이었고 남자들은 화요를 마셨다. 좌석이 없었는지 바깥 홀에 좌석에서 회합이 진행되었다. 사장도 고교 후배가 하는 음식점이었다. 사장에게도 한잔을 권하고 받았다. 장회장은 자신의 부친이 경찰공무원출신이라고 했다. 그리고 자신은 해병대 장교 생활을 한 이력의 소유자였다. 몸이 거의 강철 수준이었다. 아들 3형제인데 모두 제대로 군복무를 한 것으로 보였다. 김 사장은 혼주로서 머리를 염색해야 한다고 권고를 했음에도 전혀 그럴 의사가 없어 보였다. 하필 그날은 집사람이 교장임명장을 받은 날이어서 모든 참석자로부터 축하 인사를 받았다. 김 사장님은 보름 전 쯤에 귀국해서 결혼 준비를 했었고 결혼식 후에도 열흘쯤 후면 추석 명절이라 명절을 보내고 영국으로 돌아갈 일정이었다. 결혼식 3일 전에는 지인들과의 골프 회동도 있었다. 세계를 누비고 다녔던 사장답게 실속있는 결혼식이었던 듯하다. 새롭게 인생을 출발하는 두 젊은 부부에게 건강과 행복이 가득하길 기원해본다.

2부

가을날의 제주기행

제주 1일차 [제주공항 - 렌트카- 더럭초등학교 - 까미노(카페) - 제주대 기숙사 - 은행나무길 - 중식(황금손가락, 스시) - 천왕사 - 자동차박물관 - 국제컨벤션센터(면세점, 억새풀) - 비스타케이호텔 - 올레수산회센터(석식, 방어회) - 호텔 객실(뒤풀이)]

제주여행 첫날이다. 일요일이었다. 새벽 4시에 기상을 했다. 이것저것 채비를 해서 집에서 오전 4시 40분쯤에 출발했다. 찬바람이 매서웠다. 첫 택시는 그냥 지나쳤다. 두 번째 택시가 왔다. 집사람이 막 카카오택시를 부르려던 참이었는데 마침 온 것이었다. 오전 5시 20분쯤 김포공항에 도착했다. 여의도 쪽으로 가서 88올림픽도로를 타다가 김포공항 국내선 출발지점에서 내렸다. 아침 이른 시간이었음에도 공항은 거의 북새통이었다. 자동발권기에서 발권을 하고 짐을 부쳤다. 그리고 탑승구에서 개찰을 하는 것을 기다렸다. 6시 5분발 제주행 아시아나였다. 거의 첫비행기 수준이었다.

제주공항에 도착한 시간은 7시 25분쯤이었다. 안개가 잔뜩 끼어있어 혹시라도 비행이 순조롭지 못할 거 아닌가라는 우려는 있었지만 조금 연착은 되었지만 이륙에 차질을 빚을 정도는 아니었다. 비행기에서 제공하는 토마토주스를 한잔 마셨다. 제주공항에 도착해서 짐을 찾고 대기공간에서 휴식을 취했다. 그리고 그곳에서 아침요기를 했다. 집사람이 군고구마와 두유를 사왔다. 한 시간쯤 대기한 후 무안공항에서 온 일행과 합류했다. 모두들 캐리어를 끌고 공항을 가로질러 렌트카에서 제공하는 셔틀버스를 타러갔다. 7분이 걸린다고 했는데 실제는 그보다 좀 더 소요되었다. 렌트카 영업소에서 렌트카를 배차 받아 탑승했다.

첫 목적지로 간 곳은 더럭초등학교라는 곳이었다. 애월읍 쪽에 있는 초등학교 교정이었는데 학교를 잘 가꾸어 놓았다. 기념촬영과 더불어 그곳을 좀 거닐었다. 학교의 역사와 연륜을 말해주듯 고목이 이곳저곳에서 있었다. 일요일이라 학교가 텅 빈 느낌이었다. 우리 일행을 시작으로 조금씩 관광객들이 몰려오고 있었다. 초등학교를 둘러본 후 찾은 곳은 까미노라는 찻집으로 독특한 건축양식으로 지어놓은 카페였다. 스페인의 유명한 순례길에서 카페이름을 까미노 데 산티아고에서 따온 것으로 보였다. 주인장이 나와서 친절하게 아직 영업을 시작하기 전이란 안내와 함께 옥상을 둘러보라는 권유가 있었다. 단층건물로 건축가의 독특한 취향이 느껴질 정도로 주위의 배경과도 잘 어울리는 건축양식으로 조경도 멋있었다. 이른 시간에 옥상에 올라가서 주변을 둘러보며 기념촬영을 했고 제주의 바람을 맞았다. 저 멀리 건너편으로는 바다가 한눈에 들어왔고 지나다니는 비행기도 지척처럼 가깝게 느껴졌다. 영업점에 내려와 주문을 해서 취향대로 차를 마시며 담소했다. 고요한 클래식 선율이 흐르는 가운데 삶의 여유를 만끽했다.

다음의 행선지로 택한 곳은 제주대학이었다. 조카인 현민이가 생활하고 있는 곳이었다. 현민이와 조우해서 찾은 곳은 인근에 소재한 은행나무길이었다. 찻길에 차들이 줄지어 주차되어 있었다. 샛노란 은행잎이 떨어져 운치를 더했다. 숲길을 걸으며 가을의 풍경을 즐겼고 가을의 느낌을 받았다. 금강산도 식후경이라 다음의 행선지는 중식을 하기 위한 곳으로 황금손가락이란 스시집이었다. 유명 맛집으로 명성이 자자한 집인 듯했다. 차량이 즐비했고 손님도 쉴 새 없이 들어왔다. 황금정식을 시켜서 먹었다. 스시 전에 소바, 우동, 약간의 밥 등이 에피타이즈로 나왔다. 본류는 스시였다. 참치뱃살, 장어, 광어, 등이었다. 식사를 마치고 2층으로 올라가 커피로 입가심을 했다.

점심식사를 마치고 본격적으로 제주관광에 나섰다. 천왕사라는 사찰을 방문했다. 절로 들어가는 입구에 펼쳐진 편백나무 숲길을 절로 힐링이 되는 기분이었다. 고즈넉한 산사를 바라보며 가을 느낌을 제대로 받았다. 산 능선 위로는 기다랗게 세워놓은 듯한 바위가 있었는데 부처님의 얼굴 형상이라고도 했고 합장하고 있는 손모양이라고도 했다. 천왕사에서 내려와서 찾은 다음 행선지는 자동차 박물관이었다. 입장료가 꽤 비쌌다. 입장료를 보여주면 사슴먹이를 주었다. 당근을 기다랗게 자른 것으로 종이컵모양의 봉지에 넣어서 주었다. 우리가 받은 먹이는 세 봉지였다. 사모님과 집사람 등이 모이를 주었다. 어떤 녀석들은 배가 불렀는지 시큰둥한 반응을 보이기도 했지만 대부분은 먹이를 쫓아와 받아먹었다. 토끼도 몇 마리 보였다. 일본 동대사의 사슴목장을 연상시키는 곳이었다. 그렇게 지천으로 많지는 않았고 그곳만큼 사슴들의 다양한 행태를 살필 수는 없었지만 그래도 사슴들이 꽤 있었다. 19세기 또는 20세기의 명차들이 줄 지어 전시되고 있었다. 영화 속에서 보았음직한 명차들이 즐비했다. 마차가 있기도 했고 소방차도 있었다. 야외에 전시된 것은 약과였다. 실내로 들어가자 수 십대의 차들이 그림과 안내 설명 등과 함께 전시되어 있었다. 어린이체험관도 있었다. 롤스로이스, 람보르기니, 페라리, 등도 있었고 우리나라의 초창기 국산차도 일부 전시되어 있었다. 바깥쪽 한켠에는 전망대가 있었는데 마라도, 가파도, 삼방산 등을 조망할 수 있었다. 안내 표지판으로 식별이 가능하도록 되어 있었다.

자동차박물관을 보고 나와서 향한 곳은 국제 컨벤션센터의 면세점이었다. 유일하게 수정방 61도를 구할 수 있는 곳이라고 했다. 그러나 가는 날이 장날이었는지 찾는 수정방은 다 떨어졌는지 구할 길이 없었다. 아쉬움을 뒤로하고 그곳의 앞 쪽으로 산책을 하며 바다구경, 억새구경을 하고 돌아왔다. 제주 앞바다가 절벽 아래로 펼쳐졌다. MB정부시절 국제적인 행사를 했었던 곳으로 유명했다. 대통령과 외국수반과의 협약이 표석으로 남겨져 있기도 했다. 아쉬움을 뒤로하고 차에 올라 숙소로 향했다. 처음 찾은 곳은 예전의 구비스타케이 호텔이었다. 다시 수소문해서 비스타케이 신건물로 갔다. 체크인을 하고 방만 확인한 로비에 집결해서 식사를 하러갔다. 택시 두 대를 불러서 갔다. 올레수산회센터란 곳이었다. 시장통 안에 식당이 있어 택시에서 내린 후 제법 걸어서 들어가야 했다. 방어회를 시켰다. 자리가 없어서 4인석과 3인석으로 나눠서 앉았다. 언제나 그렇듯이 소맥으로 시작해서 소주로 끝났다. 고 작가는 막걸리를 마셨고 여성분들은 청하를 마셨다. 현민이를 보내느냐 재워서 내일아침에 보내느냐를 고민하다가 재워서 보내는 것으로 결론지었다. 숙소로 복귀해서 짐을 들고 객실로 들어갔다. 모두들 709호실로 모였다. 그전에 편의점에 가서 맥주와 주전부리를 사가지고 왔다. 뒤풀이 시간이었다. 여행에서 느꼈던 점 아쉬웠던 점 여러 가지 얘기를 하며 이야기꽃을 피웠다.

2일차[호텔조식 - 10시집결 - 포도호텔 - 방주교회 - 중식(비오토피아) - 수풍석박물관 - 성 이사돌센터 -호텔복귀 - 석식(덤장) - 복귀 -차(기네스)]

제주기행 2일차다. 아침식사는 호텔 1층 식당에서 할 수 있었다. 뷔페식이었다. 날씨는 어제보다 나아진 듯했다. 8시에 식사를 했고 10시에 출발했다. 처남이 현민이를 제주대학에 데려다주고 호텔로 복귀했다. 짐은 호텔에 두고 간편한 복장에 손가방을 메고 갔다.

첫 행선지는 포도호텔이었다. 이타미 준(1937~2011, 유동룡)이라는 재일교포 건축가가 심혈을 기울여 건축한 예술작품 같은 호텔이었다. 1층으로만 지어져 있었고 포도송이 모습을 연상시키는 구조였다. 하루 숙박비가 40만 원을 호가한다고 했다. 바깥에서 빛이 스며들도록 구조가 되어 있었고 물이 흐르는 구조로 하나하나가 다 예술적으로 느껴질 정도였고 고가구 등이 곳곳에 배치되었고 예술품으로 그림 조각품 등도 적절하게 배치되어 있었다. 로비 중간에 하늘로 뚫려있는 공간이 있었고 그곳의 처리는 통유리로 되어 있었고 그 방향으로 바깥쪽으로 물이 흐르도록 되어 그것이 바깥의 삼방산과 연계된 설계구조였다. 지하에는 강부언 작가의 개인전이 개최 중이었다. 기념촬영을 하면서 구경을 하고 세계적 작가의 건축미에 감탄이 절로 나왔다. 차로 조금 이동해서 간 곳은 방주교회란 곳이었다. 아쉽게도 내부는 볼 수는 없었는데 일반 조그만 교회처럼 좌석이 되어 있는 듯했다. 어느 독지가가 200억 원을 희사해서 그것으로 지어진 건물이었다. 노아의 방주를 연상시키는 건물이었다. 건물 외부로 물이 흐르게 해서 건물이 물 위에 떠 있는 것처럼 느껴졌다. 한쪽 옆에는 찻집이 있었는데 그곳에 들어갈 여유나 시간은 없어 아쉬움을 남겼다. 찻집 앞에는 조그마한 꽃밭이 화단처럼 조성되었다.

차를 타고 지근거리에 있는 식당 비오토피아로 향했다. 이곳 역시 거의 예술작품 같은 건축미를 뽐내고 있었다. 철과 콘크리트벽이 혼합되었는데 철의 부식으로 인해 오묘한 색감을 느끼게 해 주었다. 식당으로 들어가는 입구에 피카소의 소품 6점이 걸려있었다. 식당내부 장식도 각종 예술품으로 절묘하게 장식되어 품위와 기품이 느껴졌다. 연어초밥을 시켰다. 와인도 화이트와인으로 시켰다. 최고의 기품을 갖추고 있었다. 발렌타인 40년산도 실물이 전시되어 있었다. 다시 웨이터가 와서 하는 말이 연어가 신선하지 않아 연어초밥은 어렵다는 얘기였다. 짬뽕을 시켰다. 여느 짬뽕과 별 차이가 있으랴 여겼다. 그러나 맛을 보니 유별났다. 특별했다. 절묘하고 깊은 맛이 느껴졌다. 국물 맛도 일품이었다. 그릇을 깨끗이 비우고 인증샷을 남겼다. 생애 최고의 짬뽕맛을 본 것이 아닌가 했다. 특별한 짬봉맛에 감탄할 수밖에 없을 지경이었다. 식당 입구에 있는 빵집에서 단팥빵을 좀 샀다. 값이 개당 4천 원이라고 했다. 호텔 로비에서 계산을 했다.

식사를 마치고 다음으로 찾은 곳은 수풍석박물관이었다. 바람, 돌, 물 박물관이었고 이타미 준의 작품이었다. 해설사가 유창하게 설명을 해 주었다. 맨 먼저 간 곳은 석박물관이었다. 바깥에 손위에 올린 복숭아가 있었다. 손은 부처님의 손이라는 설명이었고 복숭아 모형은 삼방산을 본뜬 것이라고도 했다. 안쪽에는 햇볕이 들어오는 곳에 반질반질한 돌이 바닥에 놓여져 있었다. 설명을 듣지 않은 이들은 그곳이 포토존인줄 알고 그 위에서 기념촬영을 한다는 우스개도 있었다. 바깥에는 억새들이 바람에 휘날렸다. 모두들 인증샷을 찍느라 여념이 없었다.

해설사를 따라서 인공호수길 등을 걸었다. 수풍석박물관을 설계한 이타미 준에 관한 설명이 있었다. 본명은 유동룡이었다. 8남매의 장남이었다. 일본이름으로 바꾸는 과정에서 이타미 공항의 이름을 빌려왔고 준은 그의 절친 길옥윤의 윤자를 일본식으로 발음하면 준이 되어 이름이 만들어졌다는 설명이었다. 세계적인 건축가로 이름이 알려졌다. 산책로에는 단풍나무가 있었고 인공호수에 데크가 만들어져 있어서 걷기에 쾌적함과 편안함을 느낄 수 있었다. 물에는 수련이 있었다. 수련의 수자가 물 수(水)가 아니라 수면 수(睡, 잘 수)라는 설명도 있었다. 연못이 오후가 되면 꽃잎을 닫는다는 설명이었다.

다음으로 간 곳은 바람박물관이었다. 나무로 된 집 한 채가 덩그러니 있었다. 안에는 돌로 된 양 두 마리가 있었다. 나무벽사이로 공간이 있어 바람이 통했다. 한쪽은 타원형 구조였고 또 다른 쪽은 직선이었다. 빛에 따라 그림자가 다르게 나타났다. 마지막 박물관은 물 박물관이었다. 돌로 지어져 있었다. 하늘로 뚫려있는 구조였고 바닥에는 자갈이 깔렸고 그 위로 물이 담겨져 있고 물이 흐르는 듯했다. 양옆으로 돌이 하나씩 의자처럼 놓여져 있었다. 하늘색과 물색이 절묘하게 대비되었다. 비가 오는 때에는 그렇게 환상적일 수 없다고 했다. 위 천장부분은 타원형 구조였다. 외부에서 봤을 때에는 우주선 같은 느낌이나 원형경기장의 돔 같은 느낌이었다.

수풍석박물관의 박물관을 보고서 찾은 곳은 성 이사돌센터였다. 목장이 있었고 수녀원, 성당 등이 있었다. 처음 목장으로 갔는데 워낙 혼잡해서 이사돌센터로 이동했다. 콘크리트 건물에 나무를 덧대어 이색적인 분위기를 연출했다. 목장에서는 우유곽처럼 생긴 구조물 안에서 인증샷을 남겼다. 홍보물들이 전시장처럼 기다랗게 연작식으로 전시되었다. 바깥쪽에는 십자가형을 당하는 예수의 조각상이 골고다 언덕 위처럼 그렇게 설치되었다. 독특한 분위기를 느껴볼 수 있었다. 이사돌센터에서 우유, 식빵, 유산균, 커피 등을 맛보았다. 한켠에는 각종 기념품을 판매하기도 했다. 한국전쟁 직후였던 1954년에 제주도에 온 아일랜드 출신의 신부 맥그린치 신부의 헌신과 노력으로 성 이사돌 센터가 건립되었다는 설명이 있었다.

이사돌센터를 나와서는 호텔로 돌아와 일찌감치 휴식을 취했다. 한 시간여의 휴식을 취한 후 6시 30분에 집결해서 차를 타고 덤장이란 맛집으로 갔다. 소라물회, 한치물회, 성게미역국, 갈치국, 고등어구이, 해물뚝배기 등을 시켰다. 제주시본점, 서울 강남점 등이 있었다. 한라산 소주를 마셨다. 계산을 끝나고 나오면서 문의를 했다. 갈치회와 고등어회를 포장해 줄 수 있냐고 말이다. 주인장의 답변은 이랬다. 포장은 해 줄 수 있는데 가격이 좀 비싸니 회포장센터에서 포장하는 것이 좋을 것이라는 것이다. 덤장에서는 다행히 평일이어서 손님이 그렇게 많지는 않았다.

식사를 마치고 호텔로 복귀했다. 각자 방으로 갔다가 뒤풀이를 하러 또다시 만났다. 여성분들은 차를 마셨고 남자들은 기네스맥주를 마셨다. 편의점에서 아이스크림, 군고구마 등 주전부리를 사가지고 왔다. 그런데 심각한 얘기를 나누다보니 아이스크림 등은 그대로 남게 되었다. 아쉬움이 남았다.

3일차 [조식(로비 토스트 등) - 10시출발 - 산굼부리 - 중식(메종글래드호텔 삼다정 뷔페식당) - 에코랜드 - 17:00 렌트카반납 - 제주공항 - 수속 - 한식당 - 면세점(수정방) 귀경]

제주여행 3일차다. 아침은 간단히 해결했다. 로비에서 일행을 기다렸는데 수학여행을 와서 단체로 투숙한 학생들로 인해 다른 칸 로비로 가서 앉아 있었다. 인근 편의점에 가서 따뜻한 커피와 토스트 등을 사왔다. 그리고 그것과 어제 남았던 아이스크림 등으로 아침식사를 대신했다. 체크아웃을 하고 호텔객실 키를 반납했다.

오전 9시 30분경에 차를 타고 출발했다. 목적지는 모바이크박물관이었다. 남자들의 로망중 하나가 바이크였다. 고 작가는 최근에 또다시 수냉식 바이크를 한 대 구입해서 총 네 대의 바이크를 보유하게 되었다. 여러 가지로 어렵게 바이크 박물관을 찾았는데 문이 닫혔다. 다음 행선지로 정한 곳은 중식을 예약해 둔 메종글래드호텔의 뷔페식당 삼다정이었다. 그런데 중간에 좀 산책을 하기로 해서 찾아들어간 곳이 산굼부리였다. 입장료를 내고 들어갔다. 관광객들이 엄청났다. 입구에서는 경찰서 경관들이 안전운전에 관한 팜플렛을 나눠주고 있었다. 언덕 위로 억새밭이 구름처럼 펼쳐졌다. 사방천지가 억새밭이었다. 바람에 하늘거리는 억새가 더할 나위 없었다. 제주도가 아니면 느껴볼 수 없는 절경에 감탄이 절로 쏟아졌다. 바람이 제법 불었지만 모두들 추억을 남기기 위한 사진을 찍느라 여념이 없었다.

산굼부리 아래쪽으로는 단풍이 숲을 이루고 있었다. 또 다른 쪽에는 잔디밭과 억새가 기다랗게 늘어서 있었다. 산굼부리 관람을 마치고 행선지로 찾은 곳은 중식을 위해 제주시에 위치한 글래드호텔의 뷔페식당이었다. 항상 뷔페식이라면 결혼식 뷔페만 생각났는데 품격이 달랐다. 거의 음식백화점식으로 온갖 음식들이 즐비했다. 음식들의 퀄리티도 보통 수준 이상의 최고급수준이었다. 최고급 일류호텔의 최상급으로 느껴졌다. 삼다정 이외에도 여러 곳의 식당이 있었다. 로비에도 서너 명의 호텔 종업원이 고객을 위한 안내를 할 정도였다. 먼저 스시부터 한 접시를 먹었다. 가벼운 반주로 아사히맥주를 한 잔씩 하며 건배를 하기도 했다. 신선한 해산물에 맛깔나게 요리된 스시는 확실히 품격을 높여주는 듯했다. 중간 중간에 여직원들이 순회하면서 빈 접시를 치워주는 서비스도 일품이었다. 피자도 있었고 디저트도 최상급으로 준비되었다. 총각김치도 시원하고 아삭아삭했다. 어제 맛보았던 짬뽕도 있었다. 국물 맛만 보았는데 어제만큼 품질이 되지는 못했다. 하지만 보통 이상의 맛으로 그런대로 먹을 만하기도 했다. 새우도 정갈했고 과일에 키위도 있었다.

우리 일행 모두는 거의 서너 접시씩을 비우고 포만감 가득한 채로 그곳을 빠져 나왔다. 로비에는 백남준 님의 작품이 전시되어 있었고 크리스마스 장식물이 장식되어 있기도 했다. 고품격 중식을 마치고 찾은 곳은 어제 예매해 둔 에코랜드였다. 생태공원 같은 곳이었다. 소형 증기기관차 모형의 기차로 이동을 했다. 정차한 역에서 걸어서 이동하면서 풍광을 즐겼고 볼거리, 즐길 거리 등이 즐비했다. 호수를 따라서 나무로 된 데크가 길다랗게 줄지어 있었고 중간 중간에 포토존도 조성해 놓았다. 반대편에는 유럽의 성 같은 곳이 한창 건축 중이었는데 내년에 완공을 목표로 하고 있었다. 스페인 작가 세르반테스의 돈키호테의 조형물도 있었고 말도 동상처럼 만들어놓았는데 하도 사람들이 손길이 닿아서 그런지 말(馬)의 등 부분은 반질반질할 정도였다. 모형배도 있었고 풍차도 돌아가고 있었다. 고무보트배 같은 것도 있어 물놀이를 즐기기도 했다. 어떤 이는 낚시를 즐기는 모습을 보여주기도 했다. 남미, 중동, 아프리카 등에나 있음직한 석상도 셋이 있었는데 머리위에는 풀들이 자라나고 있기도 했다.

이색적인 풍경이었고 거의 외국의 유럽 같은 분위기를 연출했다. 다음에 다시 기차를 타고 이동해서 다시 한 번 산책을 하며 생태공원의 면모를 즐기기도 했다. 난장이나라 같은 토굴이 있기도 했고 산책로가 있기도 했는데 바로 기차를 타고 에코랜드의 출발점으로 돌아왔다.

에코랜드의 관광을 마지막으로 공식적인 관광일정은 마무리가 된 셈이었다. 곧바로 렌트카 영업소로 가서 차를 반납하고 렌트카영업소에서 제공하는 셔틀버스를 타고 제주공항에 들어갔다. 자동발권기에서 발권을 하고 짐을 부치고 공항플랫홈으로 들어갔다. 면세점에서 수정방을 구매했다. 그리고 저녁식사를 했다. 비행기는 30분정도 지연이 되었다. 이스트항공이었는데 외국항공사인줄 알았는데 국내항공사라고 했다. 저가항공이었다. 식당에서 육개장, 비빔밥, 가쓰오우동 등으로 석식을 하고 수다를 떨며 시간을 보냈는데 그렇게 오랫동안 앉아있을 수가 없어 바로 나와서 탑승구에서 비행기 개찰시간까지 대기했다. 비행기 출발시간이 임박해서야 겨우 개찰이 이루어졌다.

2박 3일간의 제주기행이 마무리 되었다. 귀경길에 올랐다. 비행기 속에서 3일간의 추억이 담긴 사진을 되돌려보면서 추억을 되새겼다. 90년도에 1년쯤 제주도에서 살았던 이후 다섯 차례 정도 제주도를 찾았던 듯했다. 이번 여행은 정말 고품격의 최고 여행이었던 듯했다.

향후에는 중국에서 우리나라 여행이 자유로워지면 이렇게 한가하고 호화로운 여행을 즐길 수가 없으리라는 예감도 들었다. 항상 천혜의 관광자원으로 우리나라를 대표하는 관광명소로 제주도가 자리매김 되기를 기원했다.

가족여행

지난 3월 1일이었다. 가족여행을 출발하는 날이었다. 아들과 세 명이 캐리어를 끌고 택시를 타고 용산역으로 향했다. 출발 시간은 오전 9시 23분이었다. 좀 이른 시간에 역에 도착했다. 곧바로 플랫홈을 거쳐 KTX에 올랐다. 출발시간에 임박해서 아들내외가 캐리어를 끌며 동반석으로 왔다. 지난 명절 이후 보름여 만이었다. 작은 아들은 우리 좌석 뒷좌석에 앉았다. 인사를 나누고 착석하자마자 안내방송이 나왔다. 곧 출발이 되었다. 집사람이 단감을 깎아서 주었다. 간식을 먹으며 환담을 했다. 좌석은 거의 만 원에 가까웠다. 한 시간 40분을 달려 광주 송정역에 도착했다. 열차가 달리는 동안 청춘의 문 3권 방황편을 읽었다. 아들내외의 인증샷을 핸드폰으로 찍기도 했다. 송정역에서 렌트카 회사에 전화를 해서 차를 가져다 달라고 했다. 얼마 후 렌트카에서 차가 왔다. 담당자와 계약을 차고 렌트비를 지불하고 차를 인계받았다. 운전은 집사람이 했다. 마라톤행사가 진행 중이어서 차선의 한쪽을 막고 있는 모습이 보였다. 10분쯤 차로 달려 한 예식장에 도착했다. 가족친지 등과 인사를 나누고 예식을 지켜보았다. 요즘 예식의 관례대로 주례가 없는 결혼식이었다. 한바탕 신나는 뮤지컬을 보는 듯했다. 계속해서 노래가 불렸고 흥겨운 축제분위기가 조성되었다. 가족사진 촬영이 있었다. 그리고 피로연장에서 식사를 했다. 뷔페식이었다.

식사를 마치고 우리가족은 본격적인 가족여행을 시작했다. 목적지로 설정한 곳은 순천만으로 향했다. 한 시간여를 달려 그곳에 도착했다. 갈대를 베고 있는 상황이라 관람객이 없을 것이라고 예상했던 것은 전혀 들어맞지 않았다. 사람들로 넘쳐났다. 3일 연휴인 영향이었다. 순천만까지의 운전은 아들이 했다. 입장권을 끊고 들어갔는데 거의 북새통 수준이었다. 해가 지는 모습을 볼 수 있었다. 억새를 수확하는 작업이 한쪽에서 진행되고 있었다. 흑두루미를 볼 수는 없었다. 작은 아들이 여수에 여행 와서 순천만을 둘러보지 못하고 입구 커피숍에서 차만 마시고 간 아쉬운 기억을 떠올렸다. 야트막한 산이 있었고 전망대가 있었는데 그곳까지 걸었다. 제법 숨이 찰 정도로 운동량이 되었다. 기념촬영을 하고 셀카봉으로 사진을 찍기도 했다. 한켠에는 배가 유람을 하고 있었고 오리떼들이 날아다니는 모습도 관측되었다. 겨울날씨답지 않게 포근해서 모두들 외투를 벗어버렸다. 전망대에 오르니 해가 서서히 지고 있는 장면을 포착할 수 있었다. 다시 입구로 되돌아오는 길도 혼잡스럽기 그지없었다. 물을 연신 마시며 갈증을 달랬다.

다시 차를 타고 여수로 향했다. 운전은 내가 했다. 그랜드호스텔에 숙소를 잡았다. 여장을 풀고 다시 로비에서 만나 식사를 하러 나갔다. 거북선 광장의 근처에 있는 조그만 음식점이었다. 서대회, 갈치조림, 도다리쑥국을 시켰다. 소맥 폭탄주도 한 잔씩 하며 담소를 나눴다. 아들이 장가를 간 후 처음으로 이렇게 가족여행을 온 것이다. 아주 색다른 경험이었다. 아들내외도 귀한 시간을 내었고 작은 아들도 바쁜 중에 짬을 낸 셈이었다. 숙소로 돌아오면서 슈퍼에서 장을 봐왔다. 호가든 맥주 6병과 안주, 아이스크림 등 주전부리를 사왔다. 그리고 숙소에 들렀다가 옥상으로 올라갔다. 여수의 밤바다를 내려다보았다. 검게 보이는 속에 여수 밤바다가 있었다. 테이블과 의자가 준비되어 있었고 조명 불빛도 분위기를 띄웠다. 처음에는 작은 아들과 마시다가 조금 후에는 집사람이 올라왔다. 기념 인증샷을 찍었다. 엄청난 인파가 여수를 찾은 것으로 느껴졌다. 겨우내 답답했던 추위도 풀리고 나들이하기에 적격이 날씨가 여행객의 마음을 뒤흔들어 놓은 듯했다. 속설에는 조금만 여행객이 덜 왔으면 한다는 얘기도 들렸다. 지난해 겨울에 갔었던 베네치아도 그렇다고 그랬다. 여행객들 때문에 현지인들이 살 수가 없다는 하소연을 했었다. 오죽했으면 데모까지 했을까 싶었다. 이제는 여행이 일상이 되어 가고 있는 세상이다. 일상적인 것에서 벗어나고 소소한 행복감을 맛보는 것에 여행만한 것이 없다. 수다도 떨 수 있고 산책도 하고 맛난 것도 맛보고 눈요기도 하고 일상의 번잡함을 털어버릴 수 있고 마음을 정화시키기에도 너무나도 유효적절한 것이리라. 밤늦은 시간까지 여수밤바다를 바라다 본 후 첫째 날 여행 일정이 마무리 되었다.

다음날의 만남으로 정한 시간은 10시였다. 그래도 걱정이 되어 전화도 하고 카톡도 했지만 식당으로 온 이는 없었다. 두 내외만 국밥집에서 아침식사를 했다. 호스텔 앞의 길가에는 할머니들이 야채를 바구니에 담아서 팔고 있었다. 끝없는 행렬이 이어지고 있었다. 바로 근처에 전통시장이 있었다. 1~2층까지는 다른 용도의 상가였었고 3층부터 6층까지가 호스텔이었다. 아들내외는 3층에 작은 아들과 우리 내외는 4층에서 묵었다. 로비층에서 조식이 제공되었다. 빵, 토스트, 김밥 정도의 간편식이었다. 작은 아들이 늦게야 가 보니 김밥만 조금 남아있었다.

10시쯤 다섯 명이 차에 타고 오동도로 출발했다. 인근 유료주차장에 주차를 해두고 엘리베이터를 타러 걸어서 갔다. 해변가 주변으로 유명한 호텔들이 즐비했고 몇 년 전에 있었던 여수 엑스포의 흔적도 조금 남아있기도 했다. 엘리베이터를 타기 위한 줄은 기다랗게 이어지고 있었다. 계속적으로 몰려드는 관광객으로 인해 줄은 계속 늘어나는 듯했다. 대부분이 가족단위였고 일부는 연인들이 온 사람들도 있었다. 엘리베이터를 타는 목적은 해상케이블카를 타기 위해서였다. 다른 쪽에는 육로로 올라가는 길도 있었고 설명도 되었으나 모두들 줄을 서서 기다렸다. 엘리베이터는 11층 높이였다. 2대가 운행이 되었고 안내원이 있었다. 엘리베이터에 내려서 다시 케이블카를 타기위한 입장권을 끊고 줄을 서서 대기해야 했다. 크리스탈과 일반이 있었는데 일반은 바닥을 볼 수 없는 케이블카였고 정원이 8명이었다. 크리스탈은 정원이 5명이었고 일반이 5대가 온 뒤에 크리스탈이 한 대 오는 식이었다. 입장료도 비쌌다. 다시 되돌아오는 케이블카를 타는 것도 일반은 1시간을 기다리면 되는데 크리스탈은 2시간 30분을 기다려야 한다는 설명이었다. 여러 번 케이블카를 타본 경험이 있었기에 신기한 부분은 없었다. 단지 바다풍경이 운치가 있었다. 사진을 찍고 즐거운 시간을 가졌다. 시간이 금방 흘러 곧 도착이 되었다.

전망대를 한 번 휙 둘러보고는 곧바로 복잡한 그곳에서 빠져나왔다. 그리고 군산횟집을 검색했다. 전망대에서 15분정도 내려온 위치에 있었다. 감성돔과 새조개 샤브샤브를 시켰다. 밑반찬이 25종류가 나왔다. 남도식다웠다. 조개구이도 부루스타에 끓여주었다. 정갈하고 맛있는 별미를 맛보았다. 식사를 마치고 올라오니 케이블카를 타는 순서가 되었다.

곧바로 원래 위치였던 오동도 입구로 갔다. 그리고 오동도로 건너갔다. 동백꽃이 숲을 이루고 있었다. 중간 중간에 바닷가로 내려가 볼 수 있도록 나무계단이 있었다. 어떤 이가 동백꽃으로 하트모양을 만들어 놓기도 했다. 아들내외를 찍어주기도 하고 우리가 촬영 대상이 되기도 했다. 다섯이 셀카를 찍기도 했다. 오동도 일주를 마치고 주차장까지 오니 거의 5시경이 되었다.

이제는 광주로 다시 돌아가야 할 시간이었다. 운전은 아들이 했다. 나머지는 군산횟집에서 반주를 한 잔씩 한 상태라 운전을 할 수 없었다. 광주 송정역 근처의 맛집을 수배했다. 그래서 찾아간 곳은 돼지갈비집이었다. 거의 기업이라 할 만큼 웅장한 규모였다. 초벌로 구워진 돼지갈비가 나왔고 다시 데워지는 식이었다. 밑반찬도 정갈하고 품위가 있었다. 식사를 마치고 송정역으로 갔다. 렌트카를 반납하고 KTX를 탔다. 모두들 피곤했는지 곯아떨어졌다.

1박 2일간의 가족여행이 마무리되었다. 혼잡한 관광지여서 다소 번잡스러운 부분도 있었지만 한마음이 될 수 있었던 가족여행이었다. 앞으로도 계속 이렇게 가족이 함께 여행하며 추억을 만들어 갈 수 있었으면 좋겠다.

단양팔경

이리저리 준비를 하다 보니 늦어져서 겨우 12시에 출발할 수 있었다. 택시를 타고 청량리역으로 갔다. 시간이 촉박해서 차가 막힐까 염려스러웠다. 2만 원 가까이 택시비가 나왔다. 무궁화호 열차편이었다. 서태후란 펄벅의 책을 읽었다. 2시간 30분가량이 소요될 것이라고 했다. 2시간 동안 200페이지쯤 읽었다. 남도에서 올라오는 사람들의 도착이 우려되는 상황이었다. 거의 오후 5시경이 되어서야 겨우 단양쯤에 도착할 것이라는 예상이었다. 도착한 후 2시간쯤의 여유시간이 생겼다.

이번 단양행은 3번째 방문인 셈이다. 한 번은 홀로 왔었고 두 번째는 집사람과 같이 왔었다. 단양팔경 중 도담삼봉과 석문을 올라갔었고 구인사를 관광했었다. 이번에는 유홍준 작가의 문화유산답사기 8권(남한강편)을 읽었더니 제대로 구경을 하지 못한 것으로 자책감이 들었다. 단양, 영춘, 제천, 충주 등이 남한강을 관광하는 곳이었다. 영춘은 이제 단양의 일개 면으로 퇴색되었지만 예전에는 큰 군으로 명성이 높았던 곳이었다. 그리고 남한강 쪽으로는 폐사지도 있었고 문화유산답사에서는 빠질 수 없는 곳이란 소개였다.

일단 쏘가리 매운탕을 먹을 수 있는 식당으로 향했다. 식당 이름은

'그집 쏘가리' 였다. 비싼 회를 시켜서 맛을 보았다. 민물회의 최고 별미라는 것이 실감이 날 정도로 쫄깃한 맛이 일품이었다. 통상 매운탕만 맛보았는데 회를 맛본 것은 지난번 강촌에서 맛본 후 두 번째였다.

다음은 구담봉과 옥순봉을 보기위해 장회나루로 갔다. 나루터에는 두 곳의 선착장이 있었다. 한 곳은 충주호로 가는 배가 떠나는 곳이었고 또 한 곳은 청풍호를 유람하는 배가 정박하는 곳이었다. 그리고 유람선을 탔다. 유람선이 마지막 배 시간을 맞추기 위해 쏜살같이 내달렸다. 다른 가족들은 도담삼봉쪽의 유람선을 타고 있었다. 숙소에서 만날 수밖에 없을 듯했다. 구담봉은 거북바위가 있다는 것으로 그리고 물속에 거북모양의 무늬가 비친다는 것에서 유래했다. 옥순봉도 절경이었다.

옥순봉이란 이름은 퇴계 이황이 명명했다. 단양군수로 관직에 있었던 퇴계의 단양사랑은 유별났다. 유명한 두향과의 연분도 이곳에서 맺어졌다. 김홍도, 윤제홍, 이윤영, 김하종 등이 산수화로 옥순봉도 등을 남겼다. 경치가 더할 나위 없을 정도였다. 선장이 구수하게 안내 멘트를 이어갔다. 한 시간여의 승선기간동안 기념촬영을 하고 유람선으로 관광을 마쳤다. 늦은 시간이어서 그런지 승객은 많지 않았다. 구담봉은 옥순봉에 멀지 않은 산자락에 있다. 절벽 위의 바위가 거북이를 닮아 산봉우리가 물에 비치면 거북의 등판을 연상시키는 무늬를 나타내는 것이 신비롭기 때문에 구담봉이라는 이름으로 부르게 되었고 구담이라고 약해서 칭하기도 한다. 나머지 8경 중 사경은 삼선계곡 쪽에 있는 것으로 상선암, 중선암, 하선암이다. 그리고 마지막 하나는 사인암이라는 곳이다. 하선암은 미륵바위 또는 불암이라고 불렀던 것을 성종 때 군수 임제광이 하선암으로 개칭했다. 중선암은 김수증이 이름 지은 것으로 명경대, 옥염대라고도 불리기도 한다. 상선암은 옥녀가 베틀을 짜는 형상이라고 옥녀직금형이라 한다. 우암 송시열의 제자 수암 권상하가 이름을 지었다. 사인암은 단양군수 임제광이 주역의 대가였던 역동 우탁이 사인벼슬로 있을 때 이돗에 은거했던 것을 기념하여 이름 지었다.

모자를 두 개 샀다. 대기해 있던 택시에 올라 숙소로 향했다. 우리가 숙소에 도착하는 시간에 맞춰 가족일행을 태운 버스가 숙소 주차장으로 진입해오고 있었다. 반갑게 인사를 나누고 숙소로 향했다. 팬션 옆이 개울가였는데 이미 해가 진 상황이어서 물놀이를 하는 것은 어려웠다. 바깥에 마련된 의자에 앉아 저녁식사를 했다. 유사가 준비해온 것으로 식사를 했다. 케이크의 절단식도 약식으로 있었다. 어른 16명, 아이 11명, 총 27명의 가족이었다. 6남매 대가족의 면모를 보는 순간이었다. 막내 동서의 인도네시아행은 일단 잠정보류된 것으로 보였다. 아이들은 하루가 다르게 무럭무럭 성장하고 있었다. 어렸을 적 모습만 본 사람이라면 폭풍성장에 놀라게 될 것이었다.

식사를 끝내고 숙소로 돌아와 유흥시간을 가졌다. 방은 넷이었다. 아이들 방, 어른 남, 녀 각 방이 배정되었다. 한 시간 정도의 놀이가 이어졌고 취침모드로 전환했다. 장인어른의 회혼식이라 이렇게 전 가족이 국내여행을 하게 된 것이다. 장모님의 팔순생신도 겸한 여행이었다. 말 그대로 결혼을 한지 육십갑자를 지낸 것을 기념하는 행사였다.

내가 들어본 옛사람의 회혼식은 도올의 부모님 회혼식 얘기였었다. 호텔을 빌려 거창하게 행사를 치렀고 그것이 조선일보에 대서특필되었다는 얘기였다. 전세버스에 그렇게 회혼식이라고 적혀 있으니 모두들 기이하게 여겼고 그 의미를 되새기기도 했다. 오전 8시에 출발한 남도팀은 광주에서 출발해서 함양의 한의박물관을 들렀다가 중식을 하고 이곳 단양으로 오게 되었다. 그리고 단양에서 도담삼봉에서 유람선을 탄 후 팬션에 도착을 해서 합류하게 된 것이다. 단양은 예전부터 관광지로 유명한 곳이었음을 새삼스럽게 느끼게 된다. 조그만 단양군이 3일 연휴로 인해 북새통이었다. 읍내에서는 남한강변에서 쌍둥이 축제가 한창 진행되고 있었다. 무척이나 많은 차량이 몰려 주차장을 방불케 할 정도로 길이 막혔다. 유람선을 탄 한 관광객은 숙소를 구하지 못해 애를 먹는 모습을 보여주기도 했다. 단양으로 들어오는 입구에는 터널이 있는데 한 방향으로만 통행이 가능해 길게 줄지어 서있는 차량의 행렬이 안타까움을 더했다. 아무튼 이번 가족여행이 가족과 동서, 자매간에 우의를 돈독히 하는 계기가 되기를 기대해본다.

수안보와 탄금대

지난 8월 10일이었다. 부친의 생신을 위해 수안보 수련원에 방을 잡았다. 원장이 지인이어도 쉽지 않은 일이었는데 용케도 예약이 되었다. 다음날에는 담안회 회합이 계획되어 있었다. 하루 일찍 부모님과 우리부부가 시간을 갖게 된 것이다. 전격적으로 수안보에서의 시간이 맞춰진 셈이다. 급작스럽게 수안보 수련원이 예약되었다. 그리고 부모님이 전격적으로 오시기로 했고 다행스러웠던 부분은 버스를 타고 오시지 않아도 되었다. 막내동생이 하필 그 부근의 대학에서 주최하는 학회에 참석을 하는 일이 있었다. 여차하면 여동생에게 부탁을 해서 버스를 태워 보내도록 하는 방법도 고민을 했는데 전혀 걱정할 필요가 없어졌다. 문제는 너무 일찍 도착해 서너 시간을 보내야 하는 부분이었다. 우리가 아무리 빨리 출발을 해도 가는 시간 등을 감안하면 3시 또는 4시정도에 도착이 되는데 부모님은 11시에 도착을 한 것이다.

본래의 복안은 그랬다. 집사람은 어차피 늦으니 버스를 타고 수안보로 오는 것으로 하고 11시쯤에 맞춰 내가 수안보에 도착하도록 하는 것이었다. 하필 그날이 인사발령이 예고된 날이었다. 10시쯤에 전화를 집사람에게 했다. 다행히 반휴는 낼 수 있다는 얘기였다. 오후 한 시에 여의도역 6번 출구에서 만나기로 했다. 다시 12시쯤 전화를 했더니 오후 한시까지 교육청으로 오라는 얘기였다. 만반의 준비를 갖추고 교육청으로 가서 집사람을 태우고 수안보로 출발했다. 동생과 통화를 통해 들은 내용은 농협수련원 옆에 있는 호텔 온천에 모셔다 드리고 학회참석을 위해 간다는 것이다. 수련원에 들어갈 수 있는 시간은 오후 2시 내지 3시라고 얘기를 해 두었다. 온천을 마치고 점심식사를 하고 로비에서 기다리다 시간이 되면 숙소에서 기다리라고 했다. 차량을 타고 가던 중에 인사발령 발표가 있었다. 성동 광진 지역지원청 과장으로 전보된 것이었다. 거의 수안보를 30분 소요되는 지점에서 휴게소에 들렀다. 주유를 하고 두어 시간 운전한 뒤 휴식시간을 가졌다.

수안보에 들어와 슈퍼에 들러 사과와 포도를 샀다. 복숭아를 사려 했는데 아예 동이 났는지 없었다. 수련원에 도착했더니 이미 부모님은 숙소에서 쉬고 계셨다. 인사를 드리고 본격적인 저녁 준비에 들어갔다. 밥을 지었다. 그리고 가지고 온 등심불고기를 구웠다. 점심식사가 변변치 않았든지 부모님께서 저녁을 맛있게 드셨다. 반주는 가지고 온 인삼주로 드셨다. 식사를 마치고 커피와 과일로 후식을 드셨다.

나는 곧바로 작은 방에 들어가 곯아떨어졌다. 집사람은 부모님과 얘기를 하다가 잠자리에 들었다. 에어컨은 잘 작동이 되었고 제대로 폭염을 피해서 피서를 하는 셈이었다. 초저녁에 잠자리에 들었던 탓에 새벽녘에 잠자리에서 일어났다. 아직 동이 틀려면 두 시간은 더 있어야 할 것으로 보였다. 신문을 뒤적이고 핸드폰을 만지작거리다가 TV를 보면서 해가 뜨기를 기다렸다. 부모님께서도 일찍 일어나셔서 채비를 하셨다. 어제 저녁에도 산책을 나가신다고 해서 수련원을 나섰다가 맞은 편 산에 오르던 중에 비를 만나 황급히 되돌아 오셨다. 어제 미리 준비해 두었던 올갱이 해장국을 끓여 아침식사를 했다. 9시경에 퇴실을 했다. 직원이 선물이라면서 이것저것을 챙겨주어 황송했다. VIP대접을 받는 기분이었다.

첫 행선지로 잡은 곳은 월악나루였다. 유람선을 타고 충주호를 돌아보는 여정이었다. 너무 이른 시간이어서 전화를 해보고 다시 오라는 얘기였다. 정해진 배 출항시간이 정해져 있는 것이 아니고 형편에 따라 승객이 어느 정도 되었다고 여겨졌을 때 간다는 식이다.

다음 목적지로 정한 곳은 충주의 탄금대였다. 신라시대 악사 우륵이 가야금을 탔다는 곳이다. 충주 칠금동 대문산 절벽에 위치한 명승지다. 신립장군이 임진왜란때 외적을 맞아 결사항전을 하던 곳이기도 했다. 8000명이 전사한 곳이기도 했다. 절벽 아래로는 남한강이 흘렀다. 탄금정이라는 정자도 세워져 있었다. 충혼탑도 있었고 신립장군이 칼을 식히기 위해 열두 번을 오르락내리락 했다는 열두대도 있었다. 입구에 차를 주차해 두고 산책길을 걸어서 탄금정까지 갔다. 너무 무더운 날씨여서 돌아다니는 것도 보통일이 아니었다. 하는 수 없이 집사람에게 차를 끌고 오라고 해서 차를 타고 순람을 했다.

유람선 운항정보를 파악하고는 다시 유람선을 타러갔다. 10시 50분경에 출항한다더니 10분이 더 지연이 되어 11시에 출항이 되었다. 한 사람당 배삯도 13,000원이었다. 50분가량 충주호를 한 바퀴 돌아오는 유람선이었다. 처음으로 본 것은 바다에 세워진 태양광이었다. 국내 최초라 했다. 부유하는 식으로 떠있는 발전시설이었다. 까치 등 조류가 앉지 못하도록 하는 장치가 되어 있었고 물고기에게도 그늘을 제공하는 등 순기능이 있었다. 호숫가 오른쪽에 악어바위가 있다는 설명을 선장이 해 주었다. 왼편으로 월악산을 볼 수 있었고 돌아온 선착장 인근에는 모터보터를 타는 곳도 있었다. 아직까지 호수 관광이 제 역할을 못하고 있는 듯 여겨졌다. 유람선을 타고서는 다음 행선지는 점심식사를 하는 곳이었다.

계곡을 따라서 이동을 하다 보니 여기저기에 야영객들이 인산인해를 이루고 있었다. 송계계곡으로 일정지역은 출입금지구역으로 묶여있기도 했다. 우리가 식사할 곳은 송림이란 식당으로 송어회를 취급하는 곳이었다. 계곡에 바로 인접해 있어 인기가 높았다. 텐트를 쳐놓고 평상을 마련해 놓아 풍광도 그저 그만이었다. 송어회를 시켜서 네 식구가 달고 맛있게 점심을 먹었다. 집사람과 어머님은 계곡물에 발을 담그고 도란도란 정담을 나눴다. 수안보 탄금대 관광을 마친 후 다음 행선지는 담안회의 저녁식사 자리였다. 두 시간 가량이 소요될 것으로 보였다. 고속도로를 달려 목적지에 도착하기까지 편안하게 부모님을 모셨다. 일 년에 한두 차례 모이는 친목 가족계였다. 불참자가 많아 분위기가 썰렁했다. 테이블 세 곳에서 불판을 놓고 삼겹살과 막창을 구워서 약주를 한잔했다. 차 운전 때문에 음주는 집사람이 했다. 모두들 자고 가라고 종용을 했지만 막무가내로 가야한다고 강력하게 주장해서 관철시켰다. 부모님은 해운대 형님께서 모시기로 했다.

귀경길은 순조로웠다. 워낙 늦은 시간이어서 차량의 흐름은 막힘이 없었다. 거의 자정을 넘기고서야 도착이 되었다. 수안보와 탄금대의 1박 2일이 이렇게 마무리 되었다. 부모님과 담안회 회원님들은 청암사와 수도암으로 산책을 갔고 용추폭포를 둘러보고 기념촬영을 했다. 폭포모습을 동영상으로 촬영하기도 했다. 그리고 추어탕집에서 점심을 먹고 각자 해산하는 방식으로 산회되었다.

후일담으로 모친께서는 2박 3일간의 일정이 너무 과도했는지 몸살을 앓으셨다. 이제 연로하셔서 여행을 다니시는 것도 쉽지 않은 상황이다. 무더운 여름철 매미소리가 귀청을 때리고 있지만 이제는 선선한 바람이 불어오는 계절이 되었다. 여름도 끝나가고 있는 듯하다. 결실의 계절 가을이 오고 있다. 보릿고개라는 노래가사에는 물 한 바가지로 배 채우시던 시절을 어찌 사셨소라는 가사가 있다. 참으로 아련하게 느껴지는 옛추억이 담긴 말이다. 이제 우리후손들은 상상도 못할 가난한 시절의 얘기가 추억으로 회자될 뿐이다. 풍족해진 만큼 마음도 풍성해지고 여유로워지는 삶을 살아가길 기원해 본다.

상파울로에서 온 절친과 구미CC에서

브라질에서 친구가 카톡을 보냈다.

"답장이 늦었네. 잘 지내지. 네 소식을 들으면서 말년을 느긋하게 보내는 모습이 부럽더라. 나는 10월 12일 금요일 밤에 서울에 도착한다. 강남 E호텔에서 2박을 한다. 건강하고 또 이야기 하자."

서울에 있는 친구들과 토요일에 회합을 가졌다. 선배 세 분과 동창 넷이 모였다. 한없이 아쉬움이 남는 시간이었지만 작별을 고했다. 다음 주 월요일이었다. 원주까지 내비게이션을 검색했더니 한 시간 20분쯤 소요되는 것으로 나왔다. 집으로 와서 식사를 하고 짐을 챙겨서 차에 싣고 출발했다. 제대로 원주까지 올 수 있을지 걱정이 되었는지 출발하면서 문자를 주라고 메시지가 왔다. 박 사장의 핸드폰이 개설되었다는 카톡도 왔다. 연습장에서 연습을 했는데 오랜만이라 손가락에 물집이 생겼다. 원주로 가는 길은 평일이라 큰 무리가 없었다. 오후 3시쯤에 약속한 시간에 도착했다. 네오플램 사장을 찾았더니 출근하지 않았고 서울사무소에 있다는 얘기였다. 박 사장에게 전화를 했더니 안내를 해줄 여직원을 보냈다. 녹차를 한잔 타왔다. 박 사장의 상담이 아직 끝나지 않았다. 전시된 주방용품이 엄청났다. 공장도 둘러보았다. 박 사장과 함께 공장직원의 설명을 들었다. 단순 업무에는 로봇팔이 설치되어 있기도 했다. 프라이팬에서부터 시작해서 냄비 등 다양한 제품들이 생산되었다. 업무를 마치고 4시쯤 현장에서 구미로 출발했다. 안동을 거려서 내려가는 방향으로 내비게이션이 안내를 했다. 2시간 20분쯤 소요된다는 안내였다. 구미에 있는 동창생 L군에게 전화를 해서 약속장소로 오라고 했다. 부친의 제사여서 오래 앉아 있기는 그렇다는 얘기였다. 6시 30분쯤에 구미에 도착했다. 대해란 일식집이었다. 도미회를 시켰다. 소맥을 몇 잔 한 후 오이소주를 마셨다.

얼마 후 L 군이 왔다. 잠깐 얼굴만 보고 귀가했다. 얼마 전에 회장과 상무가 브라질에 다녀간 모양이었다. 박 사장이 잘 모신 덕에 답례를 하는 것인지 모를 일이었다. 호텔까지 예약을 해 두었다. 내일의 티오프는 8시 30분이었다. 호텔조식을 마다하고 근처식당에서 해장을 하는 것으로 정했다. 7시쯤 모여서 7시 40분쯤 출발하는 것으로 협의가 되었다. 회장의 부인이 농협의 상무를 역임한 후 퇴직한 탓에 농협에 정통했다.

다음날 아침 7시에 집합해서 인근식당에서 아침식사를 했다. 맥주를 시켜서 반주로 마셨다. 미역국과 된장국을 시켰다. 식사후 차를 몰고 회사공장으로 갔다. 그곳에서 골프백과 보스톤백을 싣고 구미CC로 이동했다. 운전은 회장이 직접 했다. 개띠라고 하니 우리보다 한해 연배였다. 안내데스크에서 라커룸 번호를 받고 옷을 갈아입었다. 3개의 코스가 있었는데 시작은 거북코스였다. 시작 전에 맥주를 한 잔씩 하자고 해서 또 마셨다. 오후에 운전 때문에 신경이 쓰이는 부분이었다. 날씨는 화창했다. 바람도 잠잠했다. 내기는 뽑기를 했다. 조커는 최고의 스코어로 했다. 필드의 모과나무는 열매를 주렁주렁 매달고 있었다. 쓰리홀에서 니어로 내기를 했는데 니어를 했고 파로 마무리를 해서 횡재를 한 셈이 되었다. 거의 버디와 마찬가지였다. 18홀을 돌고나니 오전이 다 갔다. 마지막에 회장이 그림 같은 퍼팅으로 파를 했다. 사우나에서 샤워를 하고 온탕에 잠깐 앉았다가 나왔다. 내기 후에 남은 금액을 서울양반에게 주라고 해서 내가 받았다. 회장이 내기에서 받은 것으로 캐디피까지 정리를 했다. 이렇게 환대를 받아도 될까 하는 생각에 머쓱해졌다.

골프장에서 다시 공장으로 가서 내차를 몰고 식당으로 갔다. 복어 샤브샤브를 하는 집이었다. 무척이나 고급스러웠다. 혼자 사이다를 마셨고 넷이서 소맥을 마셨다. 한사람은 황사장이란 분으로 초빙되어 왔다. 30여 년간 공직에 있었던 분이었다. 도지사의 시장시절 비서도 역임한 경력을 가졌다. 박 사장의 열차표를 발권했다. 4시 17분 SRT였다. 작별을 고하고 박 사장을 KTX역에 바래다 주기위해 차를 운전했다. 고속도로로 안내를 해서 고속도로로 달렸다. 내일쯤에 부산친구들과 회합을 하고 다음날에 중국을 다녀오는 것으로 일정이 짜였다. 그리고 29일 경에 출국하는 일정이었다. 내년에는 와이프와 같이 올 것이라고 했다. 사무실에 제수씨가 출근하는 것으로 직원들이 많이 긴장한다는 얘기였다. 박 사장을 KTX역에 내려주고 귀경길에 올랐다. 수도권에 진입할수록 차량이 늘어났다. 3시간 40분이 소요되었다. 무척이나 긴 하루를 보낸 듯했다.

박 사장이 보내온 카톡을 보자.

"반갑다 친구야 너와 또 XX와 함께 바라본 광안대교와 백사장 너머 고층아파트들이 낯설 만도 한데 너희들 얼굴에서 정든 옛날을 보고는 안도했었다. 강산은 변해도 함께할 수 있는 친구들이 있어 고마웠다. 아직 중국이고 내일 유야오를 떠나 광조우 전시회 참관하러 간다. 발이 묶여 나는 새가 얼마나 날겠냐? 오히려 소리도 키우며 사는 네가 나는 더 자랑스럽다. 한 번이라도 더 너의 건강한 얼굴을 가슴에 담고 브라질로 돌아가야 하지 않겠냐. 오늘 오후 짜투리 시간을 이용해 항저우까지는 못가고 인근 산에 올랐다. 산은 어디 있어도 산이더라."

브라질에서 온 박 사장은 일주일쯤을 한국에서 보냈고 서울, 구미, 부산에서 지내다가 중국에서 일주일쯤 보내고 부산으로 귀국했다가 다음 날 브라질로 갔다. 빠듯한 일정이어서 제대로 충분히 의도한 대로 시간을 보냈는지 모를 일이다. 부부가 같이 나왔으면 좋았을 텐데 여건이 허락하지 않았던 모양이다. 내년에는 같이 나올 모양이니 그때를 기약할 수밖에 없으리라.

박 사장이 귀국 후 카톡을 보냈다.

"나는 지난주부터 상파울로에 귀임하여 열심히 살고 있다. 하루라도 더 일해야 친구들과 함께하는 생활을 하루라도 더 앞당길 수 있지 않겠냐? 물론 지난 주말에 산에도 다녀왔고 다들 건강 챙기고 잘 지내길 바란다."

상파울로에서 온 절친과 구미CC에서 보낸 시간은 거의 환상적인 시간이었다. 언제나 활력이 넘치고 정열 가득한 삶을 살고 있는 친구가 항상 건강하고 행복한 삶을 영위하길 기원해본다.

용마골프 대회 참전기

지난 9월 둘째 주 수요일이었다. 본래 예정된 골프 부킹 날짜는 목요일이었는데 하루전날에 연습 라운딩을 위해 출발했다. 당일은 맑은 가을날씨였고 화창했다. 11시쯤 도곡동 집에서 동반자들과 출발했다. J 회장이 같이 갔다. 지난해 용마골프대회에서 2위의 입상자였다. 아침에 덕형포럼에 참석해서 사회를 보고 급하게 도곡동으로 온 상황이었다. 집 앞의 단골 빵집에서 라떼 등 음료와 햄버그, 빵 등 요깃거리를 사갖고 차에 올랐다. 가을바람은 싱그러웠고 도로도 막힘이 없었다. 곧이어 88도로로 접어들었고 조금 차로 달린 후에는 경춘고속도로에 접어들었다.

J 회장이 아침에 있었던 덕형포럼 얘기를 했다. 도용복 강사에 관한 얘기와 포럼 강연에서 나왔던 얘기를 들려주었다. 이스라엘의 키부츠에 관한 교육을 얘기했다. 18세부터 35세까지 프로그램에 참가를 할 수 있었고 2개월부터 교육받을 수 있었다. 한 고등학교 3년 학생이 여러 가지로 방황하다 그곳에 다녀온 후 완전히 새사람으로 변신에 성공한 사례가 소개되기도 했다. 그는 키부츠를 다녀온 후 해병대에 지원했고 현재는 FBI에 근무하고 있다. 오지여행가이고 예술가이기도 했다. 도용복 강사

는 골프공 제조업체 사라토가의 회장이었다. 안동출신이지만 부산에 내려왔었고 베트남에 참전했었는데 고엽제 후유증에 고통 받다가 자신이 원하는 것을 하자고 결심한 후 오지탐험을 시작하게 되었다. 그는 50세 이후부터 1년 300일을 일하고 65일을 오지탐험에 몰입했다. 지금까지 세계 171개국을 섭렵했다. 그가 인생에서 가져야할 태도나 자세로서 한마디로 요약한 것이 베스트(believe, Enjoy, Smile, Thanks)였다. 인생에서 시간약속 등 작은 것에서부터 사람들에게 믿음을 줄 수 있어야 하고 또한 사람들과 만나면 즐겁고 좋은 사람이 되어야 하며, 언제나 즐겁게 웃는 모습으로 함께 웃을 수 있고 최종적으로 항상 감사한 마음을 가지고 살아가면 매일 매일이 최고인 삶을 살 수 있다.

우리 일행이 한 시간여를 달려 우리가 도착한 곳은 강촌 엘리시안CC의 입구에 위치한 어탕국수집이었다. 식당 앞 테라스에 실무를 맡고 있던 후배 김후배(34회)가 앉아있었다. 12시 30분쯤에 동반자들과 만나기로 한 것이었다. J 회장의 소개로 인사를 나누고 식당으로 들어갔다. 어탕국수 네 개를 시켰다. 한창 식사를 하던 중에 후배들이 들어와서 합석을 했다. 동반자 네 명 중 후에 온 세 명은 박 후배(35회), 장 후배(38회) 신 후배(39회)였다.

우리는 맛있게 점심식사를 하고 엘리시안 강촌 CC로 갔다. 클럽하우스에서 클럽을 내리고 하차해서 로비로 갔다. 로비 카운터에서 라커룸 번호표를 받아서 라커룸에 들어갔다. 라커룸에서 옷을 갈아입고 라운딩할 만반의 준비를 마치고 필드로 나갔다. 우리팀 다음 티업을 하도록 되어있는 팀은 후배팀이었다. 레이크, 밸리, 힐 세 코스가 있었는데 시작은 레이크 코스였다. 간단히 퍼팅연습을 좀 한 후 본격적인 라운딩에 들어갔다. 후배가 클라우드 맥주를 가져왔고 얼려온 소주도 있었다. 홀 중간 중간에 캐디 세미양에게 소맥을 말으라고 해 놓고 티셧을 하고는 건배를 이어갔다. 18홀을 다 돌고나니 어둠이 내려앉기 시작하는 듯 4시간 정도가 흘렀다. 라운딩을 마치고 사우나에 가서 샤워를 하고 땀을 씻었다.

다음의 일정은 숙소에 짐을 내려놓고 인근 식당으로 식사 하러갔다. 옛날이야기라는 닭갈비집이었다. 닭갈비에 와인을 먹었다. 감자전과 묵무침도 같이 먹기도 했다. 막판에는 쏘가리 매운탕까지 먹었다. 다시 식당에서 제공하는 차를 타고 숙소로 돌아왔다. 후배 진행요원 등과 한잔을 더하고 잠자리에 들었다. 다음날 숙소에서 일어나 강촌 먹을거리촌으로 아침을 먹으러 나갔다. 황태해장국을 시켰다. 뜨끈한 국물이 해장에 적격이었다. 생선구이도 시켰다.

식사를 마치고 동반자 두 명은 귀경길에 올랐다. 경춘고속도로가 막히는지 그쪽으로 오지 말라고 카톡에 메시지를 올리라고 했다. 아침식사를 하고 숙소로 돌아와 휴식을 취한 후 대회에 나갈 채비를 했다. 11시경에 기념촬영을 했다. 총 참가인원은 263명이었다. 클럽하우스 식당에서 식사를 마치고 대회에 들어갔다. 대회장의 인사말씀이 있었다. 다음은 대회장, 동창회 원로님의 시타가 있은 후 대회가 열전에 들어갔다. 나는 일반조에 7조였다. 힐코스 3번홀에서부터 시작이었다. 동반자는 세 분의 선배들과 경기를 했다. 노 선배(28회), 김 선배(29회), 하 선배(30회)였다. 더없이 넓은 페어웨이에 화창한 가을날씨에 동문들과 라운딩을 하는 것은 축복받은 일이었다. 어제 연습라운딩을 했음에도 경기는 잘 풀리지 않았다. 하지만 골프가 그렇듯이 어제나 마음 먹은대로 잘 풀려지지 않는 것에서 안타까움이 있었다. 18홀의 라운딩은 금방 끝났다. 중간에 그늘집에서 휴식시간도 가졌지만 금방 지나가는 것에 아쉬움이 남았다.

라운딩을 끝내고 숙소였던 콘도의 식당에서 저녁을 먹었다. 저녁만찬은 모두들 화기애애한 가운데 이어졌다. 우리 동문들이 화합하는 자리였고 하나 되는 자리였다. 각조별 우승자 등 대한 시상도 있었고 행운권 추첨 시간도 있었다. 오랫동안 해외에서 생활하다보니 한 번도 용마골프경기대회에 참가하지 못했는데 이번에는 용케도 시간이 맞아 함께 할 수 있어 기쁨이 배가되었다. J 회장도 지난해에는 2위에 입상했었는데 이번에는 성적이 그에 미치지 못했다. 단체전에서 선수조가 3위에 입상했다. 내년에는 더 나은 실적을 올리기를 기약할 수밖에 없었다.

대한민국은 이제 선진국 대열에서 어깨를 나란히 할 정도로 성장 발전해 왔다. 앞으로도 이러한 우리나라에 우리 용마골프대회에 참가한 동문들이 더욱 큰 역할을 하고 역량을 발휘하는 동량으로 거듭나길 기원해본다.

청남대와 속리산

대전의 한 호텔에서 하룻밤을 지낸 우리 부부는 호텔에 딸린 식당에서 조식을 하고 짐을 챙겨서 방을 나왔다. 국내여행을 하면서 이런저런 호텔에서 제법 묵어봤음에도 이런 호텔은 처음이었다. 중저가호텔인데 가전제품, 취사용품 등이 다 구비되어 있었다. 세탁기까지 구비되었다. 오랫동안 장기간 거주코자하는 이들을 위한 주거겸용 호텔로 특이했다. 행선지로 정한 곳은 대청호부근의 청남대였다. 한 시간쯤 소요되었다. 길가에는 봄꽃들이 흐드러지게 피었고 호수가의 경치도 더할 나위 없었다. 푸르른 녹음이 우거져 있는 것이 별천지였다. 한적한 호숫길을 따라 드라이브하는 정취도 남달랐다. 한참을 가다보니 청남대 매표소가 나왔다. 제대로 현지사정도 모르고 그곳에 도착한 우리는 매표를 하면서 속사정을 알게 되었다. 차량을 끌고 입장을 하려면 사전에 예약을 해야 하는 것을 몰랐던 것이다. 매표소에서 입장료와 버스요금을 내고 들어가고 버스로 나오는 방식이었다. 매표소 부근에 주차를 하고 매표를 한 다음 버스를 타고 들어갔다. 일단 매표를 하고 버스를 기다렸다. 20분 정도 버스를 탔다.

청남대로 들어가는 도로변의 경치나 경관은 더할 나위 없을 정도로 멋진 풍광이었고 멋진 길이었다. 버스에 내려 기념관을 둘러보았다. 역대 대통령의 족적, 업적 등이 전시물로 만들어져 있었다. 대통령으로 재직 시 받았던 선물 등도 있었고 생활하면서 사용했던 일용품 등도 전시되었다. 집무실도 있어 대통령이 되어 볼 수도 있었다. 그곳이 기념촬영지여서 혼잡하기 그지없었다. 한쪽에서는 가훈을 써주는 이벤트도 있었다.

기념관을 둘러보고 나온 우리 내외는 청남대 본관으로 향했다. 봄꽃들이 여기저기 만개해 있었고 길 주변으로는 반송이 아름들이 줄지어 있었다. 잔디밭 한쪽에서는 분재전시회가 있었고 영춘제도 한창 진행되고 있었다. 잔디밭의 중앙에는 스테인리스로 된 봉황이 조형물로 우뚝 세워져 있었다. 청남대 숙소 입구에는 5그루의 소나무가 우아한 자태를 뽐내고 있었다. 뒤쪽으로는 금송, 모과나무 등 진귀한 나무들이 즐비했고 분수도 있었다. 연회장으로 사용되는 잔디밭은 잘 가꾸어져 있었다. 분재전시회와 산책로를 둘러본 후 숙소를 보기 위해서 줄을 서서 기다렸다. 사진촬영은 금지되었고 실내화로 갈아 신고 관람을 해야 했다. 그곳을 빠져나와 왔던 길을 되돌아갔다. 그리고 의자에 앉아 버스가 오기를 기다렸다. 전체를 둘러보려면 시간이 부족했다. 각 대통령별로 산책길이 있었다. 6분의 대통령이 이곳을 활용했던 듯했다. 주차장도 넓었는데 꽉찬 느낌이었다. 83년부터 전두환 대통령이 조성해 만든 것이라 했다. 2004년부터 일반에게 공개되었다. 60만평쯤 되어보였다. 메타세콰이어도 거의 수령이 50년은 되어 보였다.

청남대 관광을 마친 우리 내외는 속리산으로 향했다. 한 시간쯤 소요되었다. 거의 식사할 시간이 되었으나 그냥 입장 후 대책을 강구하기로 했다. 주차장에 차를 주차하고 매표소에서 표를 끊고 입장했다. 세조길이라 표시된 길을 따라서 걸어 들어갔다. 세조가 복천암에 수도하던 신미대사를 만나러 갔던 길이 세조길이다. 두 번째는 태조 왕건이 갔던 길을 따라서 갔던 길이 세조길이란다. 마지막으로는 세조가 피부병으로 고생을 했는데 목욕소에서 목욕을 하기 위해 갔었던 길이 세조길이란다. 복천암까지 3.1킬로미터였다. 예전에도 한 번 왔었던 길이라 익숙했다. 중간에 매점에서 어묵을 먹었고 마지막 정착지인 세심정에서 식사를 했다. 복천암을 둘러보고 내려온 이후였다. 복천암에서 연등을 걸기 위한 준비작업이 한창이었다.

툇마루에 앉아서 주목을 바라다보고 앉았더니 스님이 농을 하셨다. 주목朱木이 주목注目하고 있다는 얘기였다. 주목朱木이라는 나무가 주목注目하고 있다는 우스개 소리였다. 식사로 시킨 것은 파전과 비빔밥이었다. 법주사로 내려오는 길에는 호수가 있었다. 그 호수에는 나무 덩굴 위에 거북이 세 마리가 햇볕을 쬐고 있었다. 진귀한 구경거리였다. 세조길을 내려와서 법주사를 둘러보았다. 팔상전과 쌍사자 석등 불상 그리고 흐드러지게 피어있는 왕벚꽃나무 등을 둘러보았다. 한켠에는 엄청난 철솥도 전시용으로 비치되어 있었다. 팔상전은 부처님의 일생을 8면의 그림으로 그려놓았다. 탑은 5층 목탑으로 임진왜란 때 불탔으나 다시 재건했다는 얘기였다. 입불상은 33미터에 달했다. 본래 예정으로는 곤지암 화담숲을 둘러보려 했으나 시간이 너무 늦어져 더 이상 관광은 무리였다. 하루를 또 아주 알차게 보낸 시간이었다.

청령포와 낙산사

올해 5월초였다. 가족여행 2일차였다. 영월 청령포와 강릉 낙산사를 방문하도록 되었다.

아침에 일찍 일어나 바깥으로 나왔더니 비가 내리고 있었다. 비는 그냥 그칠 비가 아니었다. 비는 관광여행에 치명적이었다. 일단 아침식사를 마치고 곧바로 향한 곳은 영월 한반도 지형이었다. 주차장에 버스를 주차해 두고 우산을 쓰고 올라갔다. 비포장 흙탕길이어서 바지 신발 등은 흙투성이가 될 수밖에 없었다. 험로를 걸어서 전망 좋은 곳까지 올라가 사진을 찍고 내려왔다. 애국가 제창 때 영상으로 나오는 모습이었는데 그것이 실제 눈앞에 펼쳐졌다. 흐린 날씨였음에도 그런대로 시계도 양호한 편이었다.

다음 목적지는 청령포였다. 육지 속의 섬이란 말이 실감이 났다. 예전에는 밧줄을 잡고 끌어서 배를 이동시켜서 이동을 했던 곳이었는데 이제는 그래도 배를 탔다. 타자마자 내려야할 정도로 짧은 거리였다. 어소는 그 이름에 어울리지 않게 조그맣다. 어소에는 단종의 모습을 한 모형이 좌정해 있었다. 어소를 나와 소나무길을 걸어 조금 갔더니 관음송이 나왔다. 600여년 전 단종의 모습을 지켜봤다고 해서 관觀이고 그의 한 맺힌 울음을 들었다고 해서 음흡이었다. 가파른 길을 올라갔더니 그가 바라보았을 북쪽 한양이 어슴푸레하게 느껴졌다. 돌탑이 쌓아져 있었다. 이름이 망향탑이라고 한다. 단종이 하나씩 돌을 쌓아 만든 탑이다. 또 그 길을 따라서 내려왔더니 조그만 전망대가 나타났다. 그곳을 일러서 노산대라고 명명했다. 그리고 내려오니 금표비라고 하는 비석이 있었다. 이곳은 임금이 기거하는 곳이니 일반인의 출입을 금한다는 의미를 담고 있다고 한다. 12살에 임금에 올랐다가 17살에 사약을 받고 이 세상을 하직한 비운의 왕이었다. 그의 묘지는 장릉이라는 이름으로 영월 인근에 위치해 있다. 일제 강점기 이광수라는 작가는 단종애사란 소설을 써서 동아일보에 연재를 했고 또 다른 작가 김동인은 대수양이란 소설로 그 시대상을 묘사했었다. 한쪽에서는 사육신의 충절을 얘기했었고 또 다른 쪽에서는 역사를 흐르는 대세론을 내세워 왕권의 강화를 위해 불가피한 선택이었다고도 한다. 집현전 학자 신숙주는 배신의 아이콘으로 낙인찍히기도 했다. 그런 남편이 불만족스러워 목을 맨 그의 부인에 관한 소설도 있었다. 그런 변덕에 비유되어 숙주나물이 탄생하기도 했다. 단종에게 사약을 가지고 내려간 왕방연(금부도사)은 차마 사약을 건넬 수가 없었다고 전해지기도 한다. 그가 임무를 마치고 지었다는 시조 한 수가 전해온다.

천만리 머나먼 길에 고운 님 여의옵고
내 마음 둘 데 없어 냇가에 앉았으니
저 물도 내 안 같아서 울어 밤길 예놋다.

'내 안'은 내 마음이고 '예놋다'는 가는구나의 옛말이다. 청령포의 관광을 마치고 다음으로 들른 곳은 청학동이라는 음식점이었다. 생선구이 전문점이었고 돌솥밥이 나왔다. 식사를 마칠 때까지 거의 비가 그치지 않았다. 식사를 마치고 향한 곳은 양양의 휴휴암이었다. 중간에 평창휴게소에서 잠깐 휴식을 취하기도 했다. 휴휴암은 동해안 바닷가의 조용한 암자였다. 바다를 등지고 관음보살상이 입상으로 세워져 있었다. 그곳에서 온 가족이 모여 단체 기념촬영을 했다.

휴휴암의 관광을 마치고 다음 행선지는 해안가의 횟집이었다. 원산횟집이라는 곳이었는데 지척에 유명한 설악횟집도 있었다. 맛있는 회에 좋은 안주는 술을 불렀다. 저녁회합을 마치고 버스를 타고 낙산사 인근의 펜션 숙소로 이동했다. 버스로 이동하는 중간에는 가족들의 노래자랑 대결이 벌어졌다. 노래를 부르고 노래점수가 95점 이하면 벌금을 내고 그 이상인 경우에는 벌금이 면제되었다. 이렇게 모은 상금은 관광지에서의 정보를 바탕으로 퀴즈를 내어 맞힌 학생들에게 상금으로 사용되었다. 잠깐 동안 여장을 풀고 다시 전 가족이 집결해서 본격적인 회혼식 행사가 시작되었다. 사회는 둘째 처제가 했다. 케이크의 절단식도 있었고 장인어른의 일장연설도 있었다. 자손들의 선물증정이 있었고 손자, 손녀들은 건재순으로 각자 준비한 축하편지를 읽었다.

둘째 딸의 편지에 적힌 내용은 이랬다.

"아버지, 엄마. 두 분이 만나서 어려움을 다 이겨내시고 우리 자식들을 훌륭하게 키워주셔서 정말 정말 감사합니다. 사랑합니다. 우리 곁에 오래 같이 계세요. 둘째 딸 주소연 올림."

손자, 손녀의 손편지를 소개한다.

“할아버지, 할머니. 결혼 60주년 회혼식 축하드려요. 추가로 할머지 팔순도 축하드려요. 두 분이 건강하시고 행복하신 것 같아서 정말 다행이라고 생각해요. 엄마, 삼촌, 이모들 낳아주시고 저 어렸을 때 고생해서 키워주셔서 감사해요. 아직 많이 부족한 손자, 손녀지만 앞으로 더 노력해서 할아버지 할머니께 항상 기쁨을 드리는 손자, 손녀가 될 수 있도록 노력할게요. 다시 한 번 결혼 60주년 축하드리고 언제나 건강하게 행복하게 오래오래 사세요. 사랑해요. 손자. 손녀 000올림”

번외행사로 장모님의 춤사위도 이어졌다. 내 나이가 어때서라는 노래에 맞춘 춤동작이었다. 아주 간단한 동작이어서 아들과 딸네들이 같이 춤을 췄다. 2일차 여행이 마무리 되었다. 숙소는 낙산사에서 아주 가까운 곳에 위치해 있었다.

다음날 아침에 문 서방은 일찍 일어나 미리 낙산사를 둘러보고 있었다. 나도 일찍 기상해서 산책을 한 바퀴하고 왔음에도 아직 다른 식구들은 기침할 기미도 보이지 않았다. 얼마 후 한두 사람씩 일어나기 시작해 일상이 시작되었다. 식사는 김밥을 그냥 맨밥으로 말아 다른 반찬과 식사를 했다. 통상 애기되는 충무김밥 형식이었다. 예고된 시간을 지키지 못한 사람은 맨 마지막으로 버스에 탑승했고 일행 모두는 박수로 맞이하면서 아이스크림을 부르짖었다. 10여 분 차로 이동해서 낙산사 관광이 시작되었다. 통일신라시대 의상대사가 세운 절로 너무나 유명한 사찰이었다. 의상대사가 관음보살을 만날 목적으로 27일간 기도를 했는데 만날 수 없자 바다에 빠져 죽으려 했다. 그러자 굴속에서 관음보살이 나와 뒷산 길로 올라가면 두 그루의 대나무가 있을 것이라고 했다. 그래서 세워진 곳이 원통보전의 자리라 한다. 의상대, 홍련암 등이 유명하다. 2005년 산불로 인해 낙산사의 일부가 화마에 휩싸이기도 했는데 현재는 그나마 재건되어 관광객을 불러 모으고 있었다. 관음보살상 등지에서 기념촬영을 했고 주차장 앞 건어물 점에서는 건어물을 구입하기도 했다. 다음 목적지는 춘천의 닭갈비집이었다. 그곳에서 중식을 하고 일부 가족은 서울로 향하게 되고 나머지 일행은 버스로 이동해서 대전을 거쳐 최종 목적지 광주로 향한다. 고 서방 부부와 조카인 희진양이 서울행 KTX에 동행했다. 고 서방 부부의 표는 입석표여서 대책마련이 필요했다. 한 시간 남짓 소요되기에 큰 문제는 없었다.

이로써 2박 3일 간의 장인어른 회혼식 가족여행 행사가 마무리 되었다. 항상 건강하시고 활기찬 노년을 보내시길 기원해본다.

호서삼사 답사기

아침 일찍 채비를 해서 집을 나섰다. 본래 계획으로는 10시까지 대전에 살고 있는 막내 처제네에 도착할 요량으로 7시 40분쯤에 출발했다. 두 시간 정도면 충분히 도착할 것으로 예상했는데 도로사정이 전혀 예상 밖이었다. 내비게이션에 도착예정 시간으로 표시되는 것은 점차 시간이 더 늘어나는 상황이었다. 결국 궁여지책으로 도착지와 도착시간을 변경하기로 했다. 세종시로 지역을 변경하고 시간도 11시로 했다. 결국은 두 시간보다 3시간쯤이 소요되는 것으로 계획을 수정했다. 천안 IC에서 일반국도로 빠져나왔다. 한참을 가다 다시 고속도로로 접어들었는데 교통상황은 전혀 바뀐 것이 없었다. 다시 국도로 빠져나왔다. 겨우 빠듯하게 약속시간에 맞추어 목적지에 도착할 수 있었다. 집사람을 동서에게 인계하고 본격적인 사찰 답사에 나섰다. 맨 먼저 행선지로 정한 곳은 공주의 마곡사였다. 서산 개심사나 예산 수덕사 등도 고민했으나 한 번씩 가보는 곳이었고 거리상 너무 먼 관계로 제외시켰다.

마곡사는 공주시 사곡면 태화산 밑에 있는 사찰이다. 절의 창건 및 사찰 이름에 관해서는 두 가지 설이 있다. 첫째는 640년(선덕여왕 9년) 당나라에서 귀국한 자장대사가 여왕에게서 하사받은 전 200결로 절을 창건하기 위한 터를 물색하다가 통도사 월정사와 함께 이 절을 창건했다. 절을 완공 후 낙성식을 할 때 그의 법문을 듣기 위해 몰려온 신도들이 삼대麻와 같이 무성했다 하여 마곡사라 이름 지었다. 두 번째는 신라의 승 무염이 당나라에서 돌아와 절을 지을 때 스승인 마곡보철을 사모하는 뜻에서 마곡사라고 지었다는 설이다. 또 다른 얘기는 절을 지을 때 이곳에 마씨 성을 가진 사람들이 많이 살았다고 해서 마곡사라고 이름 지었다. 이 절은 김구 선생과 인연이 깊었다. 명성왕후 시해에 가담한 일본인 쓰치다를 황해도 안악군 치하포 나루에서 살해한 선생은 인천형무소에서 옥살이를 하다 탈옥하여 마곡사에 숨어서 생활했다. 머리를 깎고 원광이란 법명으로 위장하여 생활했다. 그때 심었던 향나무가 아직 건재했다. 대광보전 마루에는 나무껍질로 만든 30평 정도의 삿자리가 있다. 조선 후기 이름 없는 앉은뱅이가 이 절을 찾아와 부처님께 100일 기도를 드렸다. 그는 불구를 고치기 위해 틈틈이 이 삿자리를 짰다. 참나무를 한 끝에서 잇고 또 이어 한 줄을 완성한 것인데 그는 이 자리를 짜면서 이 법당에 봉안된 비로자나불에게 자신의 불구를 낫게 해 달라고 기도했다. 백일 뒤 일을 끝내고 밖으로 나가는데 자신도 모르게 일어서서 법당을 걸어서 나갔다.

마곡사 곳곳에는 상춘객으로 붐볐다. 초파일을 앞두고 연등도 줄지어 걸렸고 장관을 연출했다. 김구 선생의 브로마이드도 있었고 평소 선생께서 즐겨 애송했던 서산대사의 선시도 액자로 걸려있었다. 선생이 직접 쓰신 행복이란 한자 글씨도 관광객의 눈길을 끌었다. 마곡사 관광을 마치고 그곳을 빠져나왔다. 시간이 점심시간이 되었다. 절 입구에 있는 음식점에 들어가 추어탕으로 식사를 했다. 본격적인 호서사찰 순례에 들어갔다. 왜 호서라 하는지에 관해 살펴보았다. 호수의 서쪽이라는 의미를 갖고 있는데 그 호수가 어떤 호수를 이르는 것인지가 궁금했다. 호서의 호수는 제천 의림지라는 것이다. 호남의 호수는 김제 벽골제를 얘기한다. 영남의 영은 조령을 의미한다. 마곡사를 빠져나와 다음 행선지로 정한 곳은 계룡산 국립공원에 있는 동학사였다. 계룡산에는 세 개의 사찰이 있었다. 신원사 동학사, 갑사였다. 갑사에는 남매탑이 있고 그것은 전설로 남아있다. 사전 정보도 없이 매표소 입구까지 차를 몰고 갔는데 회차를 하는 수밖에 없었다.

사설 유료주차장에 주차를 해두고 다시 올라갔다. 계곡을 끼고 차가 한 대정도 지날 수 있는 길이 있었다. 한쪽으로는 향토음식점들이 줄지어 있었다. 계곡에는 출입금지 표시가 되어있었다. 한참을 걸어갔더니 관음암, 길상암 등이 줄줄이 모습을 보여주었다. 울창한 숲길은 더위를 잊게 할 만큼 청량한 느낌을 주었다. 두 번째 건물인 길상암에는 감탄이 절로 나오는 철쭉이 마당 한켠에 우아한 자태를 뽐내고 있었다. 기념촬영을 하고 대웅전까지 올라갔다. 표지석이 입구에 웅장하게 자리하고 있었다. 마당에는 연등이 꽉 차 있었다. 대웅전 뒤쪽으로는 아름드리 소나무들이 웅장한 자태를 보여주고 있었다. 동학사는 처음에는 청량사로 불리다가 동학사로 개명이 되었다. 동계사라고도 칭해지기도 했다. 절의 동쪽에 학모양의 바위가 있어 동학사東鶴寺라고 이름 지었다. 고려충신이자 동방이학의 조종인 정몽주를 이 절에서 제향했기에 동학사東學寺라고 이름 지었다는 설도 있다. 김시습 등이 280명의 충신들에 대한 제사를 지내기도 한 곳으로 유명했다. 절을 둘러보는 것을 마치고 주차장까지 걸어서 내려왔다.

다음 행선지로 정한 곳은 논산 관촉사였다. 은진미륵불상이 있는 곳으로 유명한 곳이었다. 한 시간여를 차로 달려 도착했다. 볼품은 없었지만 엄연히 입장료를 받고 있었다. 한쪽으로는 계단으로 올라가는 길이 있었고 또다른 오른쪽 길은 완만한 경사로 되어 있었다. 계단으로 올라갔다. 나의 문화유산 답사기 6권에 소개된 사찰이었다.

은진미륵의 조성에 관한 일화로 얘기가 전해졌다. 어느 여인이 고사리를 캐러 산으로 가는데 아기울음이 들렸다. 그곳에 가보니 큰 바위가 있었다. 기이한 징조로 여겨 관에 신고 되었다. 고려 광종이 금강산 혜명대사에게 명해 불상을 조성토록 했다. 37년 만에 불상이 조성되었다. 목종 9년이었다. 허리 아랫부분이 만들어졌고 윗부분은 30리 떨어진 곳에서 만들어 이어 붙였다. 18미터에 이르는 불상을 어떻게 세울 것인가가 관건이었다. 아이들이 진흙 놀이를 하면서 불상을 만들고 모래를 이용해 불상을 세우는 것을 보여주었다. 이들은 문수보살과 보현보살의 현신이라 했다. 영감을 얻은 석공들은 그런 방식을 응용해서 불상을 세웠다.

송나라 지안스님이 소식을 듣고 불상에 와서 기도를 드렸다. 그리고 불상의 빛이 촛불처럼 빛난다고 해서 관촉사로 이름 지었다. 한쪽에는 윤장대가 자리하고 있었다. 불교경전을 보관하는 곳으로 한 번을 돌리며 경전을 읽은 것과 같은 효과가 있다고 한다. 이로서 호서 삼사의 답사가 끝났다.

문화유산 답사기에는 대조사 등 여러 문화유적에 관한 얘기들이 있었는데 다 답사하지 못한 아쉬움이 있었다. 아무튼 초파일을 앞두고 이렇게 삼사를 둘러볼 수 있었던 것에 만족했다. 여전히 우리 국토의 곳곳에는 아직도 많은 유물과 보물 국보 등이 즐비해 있음을 확인해 볼 수 있었다. 요즘은 어디를 가나 관광객들이 모여 있고 생활이 여유로워졌고 윤택해졌음을 실감케 한다. 모쪼록 초파일을 맞아 우리 국민 모두에게 부처님의 자비로운 은총이 가득하기를 기원해본다.

홈카밍 40주년

계절의 여왕인 5월의 마지막 주말이었다. 오전 9시발 KTX로 서울역에서 부산역으로 가서 다음날 오후 2시 40분에 부산역을 출발해 귀경하는 일정이었다.

모두들 설레는 마음을 안고 재경동창회 32회 동기 등 일행 25명이 출발했다. 대체로 날씨는 화창했고 다소 무더운 날씨였다. 동창생들은 다들 간편한 복장이었고 어떤 이는 손가방 하나만 간단히 들고 가는 여행이었고 또 어떤 친구는 해외여행이라도 가는 지 무거운 캐리어를 끌고 왔다. 차장 밖으로는 산천의 푸르름이 눈부셨다. 모내기를 해 놓은 곳도 있었다. 2시간 15분 만에 부산역에 도착했다.

동창생인 이문영 등 2명이 마중을 나왔다. 부산역에 도착해서 곧바로 준비된 전세버스에 올랐다. 부산역에서 학교까지는 30분 정도 소요되었다. 오랜만에 만난 동창들은 지난 20주년, 30주년에 이어 10년 만에 또 다시 모교를 찾는 감회에 젖었다. 20주년에는 비행기로 30주년에는 새마을호를 전세 내어 귀향했었는데 이제는 이렇게 KTX로 내려오게 되었다. 버스가 모교에 들어서자 모두들 탄성을 자아냈다. 40년 전의 까까머리 고교생들이 60세가 되어 귀향하는 것이다. 만감이 교차하지 않을 수 없었다. 40년 성상星霜을 보내고 다시 모교를 찾은 것이다. 아치형의 교문은 이미 사라진지 오래였다. 입구쪽 건물 한쪽 벽면에 새겨진 글귀는 '우리는 자랑스런 경고인慶高人' 이었는데 낯설게 느껴졌다. 버스가 원형관 한켠에 주차를 했다. 환영 플랭카드가 덕형관에 커다랗게 걸려 있었다.

식사시간은 오후 1시부터였고 아직 시간이 일러 우리는 식당 접수대에 준비된 명찰을 목에 걸고 학교 순례에 나섰다. 예전에 못 보던 동상, 흉상들이 우리를 반겼다. 동상은 연못가 옆에 있었다. 이태석 신부 동상이었다. 아이와 같이 세워져 있었다. 아프리카에서 성자처럼 그렇게 봉사하는 삶을 살았던 자랑스러운 경고인이었다. 연못에는 비단잉어, 금붕어 등이 화려한 자태를 뽐내며 유유자적하게 유영하고 있었다. 연못가의 소나무 등은 아름드리 거목으로 성장해 있었고 40년 세월을 묵묵히 지켜왔음을 증명하는 듯하게 우람한 모습이었다.

모교는 이제 개교 76주년을 맞이하고 있었다. 그리고 가장 잘 보이는 곳에 여전히 용마상이 자리하고 있었다. 동창들은 삼삼오오 모여서 기념촬영을 하기도 했다. 흉상은 초대교장 안용백 선생이셨다. 또 다른 흉상은 고 김영삼 대통령이셨다. 또 한쪽에는 '성찰의 집' 이라 해서 승효상 선배 건축가의 작품이 설치되어 있었고 또 한편에는 6·25 한국전쟁 당시 참전했었던 선배들의 명단이 적혀져 있었다. 동창들은 학교순례를 하면서 화장실을 이용하기 위해 원형관에도 들러보았는데 거의 사용을 하지 않는 모습이었다. 결국은 교사校舍로 사용 중인 건물의 화장실을 이용할 수밖에 없었다.

점심식사는 도시락으로 준비되었다. 반찬은 LA갈비, 샐러드, 멸치볶음, 계란말이, 산적 등이었고 국은 미역국이었다. 후식으로 식혜까지 깔끔하게 준비되었다. 모두들 시장했는지 맛있게 식사를 했다. 한 시간쯤 지난 후 본격적으로 공식적인 행사가 있었다. 국산관에서 있었다. 80명쯤 되는 동창이 참석한 것이었다. 사회는 이웅길 교수가 했다. 동창회기가 입장했고 축사(동창회장, 동기회장, 재경동기회장, 교감선생님), 공로패전달, 학교발전기금 전달, 동창회발전기금 전달 등이 이어졌다. 그전에 우리 동기회의 모습이 담긴 슬라이드쇼, 학교소개 동영상 시청 등도 있었다.

최종적인 식순은 교가제창이 있었다. 마지막으로 학교순람을 마치고 덕형관 앞에서 기념촬영으로 공식적인 행사가 마무리 되었다. 동창들은 다시 버스를 타고 또 일부는 개인차량으로 부산국제여객선터미널로 이동해서 크루즈 선인 팬스타에 승선했다. 각자 배정된 호실로 가서 여장을 풀고 옷을 갈아입은 후 행사홀로 집결했다. 처음 시작은 재경동기회장이 협찬한 와인으로 시작되었다. 원형테이블에 빙 둘러앉아서 오랫동안의 회포를 풀며 이야기꽃을 피웠다. 다음은 저녁식사 시간이었다. 선상 뷔페식으로 준비된 것을 접시에 가져다 먹었다. 다른 손님들이 있는 관계로 오랜 시간동안 앉아 있을 수는 없었다. 곧바로 선상으로 올라가 바다 위로 떨어지는 낙조落照를 감상하며 기념촬영을 했다. 서산으로 지는 해를 배경으로 인증샷을 찍었다. 바람이 불었지만 결코 춥지는 않았다. 다시 3층의 홀에 삼삼오오 모여앉아 근황들을 얘기하기도 했다. 일본에서 온 친구 문우식도 있었고 멀리 칠레에서 귀국한 김상권도 있었다. 대단한 애교심이 아닐 수 없었다.

다음의 순서는 행사홀에서의 공연이 있었다. 팬스타 주말 메인 공연(판타지 매직 쇼, 색소폰 연주, 통기타 라이브, 승무원 공연 등)이 펼쳐졌다. 다음 순서는 노래자랑이었다. 승객들이 노래경연을 벌이는 형식이었다. 모두들 흥겨운 기분으로 공연을 즐겼다. 잠깐 선상에서 불꽃쇼도 펼쳐졌다. 여의도에서나 볼 수 있었던 불꽃쇼였는데 휘황찬란한 모습에 장관을 연출했다. 예전 디스코클럽을 연상시키는 식으로 댄스경연이 벌어졌다. 모두들 현란한 춤솜씨를 뽐냈다.

최종 무대는 우리만의 잔치를 벌였다. 사회는 크루즈 유람선의 전문사회자가 입담 좋게 행사를 이끌었다. 각 테이블로 대표를 추첨해서 노래경연을 벌였다. 노래는 한사람이 불렀지만 무대는 테이블에 앉았던 동창들이 모두 나와 무대가 꽉 찼다. 동기회장, 재경동기회장의 노래 '내 고향 충청도' '아파트' 가 관객의 큰 반향을 불러일으켰다. 분위기는 절정으로 치달았다. 깜짝 놀랄 여장 분장으로 관객들의 혼을 빼앗은 동창(정현옥)도 우리의 우레와 같은 박수를 받았다. 한곡씩 노래가 끝날 때마다 참석 동창들에게 상품권이 전달되었다.

식전행사로 33회 후배들의 꽃다발 증정 순서도 있었고 케이크 절단식도 있었다. 첫노래는 임주리의 '립스틱 짙게 바르고였고' 마지막 노래는 노사연의 '바램' (김욱)이었다. 일본, 칠레에서 온 친구 문우식, 김상권의 열창도 멋졌다. 마지막 노래를 할 때에는 모든 동창이 다 무대 위로 올라왔다. 노래가 끝난 후 최종적으로는 오른쪽 신발을 들고 총무의 선창先唱하에 후라경고를 했다. 1일차 행사는 이렇게 마무리가 되었다. 이제는 머리가 희끗희끗해지고 연륜도 쌓여 인생을 달관達觀하며 관조觀照할 정도가 되었다. 아직 왕성하게 활동하는 이들도 있었고 이젠 일선에서 물러나 은퇴 후의 삶을 즐기는 이들도 있었다. 많은 이들이 참석을 하지 못했지만 꿈같은 시간이었고 잊지 못할 추억을 간직할 수 있을 정도로 많은 뒷

얘기를 남겼으며 오랫동안 회자膾炙될 홈커밍 40주년 행사였다.

이번 행사를 위해 물심양면物心兩面으로 지원해준 분들에게 진심으로 감사의 인사를 전한다. 본 행사를 준비한 부산동기회 그리고 재경동기회 회장, 총무 등 모든 분들의 노고에 치하와 감사를 보낸다. 모든 동창들이 항상 건강하고 활력이 넘치는 가운데 남은 생도 멋지고 행복하게 보내길 기원한다.

홈카밍 40주년 에피소드

1. 전임 부산동기회장 이성호

그는 30주년을 할 때 부산동기회장을 했던 이다. 참고로 얘기하면 학창시절 나의 짝쿵이었다. 그의 얘기는 무척이나 특별했다. 그는 해양대학을 졸업하고 해운회사 주식회사 명성선박을 운영하고 있다. 두 아들의 아빠였다. 아이를 갖게 된 것이 너무나 힘들었고 고생스러웠다. 결혼은 일찍 했으나 쉽게 아이를 가질 수 없었다. 세상에서 하는 모든 방법을 동원하고 시도하고 애를 썼지만 쉽지 않았다. 거의 결혼 후 15년 만에 첫 아이를 갖게 되었다. 그런 아이가 이제 고등학교에 들어갔다. 둘째는 초등학교 6학년이다. 늙은 아빠가 된 것이다. 또래아이들과 다르지 않은 아빠의 모습을 보여주기 위해 애로를 겪지만 염색을 하지 않을 수 없다. 그리고 활력이 넘치는 삶을 살게 된다는 얘기다. 옥이야 금이야 신주단지 모시듯이 그렇게 아이에게 몰입하고 열중하다 보니 아이의 버릇이 나빠지기 시작했다는 것이다. 하나만 낳고 더 이상 낳지 않으려 했는데 어쩔 수 없이 또다시 둘째를 갖게 되었다는 것이다. 그러고 나니 이제 형제가 생기고 아이의 사회성도 좀 나아지고 있다는 푸념이었다. 아이들에게 신신당부를 한다고 하고 주입을 시키고 있다고 한다. 대학은 꼭 국립대학

학비만큼만 지원한다. 대학이 끝나면 바로 독립이다. 더 이상의 지원은 없다. 아버지의 재산은 이제부터는 나와 나의 아내의 은퇴 후의 삶을 위해 쓰여질 것이다. 눈독 들이지 말라.

2. 이성훈 프로

이성훈 프로는 신평골프클럽을 운영하고 있다. 무척이나 일찍 골프에 입문해서 골프클럽을 운영하는 중이었다. 그는 10년동안 술을 끊었다고 한다. 그리고 40주년 홈카밍데이에 10년만에 술을 다시 먹게 된다는 하소연을 했다. 말끔하게 백바지를 차려입고 프로골프다운 패션감각을 선보였다. 군살 하나 없이 얼마나 관리를 했는지 젊은사람 못지않는 몸매와 근육질을 자랑했다.

예전 우스개에 담배를 끊으면 일망壹亡이라고 했고 술을 끊으면 이망貳亡이라고 했다. 그리고 여자를 끊으면 삼망參亡이고 마지막으로 곡기를 끊으면 사망四亡이라고 했다. 일망은 금연 이망은 단주 삼망은 기녀棄女 사망은 단식이다.

노인을 분류할 때 7등급으로 분류한다고 한다. 노선老仙, 노고老高, 노학老學, 노옹老翁, 노궁老窮, 노고老孤, 노추老醜가 있다. 노옹은 평생 자식 뒷바라지 하느라 자신의 노후대책은 없이 말 그대로 늙은이로 사는 노인이다. 최소한 노학이상의 경지에는 있어야 하리라. 노인을 이제부터는 70세부터 노인이라고 하자는 논의가 활발하다. 하나만 덧붙이면 늙어서 불쌍해지는 것은 말년무재末年無財라는 것이 있다. 말년에 재산이 없어 고생하는 것을 이르는 말이다. 항상 은퇴후의 삶을 위해 챙겨놓아야 할 것을 준비해 두라는 의미이리라.

3. 송도케이블카

행사를 마친 우리는 팬스타 크루즈에서 하선해서 전세버스에 올랐다. 그리고 곧장 송도로 갔다. 해수욕장에는 외국인 몇 명이 따사로운 햇살에 해수욕을 즐기고 있었다. 구름다리 위로는 산책객들이 휴일의 여유를 즐기고 있었다. 우리는 버스에서 내려 곧바로 케이블카를 타러갔다. 바닥이 보이는 케이블카였다. 일행이 14명이었는데 7명씩 한 케이블카를 탔다. 케이블카가 가는 동안 얘기꽃을 피웠고 사진도 찍었다. 아래로는 송도 앞바다가 훤히 내려다 보였다. 송도해수욕장의 외곽으로는 산책길이 마련되어 있었고 목책으로 조성되어 있었다. 정동진에도 그런 식으로 산책로가 되어 있다는 얘기가 나오기도 했다. 케이블카에서 내린 우리는 3층에 있는 전망대로 올라가 단체사진을 찍었고 곧바로 내려와 다시 케이블카를 탔다. 한 시간 남짓한 시간이었지만 사모님들에게는 오랜만에 부산을 관광하고 해방감을 맛본 힐링의 시간이었다.

4. 태종대의 중식 등

케이블카를 타고 난 뒤 우리 일행은 곧바로 태종대로 향했다. 미리 예약되어 있는 기사식당에서 식사를 했다. 주 메뉴는 낙지복음과 해물탕이었다. 숙취해소에 딱 좋은 메뉴로 안성맞춤이었다. 생탁을 세 병 시켜서 마셨다. 나물 반찬도 푸짐했고 리필도 계속 이어졌다. 새우 등은 마나님들이 껍질을 제거해 주었다. 본래 예정된 상경 KTX 시간은 11시였는데 최 회장의 강력한 주장에 힘입어 오후 2시 40분으로 변경되었다는 후문이었다. 식당에서는 옆 커피숍의 20% 할인권도 제공해 주었다.

식사를 마친 우리는 커피숍으로 가서 느긋한 휴식을 즐기며 담소를 나눴다. 윤 교수의 얘기가 60대 이후에 중년남자가 갖춰야 할 다섯 가지를 읊조렸다. 첫째는 건강이라고 했다. 제일로 중요한 것이 건강이라는 얘기였다. 두 번째는 처妻였다. 아내 얘기였다. 아내가 있어야 한다는 것이다. 셋째는 사事였다. 일이 있어야 한다는 것이다. 직업적인 일도 일이지만 일정한 소일거리 내지 몰입해야 할 거리가 있어야 한다는 식이다. 넷째는 재財였다. 재산이 있어야 한다는 얘기다. 앞가림을 할 만한 정도 그리고 노후를 적정하게 보낼만한 재물이 있어야 한다는 것이다. 다섯째는 우友다. 친구가 있어야 한다. 최소 5명이 기본이라는 얘기다. 고스톱 멤버로서도 필요하고 같이 골프를 하려고 해도 최소 5명이 되어야 한다는 얘기다.

5. 기타

서울역에서 내려가는 하행 KTX에서는 화기애애한 분위기가 연출되었다. 하나의 과제가 생겼다. 본래 계획했던 인원이 모두 탑승한 것이 아니라 두 명이 남았다. 표를 팔아야 하는데 단체탑승권인데 대략 난감한 순간이 아닐 수 없었다. 그런데 차 회장이 적정하게 섭외하고 수완을 발휘해서 두 명의 여성 승객을 유치해 왔다. 그리고 차비를 받았다. 한 분은 부산행 손님이었고 또 한 분은 대구행이었다. 부산행 손님은 발권된 표를 반환하고 여유롭게 여행을 즐겼다. 문제는 대구행 손님이었다. 문제는 입석표는 승차를 한 후에는 표의 반환이 불가하다는 점이었다. 어쨌든 손님은 기꺼이 자신의 손해를 감수했고 차비를 부담하는 모습을 보여주었다. 30주년에서도 그랬던 것처럼 동창회의 활성화를 위한 많은 얘기들이 나왔다. 그것이 제대로 실현될지는 모를 일이다. 이번에 얘기는 처음에는 이렇게 시작이 되었다. 내년이면 그래도 회갑인데 그냥 지낼 수 있는가. 그래서 부부동반해서 부산으로 내려와 요트여행이라도 한 번 가야 하는 것 아니냐는 것이었다. 그렇게 시작된 얘기는 논의과정을 거쳐 해외여행으로까지 확대되었고 최종적으로는 동경 2박 3일 정도 수준에서 마무리가 되었다. 그것을 사모님들에게 의견을 구하자 모두들 대찬성의 호응을 보였다. 추진위원장은 차 회장으로 총무는 윤 교수가 맡는 것으로 결정되었다.

3부

1987

예전의 영화에 〈그 해 겨울은 따뜻했네〉라는 영화가 있었다. 박완서님의 소설을 영화화한 작품이었다. 1987년은 우리나라 역사에서 잊힐 수 없는 한 페이지를 장식한 민주화를 이룬 해였다.

흔히 얘기한다. "우리나라는 민주화와 산업화라는 것을 둘 다 이룬 나라"라고 말이다. 예전에 우리나라를 혹평한 한 외국 언론 기자가 그런 얘기를 했다. "대한민국에 민주주의가 꽃 피우기를 기대하는 것은 쓰레기 통에서 장미꽃이 피어나기를 기대하는 것과 같다." 1987년 1월 14일에 박종철 열사(여진구)가 남영동 대공분실에서 조사를 받던 중 사망했다. 당시 22세의 서울대 언어학과 학생은 고문으로 그 꽃다운 나이에 처참한 죽음을 맞이한 것이다. 박 처장(김윤석 분(강민창))은 죽음을 은폐하기 위해 화장을 지시하고 담당검사 최검사(하정우)는 부검으로 맞선다. 대공분실의 이상한 낌새를 눈치챈 동아일보 윤기자(이희준)는 취재에 발 벗고 나선다. 부검은 엄청난 우여곡절 끝에 실시되고 부검결과는 고문에 의한 치사라는 것으로 언론에 보도된다. 국과수의 법의학자들도 경찰총수의 제안에 난감해 하나 결국 부검한 결과로 진실이 밝혀진다. 경찰총수는 법의학자들에게 심장마비라고 부검서에 쓰기만 하라고 한다. 참으로 황당한 제안이고 그시절에는 그런 식의 사고방식이 통했던 시절이기도 했다. 박 처장은 "수사관이 탁하고 책상을 치니 억하고 죽었다" 라는 식으로 언론에 사건의 경위를 밝혔다. 세상은 발칵 뒤집힌다. 장례를 치르는 유족은 통한의 아픔을 지닌채 슬픔을 감내한다. "종철아 잘 가그래이 아버지(김종수)는 아무 할말이 없데이" 눈이 내리는 강가에 피끓는 젊은 청춘을 보내는 부모의 심정이 오죽했을까. 싸늘하게 죽음을 맞이한 아들의 손이라도 한 번 잡아보려는 어머니의 간절한 비원은 결국 이뤄지지 못했다. 새로운 학기가 시작되고 서울의 대학가는 민주화 시위로 바쁜 나날을 보낸다. 이한열 열사(강동원)는 새로운 신입생 연희(김태리)를 시위중 만난다. 같이 최류탄을 피해 도망 가던중 신발가게 여주인의 가게로 피신한다. 운동화를 잃어버린 이한열 열사의 신발값 5천 원을 연희는 내준다. 다시 교정에서 만난 둘은 핑크빛이 감돈다. 연희는 일찍 아버지를 여의고 슈퍼를 운영하는 어머니와 영등포 교도소 교도관 삼촌 한병용(유해진)과 살아가는 대학 초년생이다. 삼촌은 조카를 위해 마이마이를 선물하기도 한다. 태리는 열사에게 얘기한다. '그렇게 시위를 한다고 세상이 바뀌냐?' 라고 질타한다. 영등포 교도소에는 이부영님이 복역하고 있던 중이었다. 박 열사의 고문치사로 형사반장 조반장(박휘순)과 동료 한명이 복역을 하고 있다. 그들은 결국 자신들이 고문치사의 주범이 아니라는 얘기를 하고 그것이 교도관에게 흘러나간다. 그렇게 일지를 적었던 반장은 그 일지를 이부영님에게 가져다 준다. 이부영님은 그것을 한병용에게 보내 전달한다. 전달을 받는 사람은 수배 중이던 김정남(설경구)에게 전달한다. 수도권 인근 절에서 노무자로 위장해서 은신하고 있던 그는 기사를 언론사에 보내 세상에 공표한다. 삼엄한 감시망을 뚫고

기사를 전달하는 것이 보통일이 아니었다. 박 처장은 조반장을 회유해서 당분간 옥고를 치르고 나면 과실치사로 해서 집행유예로 풀어주겠다는 약속을 한다. 김정남 등 북의 지령을 받는 조직을 수사해가던 박 처장은 그런 와중에 김정남의 소재를 파악하고 대거 인원을 동원해서 체포작전에 나선다. 그곳은 성당이었다. 김정남은 좁혀져오는 포위망을 뚫고 가까스로 체포를 면한다. 박 처장은 자신들이 박 열사의 고문치사 사건을 조작 은폐한 책임으로 인해 영어의 몸이 된다. 월남한 이북출신의 박 처장은 얼마전 실제인물이 죽음을 맞기도 했다. 김윤석은 실제 박 열사의 고교 후배이기도 했다. 당국에서는 치밀하게 수사를 하던 중 영등포 교도소에서 유출된 정보라는 것을 알게되어 한병용을 체포한다. 그리고 그의 범죄를 조사하고 심문한다. 가혹하게 조사를 받는 와중에는 그는 끝까지 자신이 알고 있는 사실을 발설하지 않는다. 4·13일 위정자는 호헌조치라는 것을 발표한다. 다음해 2월에 현헌법대로 간접선거를 실시하겠다고 발표를 한 것이다. 정국은 다시 얼음장으로 변했고 시위는 본격화하기 시작했다. 6·10항쟁이라는 사태가 벌어졌다. 이한열 열사는 시위도중 최류탄을 맞아 사경을 헤메게 되었고 7월 5일에 영면했다. 결국 정부는 6·29 선언이라는 형식을 통해 국민의 직접선거에 의한 대통령 선거를 하겠다고 선언을 한다. 슈퍼에 배달되어 오는 신문을 통해 열사의 소식을 알게 된 태리는 오열한다. 역사가 뒤바뀌는 6개월간의 장정이 다큐멘터리처럼 묘사되었다. 항상 혼동되는 것 중의 하나가 의사와 열사에 관한 부분이다. 국어사전에 나온 것으로 보면 이렇다. 열사는 나라를 위하여 절의를 굳게 지키며 충성을 다해 싸운 사람이다. 의사는 나라와 민족을 위하여 제 몸을 바쳐 일하려는 뜻을 가진 의로운 사람이다. 보훈처에서 정의하는 것은 이런 식이다. 열사란 맨몸으로 저항하여 자신의 지조를 나타내는 사람이다. 의사는 무력으로 항거하여 의롭게 죽은 사람이다. 예를 보면 열사는 유관순, 이준, 전태일, 김상진 등이다. 의사는 안중근, 윤봉길, 이봉창 등이다. 영화 1987은 두 열사의 얘기이기도 하고 우리의 얘기이기도 하다. 암울했던 시대에 처절했던 민주화 과정의 한 단면이었다. 역사의 수레바퀴를 바꾼 한 획을 그은 사건이기도 했다. 독일의 레지스탕스의 사람들의 얘기를 했었던 아무도 미워하지 않는자의 죽음이란 책이 있었다. 정말 그렇게 평화를 위해 자유를 위해 젊은 목숨을 초개처럼 버리면서 쟁취하고 지키고자 했던 이상, 이념은 정당하고 고귀했던가. 독립운동가들의 자손들은 헐벗고 가난함에 비해 호위호식했고 세파에 영합했던 친일파 반민족주의자 등은 안락하게 세상을 사는 부조리함이 울분을 쌓게 만들었던가? 누군가 그런 얘기를 했었다. 민주주의란 피를 먹고 산다 그리고 그 피 위에서 민주주의가 꽃피운다고 했다. 오늘날의 대한민국이 있기까지 피를 흘리고 애쓰신 모든 민주투사들의 열정 속에서 민주화가 이뤄지고 성장발전해서 완성되어 가리라. 서구에서 오랜세월을 거치고 엄청난 유혈 내지 무혈 혁명을 통해서 이뤄냈던 것이 오늘날의 근대화였고 민주화였다. 촛불혁명이 오늘날의 문민정부를 만들어냈다. 이제는 이런 민주정부가 제대로 국가와 국민을 위한 정부와 나라다운 나라를 만들어가도록 모든 국민이 심혈을 기울여야 하리라.

냉정과 열정사이

지난 겨울 이탈리아 피렌체의 두오모 성당을 관광하던 때에 〈냉정과 열정 사이〉라는 영화를 알게 되었다. 책으로도 시중에 나와 있었다. 특이한 부분은 책이 한 권이 아니라 두 권이라는 부분이었다. 한 권은 로쏘판이라 했고 또 한 권은 블루판이었다. 로쏘판은 여자의 관점 즉 아오이의 시선으로 쓴 것이고 블루판은 남자 아가타 쥰세이의 시각으로 쓰여진 것인데 작가가 각각이었다. 로쏘판은 에쿠니 가오리(여. 1964~ 무라사키 시키부문학상 수상. 〈반짝반짝 빛나는〉 〈도쿄타워〉 〈즐겁게 살자, 고민하지말고〉)란 작가가 썼고 블루판은 츠지 히토나리(1959~ 아쿠타가와상 수상)란 작가가 썼다.

로쏘란 이탈리아어로 빨강을 얘기한다. 냉정과 열정사이라는 작품의 주인공은 아가타 쥰세이(아케노우치 유타카)와 아오이(진혜림〈중국, 홍콩〉)이다. 조연은 아오이의 남친으로 나오는 마빈(왕민덕)과 쥰세이의 새 여자친구 메이(시노하라 료코)라는 이다. 아오이는 이탈리아에서 살다가 일본으로 유학을 갔다. 그곳에서 우연히 쥰세이를 만나 서로 마음이 통하는 사이가 되었다. 19살이었던 때에 만나 사랑을 키웠다. 교정에서 데이트를 하는데 한쪽에서는 첼로를 연주하는 이가 있었다. 꼭 같은 곳을 계속해서 틀리면서 연주를 반복했는데 그럴 때마다 두 연인은 웃음을 지었다.

10년 후쯤인 30세 생일날에 두오모 성당 전망대에서 만날 것을 약속했다. 그곳은 영원한 사랑을 맹세하는 곳이었다. 그 세월 10년 사이에 엄청 많은 변화와 우여곡절이 있었다. 아오이는 밀라노의 보석상에서 점원으로 일하고 있었다. 쥰세이는 대학을 마치고 피렌체에서 유화복원사 과정을 수련으로 받고 있었다. 한 공방에서 수련 받으면서 공부를 하던 시기였다. 스승 조반니의 추천 속에 모두의 관심과 부러움 속에 치골리의 작품을 복원하는 일을 맡아 그것에 몰입한다. 그는 친구를 통해 아오이가 밀라노에 있다는 것을 확인하기 위해 밀라노에 간다. 그녀는 이미 새로운 남자친구와 깊은 관계에 빠져 있었다. 그는 냉정하게 변해버린 그녀를 통해 새롭게 마음을 다잡고 피렌체로 돌아온다. 그런데 사건이 벌어졌다. 그가 밀라노에 간 사이에 작업하던 치골리의 작품이 칼로 난도질당한 사건이 생긴 것이다. 그는 자신이 범인이 아니라고 항변했지만 소용이 없었다. 사건을 추궁하고 수색했지만 범인 밝혀지지 않고 공방만 폐쇄되는 일이 벌어진다. 이젠 자신이 있어야 할 근거지가 없어진 것이다. 안타까운 노릇이었다. 결국 쥰세이는 모든 것을 정리하고 일본으로 돌아온다. 그리고 아오이가 왜 자신을 떠나갔는지 알게 된다. 그녀는 그의 아이를 임신했는데 이로 인해 상속재산에 다툼을 우려한 쥰세이 형님에 의해 임신중절을 하게 되었던 것이고 이런 연유로 그녀는 결별했던 사연이 있었다. 쥰세이는 형님에게 왜 그렇게 무도하게 아이를 지웠냐고 반발하고 항변했지만 이미 엎질러진 물이었다. 그는 그녀에서 편지로 이러한 사정을 알리고 사죄한다. 두 연인이 열정적으로 사랑했던 때는 과거였다. 이젠 냉정하게 이성적으로 판단해야 했고 더 이상 깊은 관계를 지속적으로 이어가서는 되지 않는 것이다. 그러나 둘은 그 예전시절을 그리워하고 안타까워하면서 맺어지지 못한 아픔을 달래는 것이다. 편지를 읽고 난 뒤 비 오는 날에 아오이는 전화를 한다. 동경에 있는 아가타에게 어렵게 전화를 건다. 그러나 그녀는 솟구쳐 오르는 벅찬 심정을 주체하지 못한 채 한마디도 말을 건네지 못한다. 쥰세이도 아오이인 줄 직감적으로 느끼지만 어떻게 해 볼 도리가 없다.

그러던 어느 날 쥰세이의 스승이었던 조반니가 자살하는 사건이 벌어진다. 그리고 그는 장례식 참석을 위해 피렌체로 돌아온다. 그리고 그의 친구로부터 조반니가 치골리의 작품을 난도질한 범인이었음을 듣게 된다. 그리고 어쩌면 그녀는 한편으로 쥰세이를 사모했는지 모른다고 했다. 마빈은 더할나위없이 아오이에게 지극정성으로 대하고 사랑한다. 그러나 아오이의 마음속에는 쥰세이가 자리하고 있음을 안다. 두 사람은 한동안 냉각기를 갖기 위해 떨어져 있기도 하고 별거도 해보지만 둘이 하나의 마음으로 합쳐지기가 쉽지 않다. 마빈은 일자리를 쫓아 LA로 가고 비행기 티켓을 아오이에게 건넨다. 과연 그녀가 비행기를 타러 올 것인지 고민되는 순간이다. 결국 아오이는 고민하던 끝에 LA행 비행기에 오른다. 얼마 후 약속했던 10년 후 아오이의 생일이 돌아오고 쥰세이는 두오모 성당 전망대에 오른다. 그녀는 마빈에게 그렇게 얘기한다. 인생 일대의 가장 중요한 약속을 이행하기 위해서 간다. 더 이상 말리지 말라. 하늘이 두 쪽나더라도 실행할 수밖에 없으니 양해해 달라. 그는 설마 그녀가 나오리라 상상할 수 없었다고 실토하고 다음의 스케줄은 아무것도 준비하지 못했다고 한다. 그러자 그녀는 그를 끌고 한적한 공원에 데리고 간다.

그곳에서는 10년전 첫키스를 할 때 들었던 음악이 흐르고 그때 그 연습생이었던 첼리스트가 연주를 하고 있는 기적같은 일이 벌어진다. 두 사람은 꿈같은 2박 3일간의 시간을 보내고 작별을 고한다. 아오이가 남긴 말은 '사요나라' 였다. 안타까운 일이었다. 아오이를 보내고 그는 우연히 공원에 갔다가 공연 티켓을 본다. 그리고 그 공연이 피렌체에서만 있는 것이 아니라 밀라노에서도 있었다는 것을 알게 된다. 그리고 그 첼리스트에게 물어본다. 어떻게 그 곡을 연주하게 되었는지를 말이다. 그러자 그는 밀라노에서 아오이에게서 신청을 받았고 부탁을 받았다. 그러니까 아오이는 모든 것을 계획했고 그가 오리라는 것도 믿고 있었다는 설명이었다. 그는 부랴부랴 채비를 해서 오토바이를 타고 피렌체 역으로 달려간다. 밀라노행 열차에서 내려 그녀가 나올때까지 기다린다. 그리고 그와 극적인 재회를 한다.

로쏘판은 에쿠니 가오리가 아오이의 입장에서 쓴 것이다. 거의 대부분이 마빈과 아오이의 관계를 중심으로 얘기가 전개되었다. 다카시란 친구와 세사람이 절친이었다. 다카시는 밀라노에서 같이 학창시절을 보냈고 일본에서의 유학도 같이 했던 친구였다. 마빈과 같이 만나기도 하는 등 사연이 많았다. 안젤라란 마빈의 누나와 스위스로 여행을 떠나기도 하고 친구의 결혼식에 참석하기도 한다. 쥰세이와 이별하게 된 사유로 영화에서는 쥰세이의 아이를 낙태시킨 것으로 형님이 종용했던 식으로 묘사가 되었는데 로쏘판에서는 계류유산으로 나왔다. 어린시절 아오이는 밀라노에서 보냈고 쥰세이는 뉴욕에서 보냈다. 그리고 중간에 만남도 없었고 편지만 보냈고 전화만 일본으로 했었는데 자동응답기의 대답만 들었다. 두오모에서의 만남에서 3일간의 만남으로 피날레를 장식하는 것으로 소설은 끝난다. 마빈이 5월말에 미국으로 돌아가는 것으로 같이 가자고 제의를 해 두었다. 그녀는 최종 선택을 어떻게 할지 하는 부분은 독자의 몫으로 남겨졌다.

냉정과 열정사이란 것에서 느껴볼 수 있는 부분은 그랬다. 제대로 사랑하는 사람과의 관계라는 것은 끝없이 지속되어야 하고 가슴속에 간직되어야 하는 부분이다. 가슴속 깊이 간직된 관계가 진정한 관계인 것인가. 열정이 다 식어버린 상황에서도 끝까지 지키고자 했던 약속이 어떤 의미가 있을 것인가. 지속가능하고 영속할 수 있는 관계가 과연 현실세계에서 가능한 부분인가. 서로를 갈구하고 애타하는 부분에서 가득한 그리움이 그런 것일까. 냉정함 속에서 제대로 원하는 바를 이룰 수 있는가. 이룰 수 없는 사랑이란 것이 진정한 의미에서 사랑의 완성일 수 있을까. 사랑에 관한 많은 것을 생각하게 하는 작품이었다.

독전

얼마 전에 〈독전〉이라는 영화에 관해 들었다. 연애정보프로였다. 보령 역을 맡은 진서연이라는 배우의 마약중독자 연기가 압권이었다는 얘기였다. 제대로 역할을 연기할 배우를 찾기 위해 동분서주했고 시나리오를 고칠 각오도 있었다는 후문이었다. 한효주가 추천을 해서 진서연이 오디션을 통고했고 지독한 연기에 홍석천도 충격을 받았고 제대로 연기한 것에 후한 평가를 내렸다. 3개월간 다이어트를 해서 6킬로그램을 감량했고 바싹 마른 몸매를 선보였고 실제 연기를 할 때에도 물 한모금도 마시지 않았다는 후문이었다.

영화는 홍콩영화 마약전쟁이라는 것을 리메이크한 작품이었다. 한동안 미드를 휩쓸었던 소재가 마약과 감옥의 얘기였는데 오랜만에 우리의 마약얘기를 볼 수 있었다. 마약을 흡입하는 장면, 마약에 취해 해롱대는 모습 또는 조원호 팀장(조진웅 역)이 쇼크상태에 빠지고 죽음직전까지 가는 장면 등은 보통은 상상할 수 없는 장면들이었다. 아시아를 주름잡는 마약조직망의 배후인물 이 선생을 오랫동안 쫓아온 원호가 미성년 여자아이를 미끼로 조직에 잠입시키나 결국 죽음을 맞이하는 것으로 충격을 받는다. 그녀는 마지막에 손톱자국으로 8자를 그리고 사망한다. 나중에 나오는 인물 브라이언 이 이사(차승원)로 나오는데 그의 반지에 8자가 있다. 다음으로 이어지는 사고는 건물의 폭발사고였다. 그쪽에 볼일을 보러갔다가 거의 반죽음상태에 빠진 페인트회사 회장 이연우(김성령 분)은 겨우 정신을 수습하고 곧바로 차를 몰고 경찰서 마약반을 찾는다.

원호는 그녀에게서 이 선생에 관한 얘기를 듣는다. 그녀는 국밥을 시켜 먹고 저혈당으로 인한 쇼크사로 경찰서에서 어처구니없게 죽는다. 마약을 제조하던 공장에서 구사일생으로 살아남은 락(류준열분)은 자신을 키워준 엄마가 죽은 모습을 확인하고 오열한다. 그가 아끼던 개가 진돗개라 한다. 그런데 이름은 라이카로 불렀다. 개도 심한 부상을 입고 동물병원에 입원한다. 락은 원호를 만나 이 선생에게 복수하기 위해 자진해서 조 팀장을 돕기로 한다. 특급호텔에서 중국인 마약상 진하림(김주혁분)을 만나 협상을 진행한다. 진하림은 거의 마약중독상태인 듯 개차반으로 행동한다. 총을 갖다 대기도 하고 눈알을 담은 술을 같이 마시기도 한다. 그의 부인 보령(진서연)도 한가닥하는 모습을 보여주고 락(류준열)을 희롱하기도 한다. 둘이 보는 가운데 진한 키스장면을 연출하기도 한다. 같은 호텔 바로 아래층에서는 이선생의 똘마니 박선창(박해순)과 락이 만나는 장면이 연출되기도 한다. 조진웅의 마약을 흡입하는 장면 또는 협상을 진행하는 속에서 긴장감이 흐른다. 마약원료를 받아 태안의 마약조제공장으로 이동을 한다. 농아 남매가 마약을 조제해준다. 거의 트럭 가득 원료를 가져갔는데 마약이 조제되어서는 007가방 한 가방 정도 수준이었다. 농아남매는 불에 타죽은 락의 어머니를 위해 간단하게 제물을 차리고 제사를 지내게 해준다. 보령은 공장을 급습하고 브라이언 이 이사도 한몫한다.

태안 마약제조 공장에서는 밤새도록 공장을 가동해서 마약을 조제한다. 그러던 중에 마약공장을 급습한 조직원 등에 의해 마약반 형사가 죽음을 맞이하기도 한다. 마약을 판매하는 과정에서 진하림과 조팀장은 한판 대결을 벌리고 최후의 순간에 락이 총을 발사해 진하림을 살해한다. 락은 브라이언 이 이사에게 혼줄이 난다. 박선창도 안면 구타를 당해 만신창이가 된다. 재벌그룹(화학)의 회장이던 이학승 회장이 죽음을 맞이했다는 뉴스가 나온다. 브라이언 이사는 용산역에 아지트를 만들고 그곳에 락을 초청한다. 조 팀장, 락은 브라이언 이와 한판 대결을 펼치고 어려움을 겪지만 결국 브라이언 이를 체포하는 것은 락이었다. 락은 그의 개와 엄마가 당한 것처럼 브라이언 이의 등에 화염으로 화상을 입힌다. 락은 박선창의 손목을 절단해 브라이언 리에게 보낸다. 마약상과 일전을 불사한 조 팀장은 마약전쟁에서 영웅으로 급부상한다. 이로써 막을 내리는가 싶다.

하얀 백설이 내린 길을 SUV차량을 타고 조 팀장이 간다. 조 팀장은 라이카에게 칩을 심어두었다. 락이 개를 데리고 갔다는 것을 간파하고 그를 추적해 간다. 백설이 온 세상을 덮은 가운데 외로운 집에 락은 개와 농아남매와 살고 있었다. 한 발의 총성이 울리고 조 팀장은 쓸쓸히 문을 열고 나온다.

원작인 마약전쟁은 조금은 차이가 있었다. 시작은 한 마약중독자가 차를 몰고 비틀비틀 운전을 하다 거리 대로변의 식당으로 돌진한다. 다음은 버스를 타고 고속도로로 진입하던 중에 차에 이상이 생겨 물을 공급받기 위해 갓길로 가던 중에 낌새를 눈치 챈 마약반이 마약중개상들을 체포하는 일이 벌어진다. 마약을 생산하던 공장에서 폭발이 일어난다. 한 남자는 구사일생으로 살아남지만 자신의 아내와 처남 등이 화재로 사망한다. 그는 경찰과 공조하면서 마약거래를 한다. 반장과 함께 마약상을 만나고 마약상 행세를 하기도 한다. 반장은 마약을 과다흡입해서 곤욕을 치른다. 얼음물에서 거의 죽다 살아난다. 락 같은 역을 하는 이가 공장에 잠입을 하고 몰래 카메라 식으로 공장을 동영상으로 촬영하나 농아들은 비밀통로로 유유히 빠져나간다. 비밀통로를 숨긴 것으로 오해받아 혼줄이 나기도 한다. 해안가에서 마약협상을 벌이는 중에 배들을 운항시키는 실력을 과시하기도 하고 거래는 결국 호텔 나이트클럽에서 벌어진다. 한바탕 싸움이 벌어지고 엄청난 사상자가 발생하기도 한다. 결국 마약상과 경찰 간의 추격전이 벌어지고 시가전을 벌인다. 반장도 최선을 다하지만 결국 마약상들의 조직원이 쏜 총에 죽고 만다. 그는 최후까지도 본분에 충실하고자 한다. 그래서 그의 팔에 수갑을 채우고 락같은 이의 발목에 수갑을 채워 범인의 도주를 막는다. 결국 경찰의 손에 잡히게 된 락같은 이는 사형선고를 받고 죽음으로 죄값을 치른다.

중국 원작과 한국 독전은 서로 다른 점이 너무 많았고 비슷한 부분도 있었지만 느낌면에서도 달랐다. 기묘한 마약운반 장면 또는 총격전 등은 예전 대부 등에서 마피아를 흉내낸 듯한 느낌을 주기도 했다. 보다 잔인하고 끔찍한 부분이 흥행에 마이너스로 작용하지 않을까 염려되기도 했다.

러브레터

영화 〈러브레터〉는 일본 영화감독 이와이 순지의 작품으로 1995년에 개봉되었다. 우리나라에는 1999년에 들어와 개봉되었다. 그리고 2007년도에 다시 한 번 개봉되었다. 순백의 설원 위에서 '오겡끼데스까'를 외치던 주인공 여자를 어디선가 본 기억이 되살아났다. 왜 그렇게 가슴 아프게 절규했을까? 영화를 본 후 이 의문은 쉽게 풀렸다. 명대사로 손꼽히는 것이 있었다. "가슴이 아파 이 편지는 차마 보내지 못하겠어요." 등장인물부터 소개한다. 후즈이 이츠키역과 와타나베 히로코 두 사람역을 한 사람의 배우가 주인공으로 1인 2역을 한 셈이다. 배우 이름은 나카야마 미호란 이이다. 그녀의 현재의 남자친구 시게루 아키바(토요카와 에츠시분)이다. 세 번째 등장인물은 남자 이츠키의 엄마역을 맡은 한 분사쿠다. 여자 이츠키의 할아버지역은 시노하라 카르유키가 맡았다. 소녀 후즈이 이츠키역은 사카이 미키가 맡았고 소년 후즈이 이츠키역은 카사라바라 타카시가 열연했다. 순정영화의 진수를 보여준 작품이었다. 와타나베 히로코는 2년 전에 죽은 연인 후즈이 이츠키의 추도식에 참석한다. 추도식을 마치고 그의 어머니를 따라 집에 온 그녀는 어머니가 보여준 앨범 속에서 이츠키의 주소를 발견하고 그 주소를 손목에 적어놓는다. 그리고 얼마 후 천국으로 편지를 보냈다. 이츠키의 주소도 국도로 변해버린 주소였고 사라진 집의 주소였음에도 불구하고 신기하게도 답장이 온다. 이츠키가 중학교에 다니던 시절의 사연들이 계속 편지를 통해 소개된다. 반장선거를 하는 과정에서 두 사람의 친구들의 놀림거리가 된다. 반장선거에서는 아깝게 떨어졌지만 남자 이츠키와 여자 이츠키는 도서반장에 선출된다. 도서관에서 사서로서 일을 보게 된다. 봄바람이 스며드는 커튼 사이로 책을 읽고 있는 남자 이츠키의 모습은 어린 소녀들의 동경의 대상이 된다. 영어시험지를 받은 여자 이츠키는 형편없는 점수에 대략 난감해 한다. 남자 이츠키의 시험지가 자신에게 온 것이었다. 방과 후 자전거 주차장에서 하염없이 그를 기다렸다. 아무도 빌려가지 않은 책의 첫 칸을 채우기를 좋아했던 이츠키는 어느 날 갑자기 마르셀 프르스트의 〈잃어버린 시간을 찾아서〉란 책을 들고 찾아온다. 자기대신 책을 반납해달라는 부탁을 남긴다. 다음날 학교에 간 여자 이츠키는 남자 이츠키가 갑작스럽게 이사를 갔고 전학을 가게 되었음을 알게 된다. 남자 이츠키는 육상선수였다. 학교생활을 하던 중에 다리를 다치게 되고 기브스를 한다. 그런 연후에 학교 대표선발전이 있게 된다. 남자 이츠키는 압박붕대를 감고 경기에 참가한다. 그리고 선수와 부딪쳐서 넘어지는 불상사를 당하게 된다. 운동장 스탠드에서 이 모습을 지켜보던 그녀는 카메라에 사고의 순간을 담기도 한다. 와타나베 히로코는 여자 이츠키에게 운동장의 모습을 사진으로 찍어서 보내달라는 부탁과 함께 폴로라이드 사진기를 보낸다. 눈덮인 운동장의 모습을 카메라에 담아 찍으면서 그와의 아름다웠던 나날들을 회상한다. 천국에서 온 편지의 사연을 과연 누가 보냈을까를 확인하기 위해 와타나베 히로꼬는 그녀의 남자친구와 함께 여자 이츠키를 만나러온다. 히로꼬는 그녀의 집앞에서 그녀에게 편지를 쓴다. 그리고 우편함에 그것을 넣어둔다. 택시를 탄 그녀는 그녀가 히로꼬를 닮았다는 얘기를 듣고 이츠키가 여자 이츠키를 닮았기에 히로꼬와 사랑에 빠졌던 것은 아니었을까 생각하게 된다.

여자 이츠키는 성장해서도 도서관 사서로서 일을 하고 있다. 어느 날 모교의 도서관을 찾아간다. 그리고 선생님을 만나고 도서관에 가서 후배 도서반원들을 만난다. 도서반원들은 열람카드에서 후즈이 이츠키를 찾는 게임을 하는 얘기를 들려준다. 85권에서 이츠키의 이름을 찾았다는 말에 놀라기도 한다. 어느 날 도서관의 도서반원들이 한꺼번에 몰려와 〈잃어버린 시간을 찾아서〉란 책을 여자 이츠키에게 돌려준다. 그리고 열람카드를 보여준다. 그 뒷면에는 여자 이츠키의 모습이 연필 데생화로 그려져 있었다. 명대사가 여기서 탄생한다. '가슴이 아파 차마 이 편지는 보내지 못하겠어요' 자신이 그를 사랑했기 때문에 보내지 못했다는 것인지 그가 그녀를 사랑했음을 그녀에게 알려서는 안 될 것이었기에 그 사연을 보내지 못했는지 모를 일이다. 히로꼬는 이츠키의 조산사고를 당했던 산과 산장을 현재의 남자친구 아키바와 함께 찾는다. 산장에서 하루를 묵은 후 다음날 새벽에 일출을 보러가자는 남자친구의 권유를 좇아 바깥으로 나온다. 그리고 절규한다. 산을 향해 순백의 눈덮인 호타루에서 '오겡끼데스까? 와타시와 오겡끼데스' 메아리로 답변이 돌아오지만 세 번을 목놓아 외친다. 이제는 그와 작별을 해야 하는 것이 아닌지 모르겠다. 이제는 그를 떠나보내고 그와 작별해야 하리라. 그녀는 그에게서는 프로포즈를 받지 못했다. 두 시간 동안이나 미기적거리며 머뭇거리는 이츠키에게 그녀가 먼저 프로포즈를 하고 말았다. 여자 이츠키의 아버지는 돌아가셨다. 지독한 감기가 걸렸었는데 방치했다가 폐렴으로 악화되었다. 눈이 내리는 날이었다. 폭설이 내렸다. 119구급차가 오는데 한 시간이 걸린다는 얘기였다. 할아버지는 아버지를 업고 뛰셨다. 병원을 향해 그리고 병마를 이기지 못하고 불귀의 객이 되고 말았다. 이번에는 이츠키의 차례였다. 열을 재어보니 41도를 넘기고 있었다. 바깥에는 폭설이 쏟아지고 있다. 할아버지는 자신이 들쳐업고 병원까지 뛰겠다는 얘기를 한다. 어머니는 구급차를 기다리는 것이 좋지 않겠냐고 하는데 1시간이 걸린다는 말에 할아버지의 의견을 따른다. 담요를 덮고 병원을 향해 76세의 할아버지가 뛴다. 병원에 도착해서 두사람 모두 응급실에 입원한다. 할아버지의 노익장이 대단했다. 첫사랑의 아련한 순애보가 가슴을 먹먹하게 한다. 진정한 사랑이 힘을 발휘한다. 그리고 그것은 어떤 어려움도 극복할 수 있는 동인을 제공하고 원동력이 될 수 있다.

러브레터가 보여주는 것은 그 어떤 스킨십도 없으면서 아련하게 애달파하는 안타까운 가슴 저린 사랑이 얼마나 절절한 그리움인가를 보여준다. 그는 어떻게 사랑했는가. 그리고 그 사랑은 진심으로 관객의 심금心琴을 울리는 아련한 그리움이요, 기다림이었으리라.

명당

2018년 추석개봉영화로 〈명당〉이 〈안시성〉 등과 같이 개봉이 되었다. 200만 정도의 관객수를 달성했다. 주연에 조승우가 명지관 박재상의 역을 맡았다. 젊은 흥선역에는 지성이 맡았고 김좌근역에는 백윤식이 맡았다. 관상과 좀 유사한 느낌이었다. 관상은 흥행에서 성공한 편이었는데 명당은 흥행에 실패했다.

첫 시작은 효명세자의 독살부터 시작이 된다. 안동 김씨의 모략에 의해 독약을 먹고 피를 토하며 살해된다. 세자의 묏자리를 놓고 대립을 보인다. 박재상은 대가 끊길 것이라고 항변하지만 받아들여지지 않는다. 그렇게 바른말을 한 박재상은 집이 불타고 처자식이 죽임을 당하는 핍박을 당한다. 10여 년이 흐르는 사이 천재지관 박재상은 전국에 이름을 떨친다. 박재상과는 달리 라이벌 지관으로 명성이 자자했던 정만인 지관은 안동 김씨에게 천하명당 두 곳을 얘기한다. 예산 덕산의 가야산 가야사 자리였다. 만석군을 내는 자리와 두 명의 왕을 후손으로 두게 되는 자리였다. 장동 김씨(서울청운동을 별칭으로 장동이라함)의 수장 김좌근은 자신의 아버지 묘를 명당자리에 묻고 효명세자는 흉지에 묻는다. 이런 사실을 알게 된 순조는 묘를 파헤치고 실상을 보게 된다. 세자의 묘에는 물이 흥건히 고여 있고 뱀까지 또아리를 틀고 있었다. 분노한 왕은 군사를 이끌고 김좌근을 찾아가지만 막강한 권력을 차지하고 있던 정권실세에게 압도당해버리고 치죄치도 못하고 굴욕적인 치욕만 당하고 물러난다. 이런 상황하에서 흥선은 김좌근의 생일잔치에 찾아가고 김병기의 가랑이 사이를 기어가는 치욕을 겪기도 한다.

그 당시 흥선은 상갓집 개라는 별호를 가질 만큼 파락호로 행세하면서 자신의 야망을 감춘다. 흥선은 천하장안이라는 자신의 수하를 데리고 명당을 차지하기 위한 방안을 모색해 간다. 박재상은 김좌근의 집에 숨겨진 묘혈도를 훔치려 한다. 초선이 알려준 길을 찾아들어간 그들은 장동 김씨 조상들의 묘혈도를 훔쳐서 나오는데 성공한다. 이런 상황아래서 흥선은 이들을 도우기 위해 김좌근의 집에 들어가 행패를 부리다 혼이 나고 쫓겨나온다. 박재상은 상가의 위치도 적절하게 배치하기도 하고 아들을 낳으려는 양가집 처자의 소원을 들어주기 위해 자리를 어떻게 마련하라고 조언하기도 한다. 초선이란 기생은 김좌근에게 부모를 잃게 되고 그에게 복수하기위해 김병기의 수하에 들어간다. 그리고 정만인의 거처를 흥선, 박재상 등에게 알려주게 된다. 이런 연유로 인해 흥선은 정만인 지관을 찾아가고 그 천하의 길지 명당을 알게 된다. 그들은 수하를 데리고 길지로 간다. 가야사에서 흥선과 김병기 등 일당은 맞부닥치게 되고 명당을 차지하기 위해 대결을 펼친다. 결국 흥선이 승리하게 되고 명당은 흥선의 아버지 남연군이 묻히게 된다. 석회로 도복을 하는 등 도굴에 방비책을 마련한다. 속설에는 철물을 부어서 결코 파헤쳐지지 않도록 한다. 비밀을 폭로한 것으로 인해 초선은 죽임을 당하고 만다. 흥선과 박재상은 거의 친구처럼 지기로 나온다.

말 그대로 흥선은 명당을 차지하게 되고 두 명의 왕을 배출하게 된다. 세월이 흘러 박지관은 독립운동가들이 신흥무관학교를 세울 길지를 정하는 역할을 하게 되고 무관학교의 이름까지 명명하도록 지어주게 된다. 박재상 지관은 가상의 인물로 영화를 위해 탄생한 인물이었다. 영화상으로 박재상은 흥선이 천하명당을 차지하는 것에 관해서 무척이나 안타까워한다. 왕이 두 명이 배출되기는 하지만 그것으로 인해 왕조가 끝나게 된다는 것에서 애닯아한다.

역사적으로는 정만인이 직접 흥선군을 찾아가 천하의 명당을 알려준다. 속설에는 안동 김씨에게 찾아가 난을 쳐주고 거금을 받아 묏자리 이전을 위한 자금으로 활용했다는 얘기도 있었다. 덕산 가야사 명당에 관한 현대적 기록은 유홍준 교수의 문화유산 답사기 1권에 그것과 관련된 얘기가 기록되어 있다. 본래 알고 있었던 부분과는 상당히 차이가 나는 부분이 많았다. 역사적으로는 오페르트의 도굴사건이 있었다. 개국을 압박할 목적으로 독일에서 남연군묘를 도굴하는 일이 발생된 것이다. 그러나 그들은 그렇게 도굴을 시도하려다 제대로 도굴도 하지 못하고 도망가는 일이 된 것이다. 좌청룡 우백호 등으로 명당을 판가름하기도 한다. 요즘의 세상에는 그런 부분들이 별로 효험이 없으리라. 주연배우 조승우는 그렇게 얘기하기도 했다. 카메라보다는 무대가 더 익숙했다. 흥선은 명당을 차지하기 위해 가야사를 불태웠다. 그래서 후 정권을 잡은 후에는 맞은편에 보덕사라는 절을 세워 은덕에 보답하기도 했단다. 명당의 터를 소개한 정만인은 어떻게 되었을까 그는 대원군에게 무엇을 받았을까. 그가 요구한 것은 해인사의 팔만대장경을 마음대로 항상 볼 수 있는 권한을 달라고 했다. 그는 왜 그런 요구를 한 것일까. 그것은 해인海印을 찾으려는 목적이었다. 해인海印은 불교 용어 중 하나로, 부처의 지혜로 우주의 모든 만물을 깨닫는 것을 의미한다. 그것을 사용한 예화는 사명당이 일본에 우리 포로들의 코를 찾으러 갔을 때 일이었다. 도력을 시험하기 위해 엄청난 불을 때서 화력을 집중시켰는데 사명당은 해인을 갖고 있었고 그가 쓴 글은 얼음 빙氷자를 써서 아무렇지도 않게 그 방을 빠져나왔다는 일화가 있다.

속설에는 정만인은 그 해인을 찾아서 사라졌다는 얘기가 전한다. 명당이나 길지로 유명한 또 하나의 터로 유명한 곳은 동탁 조지훈의 집터로 알려져 있다. 경북 영양쪽에 있는 터로 그렇게 명당이라는 소문이었다. 집터로서 더할 나위 없이 좋은 터였다는 것으로 풍수 꽤나 한다는 사람은 모두 거쳐 갔고 그곳을 꼭 가봐야 한다는 얘기였다. 영화에서도 문필봉을 바라보는 명당 집터가 나온다. 길지의 하나로 얘기되는 것에 애버랜드 터였다. 성명철학자 백운학 씨라는 분이 그때 당시로는 정말 힘든 일이었는데 항공 촬영된 경기도 지도를 펴놓고 찍은 곳이 현재의 애버랜드 터라는 얘기였다. 본래는 안성의 대림동산이 처음에 대상지로 선정이 되려던 순간이 있었는데 안성유림의 반대로 무산되었다는 소문이 있었다.

명당은 언제나 임자가 있는 것이다. 언제나 길지를 차지하고 명당을 갖게 되는 이는 결국 제대로 덕을 쌓았고 업을 쌓았던 이에게 돌아가야 하는 것이 순리이리라. 모든 이에게 명당이 돌아갈 수는 없도록 되어 있는 것이 세상사이리라. 아무튼 명당은 모든 이들의 소망하는 바인 것만은 분명해 보인다. 후손들의 부귀영화를 바란다면 명당을 구해야 하고 그러려면 결국 제대로 세상을 살아야 하고 덕을 쌓아야 하는 것이 철칙이지 않겠는가.

무기여 잘 있거라

얼마전에 TV에서 오래된 영화 〈무기여 잘 있거라〉를 보았다. 미국작가 헤밍웨이의 작품이었다. 〈무기여 잘 있거라〉에 못지않게 유명한 작품이 〈누구를 위하여 종을 울리나〉였었다. 스페인 내전에 참가한 미국인의 사랑과 죽음에 관한 소설이었다. 초기작으로 〈내일은 또다시 해가 뜬다〉라는 작품이 초기작이다. 플리처상 노벨문학상에 빛나는 작가였다. 인생의 막판에 우울증에 걸려 권총자살로 생을 마무리 했었던 작가였다. 킬로만자로의 표범을 생각나게 하는 작가였다. 세계 곳곳을 답사했으며 멕시코에서 뜨거운 햇볕아래에서 노인과 바다를 집필하기도 했었다. 의사의 아들로 태어나 유복한 생활을 했음에도 직접 전쟁에 참가하고 전후작가로서 대표적이었던 그의 행적은 언제나 파란을 불러일으키기도 했었다. 소위 말하는 잃어버린 세대를 대표하는 전후작가로서 명망이 높았다. 허무주의를 대변했었고 반전주의자로 이름이 높았다. 1914년 제1차 세계대전이 일어났다. 미국 군인 프레드릭 헨리는 이탈리아 고르치아의 의무대 수송장교로 참전한다. 휴가를 다녀온 헨리는 친구 리날디와 함께 여자 간호사를 만나러 간다. 그곳에서 그는 캐서린 버클리라는 여자 간호사를 만난다. 매력적인 그녀를 만나자마자 그는 한눈에 반하고 만다. 그녀는 영국인이었고 전장에서 약혼녀를 잃은 처녀였다. 헨리는 이후 계속 캐서린을 만나러 가고 사랑을 키워간다. 전선에 투입된 헨리는 폭격으로 인해 폭탄의 파편이 다리에 박히는 상처를 입고 후송된다. 헨리는 밀라노에 있는 후송병원으로 이송되고 캐서린 버클리 간호사도 그곳으로 전근된다. 다리의 파편제거 수술을 받고 재활을 위해 병원에서 생활하게 된 헨리는 캐서린과 깊은 관계로 빠져들게 된다. 오랫동안 투병생활을 하고 재활치료까지 받게 된다. 술을 즐겨 마시는 헨리는 편안한 병원생활을 하면서 캐서린과 미래를 설계한다. 헨리는 부상치료를 마치고 부대로 복귀한다. 그리고 전장의 퇴각행렬에 동참해서 부상자들을 싣고 구급차를 몰고 퇴각한다. 그는 그곳에서 전쟁의 참상을 목격하게 되고 그곳이 지옥임을 실감하게 된다. 자신의 절친인 리날디 소령이 열병으로 헛소리를 하던 중 헌병에게 체포되고 적군 스파이로 오명을 쓰고 총살형에 처해진다. 정식적인 재판절차도 거치지 않고 즉결심판식으로 한인간의 목숨이 처리되는 것을 보고 그는 부조한 전쟁 상황에서 전율을 느낀다. 다음차례로 자신이 즉결처분을 받을 입장에 놓인 그는 결단을 내리고 그곳에서의 도피행을 감행한다. 다급해진 헨리는 극적으로 그곳에서 탈출을 감행하고 급기야 강물에 뛰어든다. 그리고 탈영병이 된다. 민간인으로 위장한 채 도망자 신세가 된 헨리는 천신만고 끝에 밀라노로 잠입하고 캐서린의 거처를 알아내고 그곳으로 간다. 캐서린은 이미 헨리의 아이를 임신한 상태였다. 재회한 두 연인은 감격스러워 하며 행복한 시간을 보낸다. 헌병의 추격을 받는 신세가 된 헨리는 캐서린의 제안에 따라 호수를 이용해 배를 타고 국경을 넘어 스위스로의 탈출을 감행한다. 하루 온종일 노를 저어 스위스로 탈출한다. 비가 내리는 가운데 경비정의 위협을 받기도 하고 역경을 겪지만 국경을 넘어 스위스로 갔다. 헨리와 캐서린은 스위스 산촌에 정착해서 다음해 봄에 태어날 아기를 위해 최선을 다한다. 헨리는 전쟁의 참상을 목격하고 지옥이 따로 없다는 것을 실감하게 된다. 소위 말하는 허무주의에 빠져든다. 기존의 도덕이나 가치 등이 뿌리째 흔들리게 되고 삶의 구심점 또는 지향점을 상실하게 된다. 즉 이들을 일컬어 잃어버린 세대라고 불린다. 겨울이 지나고 또다시 봄이 오면서 캐서린은 출산을 위해 병원으로 향한다. 계속적으로 의사의 진료를 받으며 출산을 준비해 왔다. 캐서린은 지독한 진통과 난산을 경험한다. 그리고 결국 제왕절개로 아이를 낳는다. 그러나 아이는 이미 질식된 채 죽어서 세상 밖으로 나온 상태였다. 캐서린도 결국은 출산의 후유증 과다 출혈로 인해 죽음을 맞이한다.

〈무기여 잘 있거라〉는 헤밍웨이가 실제로 제1차 세계대전에 참전한 경험을 토대로 쓴 작품이다. 실제 캐서린의 모델은 아그네스란 간호사로 알려져 있다. 전쟁에 관해 무척이나 부정적이었고 그 폐해에 관해 반전주의자이고자 했던 작가의 작품이었다. 캐서린은 온 몸으로 세상에 투철하고자 했고 사랑하는 이를 위해 최선을 다하고자 했다. 비를 무척이나 불길하게 여겼고 자신이 죽음에 이를 것이라 예견하기도 했다. 프레드릭 헨리는 처음에 전쟁에 참가할 때에는 높은 이상과 세계의 평화를 위해 일조하리라는 각오를 갖고 열심히 맡은 바 임무에 충실하려고 했다. 그러나 자신이 처해진 상황에서 자신이 생각했던 바와 전혀 다른 방향으로 흘러가는 전쟁의 양상을 겪고 그런 상황하에서 작동될 수 있는 인간의 의지라는 것이 무력하기 그지없다는 것을 깨우치면서 전쟁이란 결국 지옥을 방불케 할 만큼 그렇게 비참한 것이고 그것에서 인간의 본성 내지 인간의 내면이 적나라하게 드러난다는 것에서 회의를 갖게 되고 전쟁은 결국 인간의 본성을 황폐화시키고 인간성을 매몰시켜버린다는 것에서 반전주의자로 변모해 간다. 인간의 구원을 위해 신의 섭리가 작동되는 것이 아니었다. 신의 구원도 인간을 전쟁의 참상에서 구할 수는 없었다. 마지막 부분은 39번을 고쳐 썼었다고 한다. 영화로 제작되기도 했었다.

얼마 전 〈알쓸신잡3〉에서 전쟁에 관한 얘기가 있었다. 전쟁의 반대말을 평화가 아니다. 전쟁의 반대말은 일상이다. 평범한 일상이라는 것이 얼마나 소중한 것인지는 그것을 잃어버렸을 때 그 소중함을 새삼스럽게 느끼게 된다는 것이다. 결코 우리에게 전쟁은 더 이상 일어나서는 안 되는 일이 되어야 한다는 당위를 얘기하고 있었다. 혹자는 그렇게 얘기하기도 한다. 인류의 역사는 전쟁의 역사라고 말이다. 인간이 갈등하고 번뇌하고 대립하는 존재이기 때문에 어쩔 수 없이 전쟁의 역사를 피할 길이 없다는 것이다. 만인의 만인에 대한 투쟁을 얘기했던 홉스가 아니더라도 인간은 근본적으로 갈등하고 대립하고 경쟁하는 구조자체를 피할 길이 없는 것이 숙명이고 운명일지 모를 일이다. 어쨌든 인간은 항상 진화하고 발전지향적이고 미래지향적인 방향으로의 모색을 도모한다는 것에서 위안을 삼아야 하는지 모른다. 아무튼 우리는 〈무기여 잘 있거라〉를 통해서 인간이 제대로 생을 영위하고 삶을 가꾸어 가면서 가져야할 기본적인 자세와 태도를 배워야 할 게 아닌가 싶다.

신센구미

2004년에 〈신센구미 바람의 검〉이란 대하드라마가 방송되었다. 1860년대 도꾸가와 막부의 마지막 보루로 교토에서 치안을 담당했다. 대하드라마로 43번째인데 49부로 방송되었다. 역사적 사실에 기초를 두었지만 허구도 가미되었다. 신센구미의 국장 곤도 이사미가 사카모도 료마나 가츠라 고고로(유신 3걸의 1인)등과 교유했다는 것은 가설이었다. 신센구미의 중심인물은 곤도 이사미(1834~1868)였다. 그는 다마의 농부의 셋째아들로 태어났다. 15살이 되었던 1848년 에도의 시위관에 천연이심류 4대 계승자로 곤도 슈스케의 양자로 입양된다. 다마에서의 오랜 죽마고우 히지카타 도시조, 오키타 소지 등과 함께였다. 히지카타는 이시다약이라는 것을 팔러 다니던 이였는데 같은 동지로 합류하게 된다. 그는 검술에도 일가견이 있었다. 허름한 도장에서 대결을 벌이고 10여 명을 제압하고 도장을 나오면 그다음에 약장수가 등장해서 이시다약이라는 것을 팔고 돈을 번다. 그러면서 들통이 나기도 해서 도장사람들에게 집단 폭행을 당하기도 한다. 다마에서 지인의 집을 지키던 중 도둑과 한판을 벌이게 되고 최초로 사람을 베게 된다. 오키타 소지는 7년 정도 아우뻘이었다. 무술에 있어서는 타의 추종을 불허하는 솜씨를 보이게 된다. 1860년에 마쓰이 야소고로 가문의 쓰네와 결혼한다. 시위관 시절에 야마나미 케이스케, 니가쿠라 신파치, 도도 헤이스케, 하라다 사노스케, 도노우치 요시오 등과 교유하게 되고 1863년 쇼군의 상경길을 경호하기 위해 만들어지는 로시구미浪士組에 참가한다. 히지카타가 손을 써서 곤도 이사미가 쿄토로 가던 중에 숙박을 책임지는 일을 맡게 된다. 그러던 중 세리자와 가모란 이를 숙소 배정하던 과정에서 실수가 벌어진다. 그를 닭장에 배정을 한 것이다. 그는 부하들에게 화톳불을 피우게 한다. 그리고 그곳에서 야숙을 하겠다고 고집을 피운다. 곤도 이사미는 화톳불이 꺼질 때까지 한 발자국도 움직이지 않겠다고 공언한다. 두 사람 간의 갈등이 최고조로 달한다. 결국 세리자와는 곤도의 사과를 받아들이고 사태는 수습되고 무마된다. 한 달여의 여정 끝에 로시구미 일해 온 교토에 도착한다. 그리고 어느 정도 시일이 지난 후 로시구미의 본대는 에도로 귀향한다. 곤도와 그 일행 그리고 세리자와와 그 일행 등은 교토에 잔류한다. 야마나미의 제안에 따라 교토 수호직을 맡고 있었던 아이즈번의 번주 마쓰다이라 가타모리에게 청원을 한다. 자신들이 교토를 경비할 수 있도록 해달라는 것이었다. 번주는 흔쾌히 승낙하고 교토 수호직의 아이즈번 소속이 된다. 수시로 교토 거리를 순찰하며 불손한 낭인들을 체포하거나 살해하는 일을 하는 조직으로 변모된다. 그리고 미부로시구미에서 신선조 신센구미라는 조직명을 하사받는다. 처음으로 실행했던 것은 사사로이 상인들에게 돈을 갈취하고 조직의 질서를 문란케한 세리자와를 처단하는 것이었다. 전체 회식이 있었던 날에 암살단을 조직해서 세리자와를 처단한다. 이로서 곤도는 유일무이한 국장으로 자리매김하게 된다. 첫사건은 이케다야사건이었다. 조슈 등 존왕양이의 기치를 걸었던 이들이 교토에 불을 지르고 천왕을 모셔가는 음모를 이케다야에서 꾸몄다. 이를 눈치챈 신센구미는 거리를 순찰하면서 그들의 모의장소를 급습한다. 곤도 이사미조와 히지카타조로 나눠 검색을 했었는데 곤도 이사미조가 그들을 발견하고 한바탕 대결을 펼친다. 처음에는 조슈패거리에게 압도되었는데 히지카타조가 합류하자 전세는 반전된다. 이로 인해 신센구미는 교토의 수호신으로 명성을 떨치게 된다. 이런 와중에 오키다 소지는 각혈을 하게되고 오랫동안 폐결핵을 앓는다. 극중에 인상적이었던 부분은 흑선이 일본에 나타나자 사카모토 료마가 권유해서 곤도 이사미와 히지카타 도시조가 흑선을 보러 간 것이다. 그둘은 그곳에서 미군병사들이 먹고버린 양주병 뚜껑을 하나씩 간직하게 된다. 서양의 거대함에 압도당하고 미망에서 깨우치는 계기가 되기도 한다. 최후의 순간까지 그 병뚜껑을 부적처럼 지니고 다니는 것이다. 우연한 기회에 그것의 정체를 확인하게도 되지만 최후의 순간까지 함께한다. 에도의 시위관과 다르게 도장을 운영했던 이토 가시타로는 제자들을 데리고 신센구미에 합류한다. 헤이스께의 스승이었다. 이토는 정연한 논리로 신센구미의 브레인 역할을 담당한다. 첫 번째 브레인에 해당했던 야마나미 케이스케가 탈출을 시도하다 할복을 명받고 죽게되자 중심축이 사라진다. 그로인해 외부에서 영입된 한 사람이 책사로서의 역할을 맡는데 그 이름은 다께다 간류사이이다. 그러던 그가 서양문물을 소개하는 책을 사기 위해 회계에게서 50냥을 차용한다. 그러자 도시조는 회계를 추궁한다. 50냥이 어디 갔냐는 식이다. 그는 부모에게서 50냥을 보내라고 하고 열흘 후까지 오지 않으면 할복하겠다는 맹세를 한다. 결국 그는 우편배달부를 기다리다 할복을 실행한다. 코슈류군학을 배운 이였는데 신센조에서 양무군학을 채택하자 애로를 겪는다. 이토의 언변에 감화되어 그들이 고류에지(어릉위사: 역대천황(고메이천황)의 묘지를 관리하는 임무)의 임무를 부여받고 신센조에서 떠나게 되자 그들과 동조해서 그쪽으로 가려고 했으나 여의칠 않자 사쓰마의 사이고 다까모리에게 접근한다. 이러한 내막을 알게 된 신선조에서는 그의 행동을 예의주시한다. 그러던 중 그는 탈출을 감행하고 사이토에게 죽음을 당한다. 이토 가시타로는 결국 곤도와 뜻이 맞지 않게 되자 어릉위사로 빠져나간다. 그러는 사이 곤도는 사이토를 스파이로 그들의 일행에 딸려 보낸다. 이토 등은 곤도와 담판을 짓고 곤도를 죽이려 했으나 오히려 곤도에게 설복당하고 돌아가던 중에 히지카타 등 일행에 의해 피살된다. 일명 아부라코지 사건으로 불리는 것이다. 그러자 부하들이 이토를 구하기 위해 그 자리로 오고 그것을 기다리던 이들과 한판의 대결을 펼친다. 곤도는 도도 헤이스케만은 살리려고 애를 썼지만 결국 피살되고 만다. 곤도는 그러던 중에 에도를 방문하기도 한다. 부인 등 가족과 재회를 하고 달콤한 시간을 갖기도 한다. 그렇게 신센구미의 역할을 확보하고 체계를 구축해간다. 외부에서 임무를 수행하고 돌아오던 중에 이토 잔당에 의한 습격을 받고 총상을 입는다. 교토에서 치료를 받던 곤도는 더 나은 치료를 위해 오사카로 향한다. 그와 함께 오카다 소지도 같이 치료를 받으러 오사카로 떠난다. 교토에서 입지가 약해진 조슈 지사들은 사카모도 료마의 중재에 의해 삿쵸동맹이 성립된다. 사이고 다카모리와 카츠라 고고로 사이에서 이뤄진 것이다. 조슈는 신무기를 사쓰마에 제공하고 사쓰마는 곡물을 제공하는 조건이었다. 이렇게 되자 막부와 아이즈번은 궁지에 몰리게 된다. 막부는 대정봉환을 하게 되고 그러던 중에 사카모도 료마와 나카오까 신따로가 한 여관에서 피살된다. 뒤늦게 도착한 신센구미들은 살해자로 오해받고 곤란한 지경에 빠진다. 곤도는 사카모도 료마를 구하기 위해 부하들을 보냈는데 도착했을 때 이미 료마는 운명한 후였다. 사태는 급반전되고 교토는 삿쵸동맹군들에 의해 장악되고 보신전쟁의 1차전투가 도바 후시미에서 이 벌어진다. 파죽지세로 밀어붙이는 샷쵸동맹군에 의해 궁지에 몰린 신센구미는 오사카로 후퇴하고 급기야 쇼군을 쫓아서 배를 타고 에도로 복귀한다. 그들이 승리할 수 있었던 것 중의 하나는 국화문양이었다. 이는 천황이 그들을 지지한다는 것이었고 이에 대항하고 저항하는 순간 천황에 반역하는 역적의 멍애를 쓰게 된 것이다. 멋진 신식복장을 한 선장을 본받아 히지카타도 복장과 헤어스타일을 서양식으로 바꾼다. 에도로 돌아온 신센구미는 계속 패퇴를 거듭하게 되고 궁지에 몰리게 된다. 곤도는 수색을 나온 신정부군에게 오쿠보 야마토라고 우기면서 심문에 응하게 되나 최종적으로 그를 알아본 이에 의해 곤도 이사미로 판명된 후 처형되는 수순을 밟는다. 신센구미에 속했던 사람들이 억울해 하며 그의 죽음을 안타까워 한다. 그는 최후의 순간에 면도를 요청하고 그의 얼굴을 교토 다리 위에 걸리게 된다. 이후 오키다 소지도 병이 악화되어 죽음을 마지하고 히지카타도 1년쯤 후에 최후의 홋가이도 하코다데 전투에서 운명적인 종국을 맞는다. 하라다 사노스케 그리고 나가쿠라 신파치 정도가 천수를 누렸다.

완벽한 타인

〈완벽한 타인〉은 한국 영화로 2018년 10월 30일에 개봉되었다. 관객 480만 명을 동원했다. 대히트 작으로 손색이 없었다. 38억 원이 들었다. 본래 원작은 이탈리아 영화였다. 한국화된 셈이고 리메이크된 작품이다. 세계적인 프로모션인 네플릭스에서도 제작했다. 제목이 위험한 만찬이란 제하題下였다. 무대는 프랑스 파리가 주무대이고 대사는 영어로 나온다. 7명이 와인을 마시며 예의 핸드폰을 놓고 게임을 하는 식이다.

일단 한국 영화부터 보자. 세 부부와 한 남자가 나온다. 첫 번째 부부는 태수(유해진)와 수현(염정아) 부부다. 결혼 15년차이다. 태수는 모친을 모시고 살고 끔찍한 효자다. 그는 마누라가 모친을 식모 대하듯 하는 부분에 불만이다. 수현은 아들, 딸을 키우는 전업주부다. 문학반에 다니며 시를 읊조리고 그것에 삶의 보람을 찾는다. 남편 몰래 시어머니를 요양원에 보낼 생각을 품고 산다. 태수는 자신보다 12살이나 많은 여자와 교제를 한다. 밤 10시가 되면 그녀로부터 야릇한 사진이 전송되어 온다. 친구 영배에게 핸드폰을 바꿔놓자고 제안한다. 그러나 그것이 결정적인 실수가 될 줄은 미처 몰랐다. 마누라의 화장이 진하다고 타박하고 부인과의 잠자리도 언제 했는지 기억이 가물가물할 정도다. 어렵게 고시원에서 공부해서 변호사로 성공가도를 달리고 있다. 석호가 가산을 탕진할 정도의 리조트에 투자해서 사기를 당한 것을 알고 안타까워한다.

두 번째 부부는 석호(조진웅)와 예진(김지수) 부부다. 석호는 성형외과 전문의로 유방 성형, 엉덩이 성형 전문이다. 그는 집을 담보로 그리고 새로 건축하는 병원 건물을 담보로 대출을 받아 큰 리조트에 투자를 했다가 투자금을 몽땅 날리게 생겼다. 그는 가난한 부모님 밑에서 죽을 고생을 해서 의대를 마쳤고 성형외과의로 자리를 잡았다. 그럼에도 불구하고 장인어른으로부터 인정을 받지 못해 안타까워한다. 딸이 이제 20세에 접어들자 콘돔 세트를 선물로 주었다. 핸드폰 게임을 하는 중에 딸로부터 전화가 걸려온다. 남자친구가 자기 집에 가서 자고 가라는 얘기를 하는데 '어떻게 해야 하는가' 라고 아빠에게 자문을 구한다. 아빠는 그 남자에 대한 믿음 확신이 없으면 가지 말라고 충고한다. 예진은 남편 친구 준모와 불륜관계를 맺고 있다. 그리고 그녀는 그가 선물로 준 귀걸이를 차고 앉아있다. 아빠에게 부탁해서 가슴 성형수술을 할 의사를 소개받는 형편이다. 그녀는 강의를 하면서 그것은 결코 해서는 안 될 파렴치한 짓이라고 얘기를 해놓고 자신이 그렇게 성형을 하려고 하는 아이러니를 범한다. 딸을 닥달하고 몰아세우며 쥐 잡듯이 잡아 딸로부터 외면당한다.

세 번째 부부는 준모(이서진)와 세경(송하윤) 부부다. 준모는 레스토랑을 경영하고 세경은 수의사다. 준모는 세프와 불륜관계를 맺고 있고 그녀는 임신한 사실을 확인하고 전화로 털어놓아 준모를 대경실색케 한다. 세경은 전 남자친구를 잊지 못하고 그가 애완견을 교배시키는 것에 실패하자 어떻게 하는지를 핸드폰으로 실감나게 묘사한다. 고환을 애무하고 발기를 시키고 발동을 걸리게 하는 것이 쉽지 않은 상황이다. 준모는 이제 갓 결혼한 신혼인데 이렇게 세 다리를 걸치고 있는 셈인 것이다. 결혼 목걸이를 신경 써서 제작해준 친구에게서 연락을 받는 중에 얼토당토않게 귀걸이도 주문했음을 알게 되고 세경과 예진은 배신감에 기겁한다. 예진은 준모를 은밀한 곳으로 데리고 가 뺨을 한 대 갈기고 귀걸이를 돌려준다.

네 번째는 영배다. 그는 친구들의 기대를 저버리고 혼자 만찬장에 나타난다. 집들이용 선물로 휴지를 두 박스 사 갖고 온다. 모두들 여자 친구랑 같이 올 것으로 기대했는데 혼자 오자 실망이 가득한 눈초리를 보낸다. 그는 체육교사로 근무를 했었는데 어느 날 갑자기 사표를 쓰고 퇴직한다. 아버지(이순재)로부터 전화를 받는다. 제주도에 교사 자리가 나왔는데 그쪽으로 가는 것이 어떠냐는 얘기다. 그는 그곳에 갈 마음이 없다고 잘라 말한다. 그는 만찬 중에 시간이 되자 맨손체조를 하는 식으로 운동을 해야 한다며 구령을 붙이며 운동에 열중한다. 20초 동안이다. 스마트폰을 바꾸자는 태수의 제안에 기겁을 하고 거절한다. 결국은 태수의 핸드폰 바꿔치기가 성공을 거둔다. 그런데 영배는 남자친구로부터 전화를 받아야 하는데 그것을 태수가 받게 되고 해명을 할 수 없을 정도의 곤혹스러운 지경에 빠진다. 그것은 게이가 일상적으로 하는 대화였다. 결국 태수는 게이로 판명되고 난처해진다. 수현은 남편이 게이라는 사실에 경악하고 거의 포복절도 수순에 이른다. 영배는 막판에 자신이 게이임을 밝히고 커밍아웃을 한다.

5번째 친구는 순대다. 어린 시절 다섯 명의 아이가 영랑호에서 얼음낚시를 하며 보냈다. 그때도 월식이 있었다. 달이 가려지는 순간을 보며 신기해했다. 34년이 지난 후 중년이 된 옛친구들이 만난 것이다. 순대는 연예계에 종사하는 사람이 되었는데 가수지망생 21살 된 여자와 바람이 났다. 핸드폰 문자를 하다 마누라에게 들통이 나는 바람에 이혼을 당하는 일이 있었다. 이로 인해 이 회합에 참여도 못하게 된 셈이다.

마지막에 세경은 결혼반지를 빼서 탁자 위에서 돌린다. 핸드폰 게임을 하기 전으로 되돌려놓는 것이다. 그래서 세 부부는 모두 본래의 위치로 회귀한다. 결론은 그렇다. 공적인 삶, 사적인 삶, 그리고 비밀스러운 자기만의 삶이 있다는 것으로 결론을 도출한다.

완벽한 타인은 이탈리아가 원조인 셈이다. 그리고 또 네플릭스에서 프랑스를 무대로 대사는 영어로 하는 영화를 만들었는데 그 영화에서는 레스토랑 사장인 준모가 그 속에서는 택시 운전사로 나온다. 그리고 들고 오는 집들이 선물이 거의 와인 일색이다. 디즈트용인 티라미수를 갖고 오기도 한다. 막판에 티라미수를 마구 마구 먹는 석호의 모습이 나오는 것이 아니라 은연중에 목걸이를 뺀 부인을 바라보는 성형외과 의사의 씁쓸한 눈매가 안타까움을 자아낸다. 노년의 두 부부를 바라보는 눈길도 성형외과의를 통해 표현된다. 집들이 선물로 들고 오는 것이 부엉이 인형을 들고 온다. 월식이 있는 날에 일이 벌어지는 것이 뭔가를 암시하고 있다. 월식기간동안 감춰지지만 결국에는 다시 원상으로 회복된다는 식이다. 원작에서는 준모의 파렴치한 모습이 드러나자 예진이 귀걸이를 돌려주고 침을 뱉어주는 모욕을 안긴다.

아무튼 영화는 각 나라의 실정에 맞게 각색해서 제작이 된 듯 보인다. 우리에게 낯선 부분은 와인을 마시며 오랫동안 얘기하는 것이 우리들의 문화와 제대로 소화시켜 내놓은 것인가. 홍게찜을 내놓고 두 시간 세 시간씩 식사를 하는 서구에 맞는 부분으로 보인다. 우리 같으면 거의 초장에 곯아떨어지게 코가 비틀어지게 마시고 취해서 널브러져 있지 않을까.

어쨌든 형식은 차치하고 내용으로 들어가보자. 제대로 삶을 살아가는 이가 없을 정도로 다 하나씩은 문제를 안고 있는 사람들 속에서 그것은 각자의 비밀스러운 부분이고 숨겨야 하는 부분으로 결코 드러나서는 안 될 부분이었다. 소통의 부재이고 스마트폰이 갖는 맹점의 한 요소로 남겨져야 하리라.

청춘의 문

〈청춘의 문〉은 일본작가 이츠키 히로유키의 대하소설(7권)로 1권의 부제는 고향이다. 이부키 신스케라는 인물의 어린 시절얘기다. 큐슈의 지쿠호란 탄광촌에서 계모 다에와 함께 살았다. 어느날 갱도에 갇힌 사람들을 구하러 그의 아버지 이부키 주조가 다이나마이트를 안고들어가 막혔던 갱도를 뚫는다. 엄청난 희생을 감수한 모험적 행동이었고 영웅적인 죽음이었다.

어린시절 아버지를 잃게 된 신스케는 아버지의 라이벌이었던 하나와 류고로란 이의 도움을 받으며 성장해 간다. 다에는 주조와 류고로의 연인이었는데 최종 선택은 주조였다. 주조가 죽은 후에는 류고로가 그녀를 연모하게 된다. 신스케는 동급생 친구들에게 몰매를 맞던 구남이란 한국인 친구를 구해 주었다. 구남을 찾아간 신스케는 구남의 형 김주열을 알게되고 그도 갱도에 갇혔다가 살아나온 이였다. 자신의 아버지를 생명의 은인으로 생각하며 신스케를 돌보기 위해 물심양면으로 노력을 기울여 도움을 주고 좋은 관계를 유지한다.

신스케는 중학생이 되어 음악선생 아즈사와 밀접한 관계를 맺는다. 읍내에 나가는 등 필요할 때마다 신스케가 오토바이를 태워다 주며 돈독한 관계를 맺어간다. 아즈사는 동경에서 피아노를 공부했던 신여성이었다. 자유분방한 성격의 그녀는 유부남 동료선생님과 관계를 맺게되고 그것이 학내에 소문으로 일파만파로 퍼지게 되자 사표를 쓴다. 그리고 동경으로 상경한다. 아즈사는 신스케에게 동경으로 오라면서 10년 후에 동경에서 만나자는 얘기를 한다. 가끔씩 신스케의 오토바이를 타고 읍내 나들이를 했던 아즈사는 신스케를 못잊어 한다. 신스케에게는 비슷한 처지에 있었던 여자친구 오리에라는 이와 우정을 나누며 동병상련의 감정을 갖는다.

고등학교에 진학한 신스케는 료고로의 운송업을 도우며 학업도 병행한다. 다른 라이벌 업체 야쿠자 세력의 습격을 받은 료고로는 한쪽 발을 잃게되는 부상을 입는다. 복수를 다짐하던 부하 죠타는 두목의 원수를 갚는다며 트럭을 몰고 적의 아지트로 쳐들어간다. 료고로의 삼촌은 그냥 내버려 두어서는 죠타가 살아서 돌아오지 못한다는 것을 직감하고 신스케와 함께 그를 설득하기 위해 오토바이를 타고 그를 뒤쫓는다. 신스케는 두목의 애지중지하는 보물 할리데이비스를 타고 질주한다. 그러나 적의 아지트에 가서야 겨우 죠타의 트럭을 발견할 수 있었다. 주도면밀하고 은밀하게 적의 아지트 천정 위로 올라가 상황을 살피던 삼촌은 대뜸 적진 한가운데로 뛰어들어 적의 두목과 단판을 짓는다. 죠타는 이미 충분히 벌을 받을만큼 받았고 몸도 만신창이가 되었으니 이런 정도 선에서 되돌아 갈 수 있게 해달라. 그렇지 않으면 다이나마이트를 폭발시켜 아수라장을 만들겠다는 엄포를 놓는다. 가까스로 적의 마음을 돌리는데 성공한 삼촌은 죠타를 구해오고 트럭을 타고 되돌아 온다. 다에는 폐병에 걸려 요양원에서 치료에 열중한다. 병세가 호전되어 특별외박을 허락

받기도 해서 집으로 돌아오기도 하지만 다시 병세가 악화되어 운명한다.

일제 강점기 시대부터 시작해서 전후 시대까지 살아온 한 젊은이의 파란만장한 삶을 통해서 시대상을 보여주고 있다. 큐슈이 탄광촌에서 자라고 부모를 잃고 고아로 세상을 헤쳐가는 속에서도 굳굳하게 자기 삶을 살려했던 주인공을 보며 동병상련을 느끼고 시대상을 반추하게 되는 대하소설로 보인다. 어려운 여건하에서도 열심히 공부한 주인공은 도쿄의 사립대학에 합격해서 고향을 떠난다.

제2편은 자립편이다. 시골출신이 혈혈단신으로 도쿄로 올라가 대학생활을 해나가는 모습이 그려진다. 자립해서 학비를 마련하고자 했고 오가타라는 대학생의 하숙집에 같이 기숙하며 생활해 간다. 체육교수인 기시이에게 눈에 띄게 되어 그의 수제자로 선택되어 복싱을 배우게 되기도 한다. 아즈사 음악선생을 만나기도 하고 오리에와 만나기도 한다.

대학생활을 시작하지만 제대로 강의를 듣거나 학업에 열중하는 것이 아니라 세상살이를 배워가는 과정으로 보면 될 것이다. 이시이 교수의 애인이 낙태를 하는 병원에 같이 가서 보호자 역할을 하기도 한다. 사창가의 여자들과 관계를 맺기도 하고 그녀들의 삶에 관해서도 알게 되기도 한다.

제3편은 방랑편이다. 홋가이도쪽으로 가서 연극활동을 하면서 사회주의에 관심을 가지게 되고 그 곳에서의 생활에 적응해 간다. 돈을 벌어서 연극활동을 하면서 연극을 올려 주민들의 계몽활동에 몰두한다. 도미라는 음식점 주인 딸과도 인연을 맺게 된다. 좌충우돌하면서 세상의 여러 사람들과 만나고 부대끼면서 세상살이에 적응해 간다.

제4편은 타락편이다. 타락편에서는 도쿄로 돌아와서 생활하는 모습이

펼쳐진다. 오리에와의 인연이 계속 연결되기도 하고 새롭게 삶을 이어가는 상황들이다.

제5편은 망향편이다. 다시 고향으로 돌아와 로구료의 장례를 치르기도 하고 레슬링 대회를 개최해서 돈도 벌고 운송회사의 재활을 도모하기도 한다. 그리고 운송회사를 다른 사람에게 넘기기도 한다.

제6편 재기편이다. 교통사고를 당해 병원에 입원한다. 그런데 그를 가해한 차는 재벌회사의 회장이 타고 있던 차였다. 그에게서 위자료를 받아내 기시이의 수술 치료비를 대기도 한다. 오리에의 매니저를 활약을 펼치기도 하고 회장집에서 운전기사로 생활하기도 한다. 병약한 회장의 딸과 묘한 관계를 형성하기도 하나 오리에의 매니저로 들어가면서 관계는 거의 소원해지게 된다. 오리에를 제대로 된 스타로 키우기 위해 작곡가 작사가 PD 등과 교유하며 매진해 나간다. 신스케는 오다케의 부탁을 받고 도미에의 아버지의 유골을 고향마을에 안치해 달라는 부탁을 받는다. 그리고 오다케 도미 부부는 해외로 도피를 떠날 각오를 밝힌다.

제7편은 아주 늦게 나온 내용이다. 신스케가 도미의 아버지 유골함을 갖고 홋가이도로 간다. 그곳에서 그를 공작금을 훔쳐달아난 것으로 오인한 니시자와의 추적을 당하기도 한다. 둘은 기묘하게 한 절에 기식을 하면서 존이라는 호주 출신을 만나기도 하고 그의 사연을 듣게 된다. 그리고 17살의 여고생을 알게 된다. 노래를 하는 그녀는 술집을 경영하는 엄마와 살고 있다. 그런데 그녀의 아버지는 러시아 사람이었다. 신스케는 니시자와, 존과 함께 생활하게 되고 인연을 이어가게 된다. 그러던 차에 에사시의 절에서 신스케와 니시자와는 하코다데로 생활근거지를 옮기게 된다. 어둠의 대통령이라는 이와모토와 만나게 되고 그런 와중에 가오

루가 그곳에 있다는 것을 눈치채게된다. 니시자와에게는 둘도 없는 친구 이바 게이스께가 있었다. 그러던 그가 3년 전에 행방불명이 되었다. 밤의 대통령이 소련와 관계를 가지고 있는 부분에 검은 커넥션을 폭로하려던 과정에서 폭력배에게 납치된 것으로 추정하고 있었다. 공안부의 정보경찰인 야스카오 고로은 가오루와 신스케가 다방에서 만나는 것을 목도하고 신스케를 잡아와 족친다. 그리고 정보를 알려준다. 오타루와 도미는 조직의 자금에 손을 대고 상해로 그 자금을 갖고 도망친다. 그들은 상해에 거주하고 있는 것으로 현지 공관에 의해 확인된 바 있다. 그리고 그들은 여차하면 결국 베트남쪽으로 이동할 것이라는 첩보도 있다. 그리고 또다른 정보에 의하면 조직의 자금을 운반하는 운반책이 그것을 운반하기 위해 북해도 후쿠시마쪽으로 이동했다. 그리고 그 운반책을 니시자와가 추적하고 있다. 신스케는 야스카오 고로에게서 니시자와의 친구가 소련의 하바로브스키에 살아 있다는 얘기를 듣는다. 그리고 3대 3으로 만나자는 제안을 니지자와에게 하게 된다. 니시자와. 존, 신스케와 야스카오 그리고 가오루, 어둠의 대통령이다. 회합은 어렵게 이루어진다. 야스카오는 이바 게이스께의 사진을 보여주고 더 이상 니사자와가 항해선박의 일에 훼방을 놓지 말 것을 당부한다. 그러면서 러시아행을 권고한다. 그러자 에리꼬도 신스케와 함께 하바로브스키에 가고자 동행을 결심한다. 이렇게 사건이 전개되면서 소련행을 감행하는 이는 8명으로 늘어난다. 원래 4명에 에리꼬 기타 3명이 추가되었다. 에리꼬는 존에게서 들은 대로 폴란드까지 시베리아 대횡단을 계획했다.

철도원

〈철도원〉은 아사다 지로의 원작 소설을 바탕으로 만들었다. 후루하타 야스오 감독이 1999년에 만든 영화이다. 호로마이의 실제 역은 홋가이도의 이쿠도라역이다. 동명의 영화가 이탈리아 피에르트로제레미 감독의 작품도 있다. 하얀 눈으로 뒤덮인 탄광촌인 시골마을의 호로마이역은 종착역이다. 이곳에 철도원 사토오토마츠(타카구라 겐분)가 역장이다. 평생을 철도원으로 살아온 그에게 이젠 정년까지 근무할 시간이 별로 남지 않았다. 타카구라 겐은 우리의 국민배우 안성기와 비견되는 일본의 대표배우이다. 눈이 내리는 속에서 열차를 기다리며 평생을 바친 직장생활에 대한 회한에 휩싸인다.

17년전 겨울 어느 날 철로 선로위에서 철도를 점검하던 그에게 우유빛 고은 얼굴의 아내 시즈에(오타케 시노부분)가 기쁜 마음으로 달려온다. 결혼한 지 17년 만에 그토록 고대하던 아이를 갖게 되었다는 소식을 전하기 위해서였다. 아내는 남편에게 그 소식을 전하며 얼싸안고 기뻐한다. 그렇게 해서 얼마 후 아내는 귀하고 소중한 딸 유끼고(히로스에 류코분)를 낳는다. 그는 브로요로 나가 딸에게 줄 수제로 만든 인형을 사와 선물한다. 시즈에는 바느질로 조끼를 만들어 인형에게 입힌다. 그러나 얼마 후 유끼고가 열병에 걸려 병원에 간다. 아이가 병마에 시달리고 있는 중에도 철도원으로서의 직분에 충실했던 그는 결국 시신을 안고 돌아오는 아내를 부둥켜안고 오열한다. 그리고 얼마 후에는 아내도 병이 나서 시름시름 앓게 된다. 그리고 유명을 달리하게 되는 불운이 겹친다. 그는 아내의 임종도 지키지 못했고 철도원으로서의 직분에 충실하다보니 죄업을 쌓고 회한만 갖게 된다. 그의 직장동료 센(코바야시 넨지분)에게는 듬직한 아들 히데오(요시오카 히데타카)가 있다. 그는 아버지를 이어 철도원으로 근무를 하고 있고 아버지의 뒤를 잇고 있다. 젊은 시절 증기기관차를 몰던 기관사로 활약을 펼쳤고 디젤 기관차가 나왔을 때에도 기관사로 일했다. 고지식하게 자신의 직분을 충실히 수행하는 삶을 살아가는 것이 가장 중요한 부분이라고 믿었다. 센은 설을 맞아 홀로 지낼 친구를 위해 같이 하룻밤을 보낸다. 자신이 정년퇴직 후에 가게 되는 리조트에 같이 가자는 종용을 해보지만 사토는 묵묵부답이다. 자신이 그렇게 사랑했던 아내 그리고 유끼꼬가 있는 이곳을 떠날 엄두도 내지 못한다.

센은 젊은 시절 한 가락 했었다. 술집에서 사토와 술을 먹던 중에 탄광촌 사람들과 한바탕 시비가 붙는다. 약자를 돌보기 위해 불의를 참지 못했던 그는 떼로 덤벼드는 탄광촌의 광부 6명을 때려눕혔다. 그리고 약했던 술 취한 광부와 그의 아이를 집에 데려다 준다. 그 아이는 얼마 후 아버지가 갱도붕괴 사고로 목숨을 잃게 되자 고아가 된다. 그 아이의 이름은 토시(안도 마사노부)였다. 시즈에와 사토는 토시를 양자로 삼으려고도 했지만 병약한 시즈에로서는 감당할 처지가 아니었다. 결국 선술집 아낙에게 토시를 맡긴다. 토시는 선술집 아낙의 양자로 입적되고 이탈리아로 요리를 배우기 위한 유학행을 떠난다. 사토와 시즈에는 그를 위해 와인을 꺼내고 건배를 하며 그의 장도를 축하한다. 얼마 후 귀향한 토시는 식당을 개업하고 열심히 생업에 종사한다. 센은 술에 취해 잠들어 버린다. 한밤중에 조그만 여자아이가 인형을 들고 역사로 들어선다, 그리고 한참 놀다가 돌아가면서 그만 인형을 놔두고 간다, 사토는 일지에 분실물 인형에 대해 기록을 남긴다. 다음날 한밤중에 또 12살짜리 여자애가 어제 여동생이 두고간 인형을 찾으러 왔다고 한다. 그러자 사토는 인형을 내준다. 그러던 중에 아이는 화장실을 찾고 철도원은 화장실에 안내를 한다. 그리고 볼일을 보는 동안 망을 봐준다. 그리고 집에 바래다주겠다고 했는데 눈을 감아보라고 한다. 그리고는 입술에 기습적으로 뽀뽀를 하고 인형은 놔둔채 달아난다. 무슨 귀신에 홀린 것인가 할 정도로 기이한 일이 벌어진 것이다.

다음날 밤에는 고등학생쯤으로 보이는 장성한 여자아이가 찾아온다. 그녀는 철도원의 아내가 되는 꿈을 갖고 있었다. 철도원과 같이 철도와 관련된 갖가지 물건들을 살펴보고 신기해한다. 기관사들에게 주기 위해 만들어놓은 단팥죽을 대접한다. 두 사람은 맛있게 단팥죽을 먹는다. 그러던 중 기차를 영접해야 하는 시간이 되고 그는 잠시 자리를 비운다. 출발신호를 보내고 경례하고 호루라기를 불고 후두 OK 등의 사인을 보내고 나면 철도원으로서의 임무가 종료되는 것이다. 히데오는 아버지 친구인 사토에게 호로마이행의 폐선을 얘기하고 안타까운 소식을 전하게 되어서 송구하다는 애기를 전한다. 항상 역에서 자신들의 오고감을 책임졌던 분에게 폐선하게 되었다는 소식은 청천벽력 같은 것이었으리라. 아버지와 같이 가뵈어야 하는데 가보지 못한데 대한 회한도 피력했다. 철도원으로서의 임무를 마치고 역사로 들어와 방으로 들어와 보니 유끼꼬가 저녁밥을 지어놓았다. 찌개가 보글보글 끓고 있었다. 기특해하고 맛있게 밥을 먹는 사토는 행복에 겨운 시간을 갖는다. 엊그제부터 계속해서 왔었던 아이들이 유끼꼬가 살았더라면 겪었을 어린 시절, 유년시절, 학창시절을 보여주었다. 그러면서 그는 그녀가 유끼꼬라는 것을 감지한다. 자신이 추측했던 절 옆의 사토집안 사람에게서 걸려온 전화로 그는 그녀가 마을에 사는 할아버지를 만나러온 아이들이 아님을 감지하게 된 것이다.

가족도 돌보지 않고 오로지 일에 매달려 평생을 보낸 그는 과연 행복했을까? 철도원의 마지막은 그가 눈 내리는 역사 속에 쓰러져 운명을 맞는다. 그리고 그의 친구 센이 그의 관을 철도로 운행하면서 그와 함께 기차를 몰고 가는 것으로 대단원의 막을 내린다. 철도원은 먼저 소설로 보았다. 그리고 다시 영화로 보았다. 하얀 눈이 내린 역사를 배경으로 한 평생을 바친 철도원의 삶에 연민을 느끼지 않을 수 없었고 눈물을 닦기 위해 손수건이 필요한 듯했다. 사랑과 일 또는 직업과 가족 등 여러 가지로 갈등하고 번민할 수밖에 없는 대립관계의 부분이었다. 그렇게까지 고지식하게 사는 것이 최선이었을까라고 고개를 갸웃거리게 만들기도 했다. 대배우의 열연이 돋보였다. 하얀 눈 속에서 펼쳐지는 인간 군상들의 애달픔이 잔영으로 남았다.

우리는 과연 철도원만큼 주어진 일에 충실하고 최선을 다해 소임을 다하고 있는가 자문해본다.

카라마조프가의 형제들

얼마 전에 〈성찰〉이란 프로에서 석영중 교수가 얘기하던 '양파 한 뿌리' 에 관한 강의를 들었다. '악과 구원' 이라는 주제로 얘기를 했다. 아들도 작정을 하고 있었는지 1권을 사두었다가 조금 읽다가 말았다. 그런 것을 잡고 독파를 했다. 2, 3권을 사왔다. 1,700페이지 분량이었다. 어떤 이는 알료샤에 반해서 종교에 귀의하게 되기도 했다는 소설이었다. 거의 톨스토이의 안나까레리나에 맞먹는 것이 아닐까 여겨지기도 했다.

소설의 시대적 배경은 19세기 말이었다. 러시아의 소도시 스코토프리고니예프스크에서 일어난 사건이 주된 내용이었다. 아버지와 네 아들에 얽힌 얘기가 중심이었다. 카라마조프는 두 번의 결혼을 통해 아들 셋을 얻게 되었다. 그는 자신이 지옥에 갈 것을 알고 있었다. 그리고 얘기를 한다. 나를 끌고 갈려면 갈고리가 있어야 하는데 갈고리가 준비되어 있는지 모르겠다. 첫째 부인 아델라이다 이바노브나 미우소프에게서 큰 아들 드미트리, 둘째 부인 소피아 이바노브나에게서 이반과 알렉세이 그리고 사생아로 스메르자코프를 얻었다. 스메르자코프는 거리의 짊시 여인에게서 얻은 아들로 간질병을 앓고 있다. 그는 그레고리란 보살핌 속에 자라나 집안의 요리사로 살고 있었다. 아들들은 외가 등지에서 키워지다 어느 날 한꺼번에 집으로 돌아온다. 큰아들 드미트리는 자기 몫의 유산을 달라고 아버지에게 대든다.

아버지는 호색 방탕한 이로 항상 술에 절여있고 호방하게 삶을 영위한다. 큰 아들은 카체리나라는 여자와 약혼한 상태로 그녀에게 3천루불을 빌려주었다. 무절제한 생활을 하는 이로 정욕의 화신이다. 노병 육군대위의 수염을 쥐어뜯는 행패를 부리기도 한다. 그 노병의 아들 일료샤는 그로 인해 아이들의 놀림감이 되고 왕따를 당하는 일을 겪기도 한다. 돌팔매질을 집중적으로 당하기도 하고 애로를 겪고 의사의 치료를 받기도 하나 제대로 치료를 받지 못해 최후에 죽음을 맞기도 한다.

둘째 아들은 이반이다. 러시아 지성을 대표한다고 한다. 많은 공부를 했고 해박한 지식을 갖고 있다. 하지만 스메르자코프를 사주해서 아버지를 죽이게 하는 유인책을 쓴다. 그리고 살인이 일어나는 때에는 모스크바로 떠난다. 형의 편지를 전하러 카체리나에게 갔다가 그녀에게 반해버린다. 그는 대심관을 쓰기도 한다.

그리스도와 악마간의 시험에 관한 것들을 소재로 한 것이다. 김동리의 〈사반의 십자가〉 또는 이문열의 〈사람의 아들〉과 유사한 유형이다. 아버지 카라마조프에게는 그로첸카라는 여자가 있다. 그런데 아들 드미트리가 그녀와 만나 사랑에 빠진다. 호색하게 삶을 살아가던 그로첸카는 아버지와 아들 사이에 연인으로 줄타기를 한다. 막내 알료샤는 성직자를 꿈꾸는 가장 신성을 대표하는 인물이다. 존경하는 장로 조시마를 쫓아서 성직의 길로 가고자 한다. 조시마 장로가 죽음을 맞이하고 그가 통상의 사람과 같이 시체가 되어 썩어가자 실망감을 감추지 못한다. 최소한 성직자로서 삶을 살았다면 향기로운 냄새를 풍겨야 제대로 성직자다운 삶을 살았던 것으로 평가받을 수 있으리라 여겼던 것이다.

그루첸카는 자신이 착한 삶을 살지 않았다고 고백한다. 그리고 양파 한 뿌리에 관한 얘기를 한다. 2권에 나오는 부분이다. 한 할머니가 한 평생을 산 후 지옥불에 떨어졌다. 그래서 이를 보던 수호천사가 할머니의 한 평생을 다시 살펴본다. 그리고 찾아낸다. 유일한 적선한 부분을 말이다. 그것은 텃밭에서 양파 한 뿌리를 뽑아 거지에게 준 것이다. 하나님께 수호천사가 얘기를 한다. 그러자 하나님이 얘기한다. 양파 한 뿌리를 할머니에게 건네주고 그것을 타고 천국으로 오라해라. 만약에 양파가 끊어지면 그것으로 끝이다. 수호천사가 양파 한 뿌리를 갖고 할머니에게 갔다. 그리고 그것을 잡고 올라오라고 한 것이다. 할머니가 양파 한 뿌리를 잡고 천국으로 올라가려던 찰나였다. 옆에 지옥불에 빠져있던 숱한 사람들이 달라붙었다. 그리고 같이 가자고 아귀다툼을 시작했다. 그러자 할머니가 외쳤다. "이건 내 양파야! 너희들의 양파가 아니라고" 그러자 너무 많은 사람이 매달리니 그 무게를 견디지 못한 양파가 끊어지고 말았다. 할머니는 다시 결국 지옥불로 떨어지고 말았다.

여기에서 작가가 얘기하고자 하는 것은 그런 것이다. 인간의 보편적 고통에 대한 연민을 얘기한다. 수호천사가 가졌던 것이 이런 것이다. 인과응보라든가, 자업자득 혹은 뿌린 대로 거둔다는 단순한 철리가 아니다. 인간이 가지고 있는 수학적 계산, 인간적 계산으로 인간이 구원될 수 있는 것이 아니라는 얘기다. 양파 한 뿌리는 한 사람을 구원할 수 있는 신의 은총이다. 천국행 보증수표가 아니다. 개인주의 내지 타인을 향한 증오, 단절 등은 결국 구원에 이르지 못한다. 나와 너희들 간에는 다른

선이 있고 단절이 존재한다는 것이 악의 대표적인 것이다. 사랑에는 공상적 사랑과 실천적 사랑이 있다. 공상적 사랑이란 것은 기분 좋은 것이고 말로 하는 것이다. 감정을 느끼는 것이다. 칭찬받기 위한 것이다. 예를 들면 인류를 사랑한다와 같은 것이다. 실천적 사랑은 중노동이다. 불굴의 용기다. 어려움을 견뎌내는 것이다.

나는 존재한다. 고로 사랑한다. 증오, 단절, 이기주의를 극복하는 대안이 사랑이다. 하나와 여럿, 개인과 집단 그런 문제가 아니라 나와 너의 문제다. 개인도 이기주의에 빠질 수 있고 가족도 이기주의에 집단도 이기주의에 매몰될 수 있다. 집단주의를 경계해야 한다. 공동체라 하더라도 고립, 공허 속에서 유대, 연대를 찾더라도 함께 있는 고통에 빠질 수 있다. 인간으로 존재하는 이상 사랑하는 것은 필수적인 것이다. 선택의 문제가 아니라는 것이다. 나를 완전히 버리고 자기희생을 통해서 제대로 사랑을 이루어야 한다는 것이다. 사람에게는 악의 모습도 있고 신의 모습도 있다. 이렇게 사랑을 통해서 신의 모습을 회복하는 것이 인간의 본래의 지향점이다. 이를 완덕完德이라고 한다.

기생충

2019년은 한국 영화 100주년을 맞는 해이다. 칸영화제에서 기쁜 소식이 전해졌다. 봉준호 감독의 영화 기생충이 황금종려상을 받은 것이다. 우리나라에는 이뤄내야 할 세 가지 숙제가 있다. 그것은 NBC이다. B와 C는 빌보드와 칸이다. 음악과 영화에서 세계 최고를 정복하는 것이다. 방시혁의 BTS가 빌보드를 석권하면서 B가 성취되었다. 제2의 비틀즈라는 찬사가 쏟아지고 있다. 봉 감독이 이뤄낸 것이 C로 칸을 정복한 것이다. 마지막 남은 과제는 N이다. 이는 문학이다. 노벨문학상을 이뤄내는 것이다. 일본, 중국 두나라가 다 해낸 성취가 우리는 아직 그 문턱에서 번번이 고배를 마신 것이다.

기생충의 부제는 데칼코마니였다. 봉 감독은 황금종려상을 주연배우인 송강호와 함께했다. 송은 수상소감에서 "인내심과 슬기로움과 열정을 가르쳐주신 대한민국의 모든 배우님께 이 영광을 바치겠다." 개봉 첫주에 300만 관객을 동원했다. 천만 관객을 넘어서는 흥행기록도 세웠다. 수상작이 흥행에는 번번히 실패했는데 기생충은 달랐다.

영화의 시작은 반지하에서 출발한다. 네 가족이 피자 박스를 접는 것으로 생계를 유지해간다. 박스 접기의 달인이 하는 동작을 흉내 내며 순식간에 박스를 접지만 번번이 불량박스로 인해 타박을 받는다. 한참 박스를 접는 와중에 취객이 전봇대에서 노상 방뇨를 시도하기도 하는 등 반지하의 애환이 그대로 우리의 아픔으로 전해진다. 연무기로 방역을 하는 중에 딸 기정(박소담)은 창문을 닫으라고 아우성을 치는데 아랑곳하지 않는 아버지 기택(송강호)은 이참에 방역 한 번 하자고 창문을 열라고 한다. 자욱한 연기 속에 가족은 기침해댄다. 아들 기우(최우식)와 딸 기정은 집안에서 가장 높은 곳으로 가서 와이파이를 잡아보려고 애를 쓴다. 그런 와중에 아들 기우의 친구 민혁(박서준)이 수석을 들고 찾아온다. 수석은 선물이고 슈퍼 앞에서 소주를 한잔하면서 용건을 얘기한다. 자신이 외국에 나가 있는 동안에 부잣집 과외를 기우 보고 맡아달라고 하는 제의를 한다. 4수생인 기우는 기정의 도움을 받아 명문 대학의 재학 증명서를 위조해서 만든다. 기택은 그렇게 얘기한다. 어떻게 서울대에는 문서위조학과 같은 것이 없냐고 말이다. (영역본에서는 서울대가 옥스퍼드대로 번역되었다) 무사히 부잣집 딸 다혜(현송민)의 가정교사가 된 기우는 차츰 과외선생으로 입지를 굳혀간다. 그리고 둘의 관계는 급진전한다. 기우는 부잣집 아들이 귀신을 본 후 애로를 겪고 있다는 하소연을 듣고 일리노이주 주립대 출신 제시카를 소개한다. 기정이 제시카로 변신하고 그녀는 미술 치료전문가로 위장해 거액의 과외비를 뜯어낸다. 과외가 끝난 뒤 집에 데려다주라는 박사장(동익역, 이선균)의 지시에 따라 운전사는 제시카를 데려다주는데 그녀는 한사코 집에 데려다주려는 기사의 제안을 거절하고 혜화역 5번 출구에 내려달라고 하고 하도 치근대니 남자친구를 만나기로 했다고 거짓말을 한다. 한편으로 그녀는 팬티를 벗어 차의 앞 좌석 밑에 숨겨둔다. 차에서 여자 팬티를 발견한 박 사장은 그것을 아내인 연교(조여정)에게 얘기하고 조용히 처리할 것을 종용한다. 차에서 카섹스를 한 것으로 지레짐작하고 그 운전기사를 해고한 것이다. 제시카는 아버지는 연교에게 소개해 운전기사로 취업하게 한다. 대리기사를 했던 경력에 덧붙여 외제차 매장에 가서 벤츠의 작동법을 익힌 후였다.

다음은 가정부 문광(이정은)을 몰아내고 기택의 아내 충숙(장혜진)을 들이는 것만 남게 된다. 문광은 해머던지기 선수 출신으로 괴력을 가진 철녀였다. 문광은 이 집이 지어진 이후 줄곧 이 집과 함께한 가정부였다. 집의 구석구석을 너무나 잘 알았고 지켜온 사람이었다. 매사에 빈틈이 없고 철두철미한 가정부였다. 그녀의 치명적인 약점은 복숭아 알레르기였다. 이로 인해 박 사장네 가족은 복숭아를 먹어본 적이 없었다. 복숭아털을 수집해서 그녀에게 흩뿌리자 기침을 해대고 급기야 치료를 위해 병원을 찾는다. 이미 병원에 올 것을 알고 있었던 기택은 그녀가 병원에 있는 모습을 스마트폰으로 촬영해서 증거를 확보한다. 그리고 연교에게 고자질한다. 그녀는 치명적인 약점으로 전염성이 강한 결핵 환자라는 것을 부각시킨 것이다. 그렇게 오해한 연교는 그녀를 해고하고 충숙을 가정부로 들인다. 결정적인 증거로 작용하는 것은 문광이 쓰레기통에 버린 휴지에 핏자국을 기택이가 연교에게 보여주는 장면이다. (실제로는 케첩을 뿌린 것인데 그것을 객혈한 것으로 착각하게 만드는 것이다.) 그 쓰레기통은 250만 원을 호가하는 것으로 촬영 내내 신줏단지처럼 모셔졌다는 후문이다. 박 사장의 어린 아들은 어린시절 생일케이크 생크림에 홀릭되어 한밤중에 주방으로 내려와 냉장고 앞에서 먹어대던 중에 지하실에서 올라오는 근세(박명훈 문광의 남편)를 귀신으로 알고 비명을 지르고 혼비백산한다. 비명에 놀란 연교는 아들이 경기를 하는 줄로 착각하고 병원에 데리고 간다. 참고로 박명훈은 세상에서 가장 술 취한 사람 연기를 잘하는 이로 정평이 난 배우란다. 아들은 귀신을 본 후유증에 시달리기도 하고 그런 흔적이 그가 그린 그림 속에 나타난다.

박 사장네 가족은 휴가를 맞아 캠핑을 떠나고 집을 비운다. 기택네 가족은 이를 기화로 부잣집을 차지하게 된 가족은 회포를 푼다. 제대로 술판을 벌이고 향후 사돈이 될 집이라며 상상력을 발휘한다. 천둥번개가 치고 벼락이 치는 와중에 문광이 초인종을 누른다. 지레 놀란 기택네 가족은 귀를 기울이며 상황을 파악하려 애쓴다. 문광은 자신이 예전의 가정부인데 지하실에 놔둔 짐을 찾으러 왔다고 한다. 그리고 지하실로 들어간다. 그리고 지하실에 살고 있는 근세에게 바나나를 먹이는 등 그동안 굶고 살았던 근세를 긍휼히 보살핀다. 기택네 가족은 문광과 근세의 기세에 눌려 다시 자신들의 잘못을 반성하는 모습을 보인다. 연변 사투리로 북한의 핵미사일 발사 상황을 묘사하면서 기택네 가족을 훈도한다. 위기를 직감한 기택네가족은 저돌적으로 문광부부에게 돌진해서 전세를 반전시키고 두 사람을 지하실에 묶어서 감금하는 데 성공한다. 조금 시간이 지난후 휴가에서 계곡물이 불어 야영을 하지 못하고 박 사장네 가족이 귀가한다는 연락을 받는다. 그리고 그들은 짜빠구리를 끓여놓으라고 지시한다. 자리를 정돈한 후 채끝살이 들어간 짜빠구리를 끓인다. (짜빠구리는 짜짜로니와 너구리의 합성 요리로 영역이 될 때는 람동으로 의역된다. 람동은 라면과 우동을 혼합한 것으로 우리와는 달리 짜짜로니나 너구리는 이해가 안 될 것으로 여겨짐) 유유자적하게 돌아온 박 사장네 가족은 캠핑대신 막내 아들이 마당 잔디밭에 인디언 텐트를 치고 무선으로 통신을 한다. 그는 XX스카우트라 해서 학교에서 활동하고 있는데 그것은 인디언 문화에서 유래된 것이라 한다. 그리고 그 스카우트에서 무선통신을 배웠기에 근세가 지하실에서 이마를 찧으면서 보내는 모스부호를 해독해 낸다. 아무튼 아빠와 무전기로 통신하면서 즐거워한다. 그러는 와중에 상황이 마무리되자 박 사장 부부는 소파에서 잠을 청한다. 그리고 그 소파 테이블의 아래에는 기택이네 세 가족이 숨죽이며 이런 상황을 지켜본다. 두 부부는 관음을 탐닉하며 서로를 애무하고 음탕하게 시시덕거린다. 새벽녘이 되자 충숙이 카톡을 보내 부부가 곯아떨어졌으니 빨리 탈출하라는 메시지를 보낸다. 세 가족은 차고를 통해서 집을 무사히 빠져나온다. 그러나 비는 계속내리고 악천후는 계속된다. 세 사람은 하염없이 지하로 계단을 통해서 내려온다. 그리고 집에 당도한다. 집은 집중호우로 인해 반지하 집의 80%가 물에 잠긴다. 기정은 맨 꼭대기에 있는 변기를 들춰보는데 솟구치는 폐수로 인해 뚜껑을 닫는다. 그리고 그 변기 위에 앉아 비상용으로 숨겨둔 담배를 한 개피 꺼내문다. 기우는 문광부부를 처치하기 위해 수석을 꺼내서 소중히 간직한다. 기택도 집안에서 건질 수 있는 귀중품을 갖고 집에서 나와 재난구호소가 있는 학교 체육관으로 향한다. 박 사장네에서는 아들의 생일잔치를 준비한다. 아들의 가정교사 제시카도 초대되고 모두 그 준비에 일익을 맡아 분주하다. 그런 와중에 기우는 수석을 들고 문광부부를 살해하기 위해 지하실로 들어가나 근태가 쳐둔 함정에 걸려 오히려 수석을 맞고 혼절한다. 한창 생일파티가 절정에 이르는 순간 근태는 지하실을 빠져나와 주방에서 식칼을 들고 앞마당으로 간다. 그리고 생일케이크를 들고 행진하는 기정에게 달려가 그의 심장에 비수를 꽂는다. 혼비백산한 사람들은 이리 뛰고 저리 뛰고 상황을 파악하기도 전에 걸음아 날 살려라라고 도망친다.

충숙은 딸의 죽음을 보고 뛰어가 바비큐 요리용 꽂이를 이용해 근태를 죽인다. 이러는 와중에 박사장은 자동차 키를 던졌다가 그것을 찾았는데 근태의 시체에서 나는 악취 냄새에 기겁하는 모습을 보인다. 그러자 기택은 박 사장을 덮쳐 살해하고 도망친다. 기우와 충숙은 재판정에서 재판을 받지만 불가항력적인 정당방위로 판정받아 무죄 방면된다. 세월이 흘러도 아빠 기택은 어디로 갔는지 함흥차사다. 아버지는 그날의 사건 이후로 행방이 묘연해진 것이다. 어느 날 산에 오른 기우는 박 사장네 집의 전등불이 깜빡이는 것을 보고 그 지하실에 아버지가 있다는 것을 알게 되고 아버지가 보낸 편지를 읽는다. 살인사건 이후 그 집은 폐가처럼 되었으나 아무것도 모르는 외국인 가족에게 임차된다. 기우는 돈을 벌어 그 집을 사고 아버지를 지하에서 해방시키는 것을 꿈꾼다.

혹자는 양극화된 우리 시대상을 그리고 있다고 한다. 또 한편으로는 기택네 가족은 흑인을 그리고 박 사장네는 백인을 문광네 부부는 인디언을 상징한다고 한다. 그리고 그 집은 신대륙을 의미한다고 해석하기도 한다. 숙주에 기생하고 그 숙주의 양분을 빨아먹고 사는 행태를 그려내고 있다고도 한다. 아무튼 세계최고 영화제를 석권한 작품으로 후세에 길이 빛날 영화로 많은 화제를 낳을 것으로 보인다.

칼에 지다

지난달의 3주째 금요일이었다. 한 민영방송사에 근무하는 고교동창 P 국장에게서 연락이 왔다. 점심식사를 하러 오라는 초대였다.

나의 수필집 네 권을 들고 갔다. 상암동 DMC역 부근이었다. 꽤 먼 곳이었고 낯선 지역이었다. 버스를 타고 전철로 환승해서 갔다. 한참 여유 있게 출발을 했는데 이리저리 헤매다보니 늦어졌다. 그 녀석이 방송사 앞 조형물에서 서 있었다. 3년만의 해후였다. 원당에서 근무하던 시절에 점심식사를 같이한 이후 만남이었다. 구내식당으로 들어갔다. 20여 년 전 여의도 방송사시절 구내식당에서 식사를 같이 했던 기억도 있었다. 여의도 쌍둥이빌딩의 구내식당은 좀 그랬지만 방송사의 구내식은 인기메뉴였었다. 양식과 한식이 있었다. 예전에는 세 종류로 중식까지 선택할 수 있었다. 식대가 5천 원이면 밥은 그 값의 두 배인 만 원 식사가 나왔다. 회사에서 직원복지차원에서 지원을 하는 식이었다. 식판을 받아 배식을 받았고 식사를 하며 환담했다.

다음은 2층에 위치한 카페로 갔다. 커피 명인 박이추 커피를 맛볼 수 있는 곳이었다. 우리나라에 커피를 공부하고 제대로 보급시킨 1세대 3인방에서 유일하게 현역이며 생존해 있는 이로 명성이 높은 분으로 강릉에서 커피점을 운영하며 매주 월화수에 이곳에서 커피를 내린다는 것이다. 커피점은 혼잡했다. 용케도 자리를 잡고 주문을 할 수 있었다. 그의 얘기는 청산유수였다. 최근 다녀온 터키의 이스탄불에 관한 얘기 등 화제가 끊이지 않았다. 그러는 중에 한 것이 아사다 지로가 쓴 '칼에 지다' 였다. 그리고 얼마 지나지 않아 아들과 함께 그 무대가 된 곳을 방일할 계획을 갖고 있었다. 그의 얘기로는 한창 이 책이 판매될 때에는 지하철이 울음바다가 됐다는 것에서 충격으로 다가왔다. 끊임없이 영화화되고 드라마화 된다는 것에서 일본국민들의 향수 같은 것이 아닐까 했다.

다음날 중고서점에서 책을 구했다. 그리고 상권은 교보잠실점에서 구해서 읽었다. 그리고 영화를 보았다. 이 소설은 1998년부터 2000년까지 '문예춘추' 란 잡지에 연재됐던 작품으로 단행본 출간 후 130만 부가 팔린 베스트셀러이다. 그리고 제13회 시바타 렌자부로 상을 수상했다. 지난해 말 개봉됐던 영화 바람의 검 '신선조' 의 원작소설이다. 소설은 지금부터 130여 년 전 1860년대 말 도쿠가와 막부가 흔들리던 시절에 막부에 충성했던 무사집단 신센구미新選組에서 활약했던 사무라이 요시무라 간이치로의 활약상을 그렸다. 이야기는 그랬다. 모리오까란 곳에서 사무라이로 살아가던 요시무라 간이치로란 이가 있었다. 아내와 살고 있었고 아들이 9살 딸이 2살 그리고 뱃속에 한 명이 있었다. 그의 아내는 가난과 가뭄을 이겨내지 못하고 강물에 몸을 던지기 위해 물속에 들어간다. 뒤늦게 이 소식을 듣고 물속에 그의 아내를 구하러 들어간 그는 아내를 구하고 절규한다. 암담한 현실에서 대의를 쫓는다는 명분도 없이 오로지 처자식을 건사하기 위해 탈번을 감행한다. 영주는 그의 죽마고우였다. 탈번 소식을 듣고 그를 추격하기도 하지만 내버려두고 그를 떠나보낸다.

그는 영주의 서자였으나 장자가 죽는 바람에 졸지에 가문을 상속하는 횡재를 한다. 떠나는 날에 그는 아들과 작별한다. 아들은 두 살배기 딸을 업고 나왔다. 한 번만 안아주고 가라고 종용한다. 아버지는 딸을 안고 눈물의 작별을 고한다. 탈번이란 것이 다이묘를 떠나 낭인이 되는 셈인 것이다. 우여곡절 끝에 교토의 미부에 있던 신센구미에 입대한다. 그는 면접에서 무술시합을 벌이고 탁월한 칼솜씨를 보인다. 곧바로 검술사범의 지위를 차지한다.

처음 입대한 날 밤에 그는 사이토 하지메와 함께 귀가한다. 비속에서 교토거리를 걷던 중에 사이토의 도전에 직면한다. 용호쌍박의 대결이 펼쳐지고 사이토도 함부로 할 수 없는 실력에 감탄한다. 그러면서 그가 내뱉은 말은 걸작이다. 당신의 검술실력을 시험해 보고 싶었다. 그는 특이한 사무라이였다. 난부번의 하급무사였지만 열심히 학문을 닦았고 탁월한 검술솜씨를 지니게 되었다. 타의 추종을 불허할 만큼 출중한 검술실력을 갖추고 있었다. 존왕양이의 드높은 기개가 있었던 것도 아니고 오로지 처자식을 먹여 살리기 위해 자신의 한 몸을 바치고자 했다. 신센구미의 대원이 규율을 어겨 할복을 하게 되면 그는 가이사쿠를 담당했다. 할복을 하는 자의 목을 단칼에 내리치는 역할이었다. 그는 국장으로부터 사례를 받았고 그것을 고향에서 고생하고 있는 처자식에게 송금했다. 그는 항상 처자식을 걱정했고 온갖 궂은일을 마다않고 처리하고 사례를 챙겨서 송금했다. 사이토 하지메가 다른 대원을 사사로이 살해한 것을 밝혀내고 입을 다무는 조건으로 돈을 뜯어낸다. 그는 탈번을 할 때도 영주의 은밀한 도움 하에 탈번을 감행했던 것이었다. 똑같은 나이의 아들을 두었고 아들 간에도 친구로서 우정을 간직하기도 했다. 수많은 사건이 벌어지고 신선조는 막부를 지키기 위해 온갖 살인과 사건을 저지른다. 결정적으로 신센구미의 이름을 알리게 된 사건이 이케다야 사건이었다. 신센구미는 교토에 명성을 드높인다. 이케다야 사건은 존왕양이의 지사들이 교토에 불을 지르고 그 혼란을 틈타 천왕(덴노)를 초슈로 데려가겠다는 모의를 하던 과정에 신센구미에 발각되어 일망타진된 일이었다.

1867년 10월 14일 쇼군[將軍] 도쿠가와 요시노부[德川慶喜]는 통치권을 조정에 반납한다. 바쿠후[幕府] 정치는 끝이 나고 삿쵸(사쓰마 쵸슈번) 주도의 천황을 중심으로 하는 신정부가 수립되었다. 신정부는 이에 만족하지 않고 바쿠후 타도파의 주도로 요시노부의 관위사퇴와 영지몰수를 결정했다. 그러자 이에 반발한 도꾸가와 요시노부는 교토[京都]에서 오사카성[大坂城]으로 철수하여 주도권 회복을 노렸다.

1868년 1월 2일 요시노부의 바쿠후 측은 15,000명의 군사를 도바[鳥羽]·후시미[伏見]로 북상시켰고 이에 맞서 바쿠후 타도파의 신정부군은 4,500명 정도로 진을 쳤다. 그 다음 날 전투가 시작되었으나 바쿠후군은 병력이 많고 사기도 높았지만 졸렬한 전술로 큰 피해를 입고 패퇴한다. 1월 4일 도바[鳥羽] 방면의 바쿠후 군은 선전을 하지만 후시미[伏見] 방면은 신정부 군의 포격을 당해 고전을 면치 못하고 사기가 떨어져 결국 신정부군의 총공격에 후퇴하고 말았다. 신센구미는 도바 후시미전투에 참가하지만 최후를 맞게 된 요시무라 간이치로는 최후의 전투에서 도망치라는 권고를 무시하고 정면 돌파를 위해 질주한다. 수발의 총탄을 맞은 후 그는 오사카의 난부번 영지로 찾아들고 그곳에서 최후를 맞는다. 영주는 할복을 명하고 자신의 명검을 주기도 한다. 그는 자신이 모아두었던 돈을 자신의 집에 부쳐달라는 당부를 남기고 할복한다.

그가 죽은 후 그의 아들도 16세의 나이에 전투에 참가하여 전사한다. 그가 전선으로 떠나면서 친구인 영주의 아들에게 자신의 여동생을 부탁한다. 둘은 후에 결혼을 하고 남편은 의사로서 살아간다. 마지막에 태어났던 아들은 성장을 거듭하면서 농학자로 쌀을 개발하는 위치로까지 발전한다. 그리고 그는 모리오카로 돌아가는 여행을 통해 자신의 아버지가 밟았던 곳들을 밟아가며 아버지의 삶을 되새긴다. 메이지 유신이 시작되기전 6년간 260년을 지탱했던 막부가 소멸하는 과정에서 그것을 지키고자 했던 이들의 삶이 조명된 것이다. 비록 실패했지만 그들은 자신의 삶을 살았고 자신이 지키고자 했던 가치를 위해 한 몸을 다 바쳤던 것이다.

4부

베트남 다낭 여행기

1일차 [07:00 인천공항 출발, 베트남항공 10:50분 다낭공항 도착 가족 12명(남 5, 여 7, 어른 9, 아이 3) 동반 여행 3명(안성) 중식 (월남쌈, 쌀국수) 석식(한식 쌈밥) 경응사 - 대성당 - 카오다이교 사원 - 불꽃놀이]

베트남 여행 출발일이다. 새벽 3시에 알람에 맞춰 일어나 준비를 해서 30분 후에 벅스택시에 탔다. 미리 예약해 놓은 공항 전용택시였다. 다른 승객은 없었다. 곧바로 여의도로 갔다. 그리고 88도로를 타고 인천공항을 향해 내달렸다. 4시 30분까지 여행사 부스에 들러야 했다. 인천공항으로 가는 중에 다른 가족들은 이미 도착했다는 얘기를 들을 수 있었다. 광주에서는 밤 11시에 출발을 했고 대전과 세종은 권 서방이 직접 운전해 왔다. 광주 가족이 5명이었고 대전이 5명이었다. 광주는 조카인 기영이가 차로 데려다 주었다. 가족과 반갑게 조우해서 출국수속을 밟으러 갔다. 당초 예약에 없다가 추가로 들어간 내가 문제의 불씨를 만들었다. 예약번호에 착오가 있어 다소 지체가 되었다. 기영이가 곧바로 확인을 해서 문제가 해결되었다. 항공권의 발권을 받았고 케리어 짐 등 무거운 것을 일차로 보냈다. 다음은 통관절차였다. 무난하게 공항 관문을 통과해서 게이트 부근으로 갔다. 그리고 아침식사로 던컨 도너츠와 커피 음료 등을 사서 먹었다. 항공기 이륙시간에 맞춰 게이트로 갔다. 저가항공이어서 조식도 없었고 커피 음료, 물 등도 모두 유료였다. 또한 조식을 예약한 승객에 한하여 제공되었다. 12명의 가족이 움직이는 가족 여행이었다. 부모님의 회혼을 기념하여 가족여행을 가게 된 것이다. 전체 가족 20여 명 중 거의 절반 수준에 미치지 못하는 인원이었다. 대부분의 사위와 며느리가 빠졌고 아이들도 1/3 수준이었다. 대부분의 가족은 비행시간 동안 곯아떨어져 있었다.

다낭공항에 도착하니 현지 가이드 조가 마중을 나왔다. 참고로 한국가이드는 공항까지의 접근이 불허되었다. 베트남을 같이 여행할 일행을 기다리느라 한 시간여를 공항 바깥에서 지루하게 기다려야 했다. 한국가이드는 당연히 찻집에서 편안한 상태에서 일행을 기다린 것으로 알고 있었다. 의사소통에 문제가 있었다. 일행은 다른 비행기편으로 도착을 했고 같이 합류해서 버스로 이동했다. 120만 명의 인구를 가진 다낭이었다. 호치민 시 등 베트남 4대 도시에 속했다.

맨먼저 일정으로 정해진 곳은 식당이었다. 현지식이었고 메뉴는 월남쌈과 쌀국수였다. 독특한 향을 풍기는 고수는 없었다. 식사 후에는 곧바로 미케비치에 있는 커피숍에 갔다. 미케비치는 세계 6대 비치에 속하는 곳이었다. 망고주스와 수박주스를 마시며 담소를 나눴다. 끝없이 펼쳐진 백사장과 해변의 모래밭 백사장에 들어갔다. 야자수가 서 있었고 바람이 다소 불었지만 그 뜨거운 열기를 식혀주기에는 역부족이었다. 드넓은 해변 백사장에 해수욕객은 없었다. 거의 현지인이나 대부분의 수영객은 아침저녁으로 선선한 때를 이용하고 있었다. 가뭄에 콩나듯이 보이는 해수욕객은 외국인뿐이었다. 모래를 밟은 후에는 모래를 털고 승차해야 한다는 주의를 주었다. 어느 정도 현지 적응이 필요한 부분이었다. 한국과 시차도 2시간이 있었다.

본격적인 관광으로 시작된 것은 영응사라는 사찰이었다. 다낭시의 앞바다가 1975년 베트남이 공산화될 때 수많은 보트피플이 수장되었다. 그때 살아남은 이들이 미국으로 건너가 성공한 후 2000년대 이후에 절을 세우고 해수관음상(68m, 건물 30층 높이)을 세웠다. 죽은 사람들의 명복을 축원하기 위해서였다. 이후부터 태풍 피해도 줄어들었다는 얘기였다. 해수관음상 앞에는 포대화상이 위치해 있었다. 불룩한 배를 내밀고 있는 포대화상의 형상은 동방의 산타클로스라는 별칭을 갖고 있다. 오랫동안 산속에서 수행을 한 포대화상은 지상으로 내려올 때 포대자루를 들고 내려와 산속에서 가져온 약초 산나물 등을 갖고 와서 일반백성들에게 골고루 나눠주었다. 해수관음상은 손에 호리병을 들고 있는데 목마른 자와 고통 받는 자를 치유하는 목적으로 들고 있다. 영응사의 마당 곳곳에는 분재형식으로 많은 분재들이 자리를 잡고 있었다. 날씨가 무더운 탓에 필히 양산, 부채, 손선풍기 등을 갖고 있어야 했다. 장인, 장모님은 시원한 대웅전 경내에서 휴식을 취했고 우리 부부만 사진촬영을 하며 돌아다녔다.

다음으로 찾아간 곳은 대성당이었다. 프랑스가 식민지로 경영하던 시절인 1923년에 건립한 성당이었다. 핑크성당이라고도 하고 첨탑(70m)위에 수탉모형처럼 생긴 것이 있다고 해서 수탉성당이라고도 불렸다. 서양의 대성당이나 우리의 명동성당과는 규모가 비교할 바가 아니었다. 날씨가 후덥지근하고 습도가 높아 계속 관광을 이어나갈 수 있을지 걱정이 앞섰다. 급하게 장인어른이 혈압약을 찾기도 했다. 세 번째로 방문한 관광지는 카오다이교 사원이었다. 남녀가 각기 따로 들어가는 입구가 있었다. 유교, 불교, 도교, 기독교, 마호메트교를 통합한 민족종교라 했다. 우리로 얘기하면 천도교와 유사했다. 2-3백만 명의 신도를 갖고 있었다. 내부에는 지구본 형태의 모형이 있었고 그곳에는 눈이 하나 그려져 있었다. 가이드가 잘 살펴보라고 했고 왼쪽 눈인지 오른쪽인지를 알아오라고 과제를 주었다. 눈은 왼쪽이었다. 위에는 공자, 예수, 마호멧, 부처, 노자 등이 그려져 있기도 했다. 다음은 마사지샵이었다. 스톤 마사지를 받았다. 한 시간 30분간이었다. 마사지를 받았더니 여행의 피로가 풀리는 듯했다. 어제 저녁부터 밤잠을 설쳤고 새벽같이 길을 나섰던 탓에 모두들 피곤해 했는데 그런대로 원래대로 기운을 회복시킬 수 있었다. 다음 일정은 저녁식사를 하는 곳이었다. 아리랑이라는 한국식당이었다. 한국인이 2천 명 정도가 살고 있었다. 한국 식당도 곳곳에 산재해 있었다. 상추, 고추, 마늘에 제육볶음이 나왔다. 북한식당은 있는지 물었는데 없다는 답이었다. 저녁식사를 마치고 호텔로 들어왔다. 체크인을 한 것이다. 케리어는 호텔보이가 운반해 주었다. 샤워를 하고 짐정리를 했다. 그리고 스카이라운지로 올라갔다. 8시부터 불꽃놀이 행사를 한다고 가이드가 설명을 해주었다. 맥주와 안주를 시켜놓고 다낭의 야경을 즐겼다. 아이들은 실내 수영장에 흠뻑 빠졌다. 서울의 야경만큼 화려하진 않았지만 그런대로 운치가 있었다. 야경구경을 마치고 호실로 내려오려는 찰나에 불꽃이 터졌다. 그렇게 높게 쏘지는 않았지만 화려한 불꽃쑈가 펼쳐졌다. 동영상을 촬영했고 한창 넋을 잃고 바라다보았다. 첫날의 일정이 순조롭게 마무리되었다.

2일차 [호텔조식 08:30 로비집결 후 에로 이동 3시간 후에 성관광(티엔무 사원 & 카이딘 왕릉) 중식 궁중식 황궁터(모문 & 태화전 & 자금성) 한국어 가이드 인솔(후에 전동카 6인) 이동) 다낭 귀환 석식(삼겹살) 음 4.20 장인어른 생신(유람선관광 취소)]

베트남 여행 2일차였다. 아침식사를 하러 11층으로 올라갔다. 식사는 뷔페식이었다. 빵, 볶음밥, 흰죽 등이 있었고 베이컨, 소시지, 롤케이크, 과일, 커피, 음료 등이 있었다. 시리얼도 한쪽에 있었다. 과일로는 수박, 토마토 등이 있었고 파인애플, 열대과일 등이 비치되어 있었다. 대부분의 투숙객이 한국인이었고 일부 외국인 또는 현지인이 있었다.

오늘의 관광은 후에성이었다. 다낭에서 120킬로미터 떨어진 곳으로 2시간 30분쯤 소요되었다. 15킬로미터의 터널을 지났다. 맨 먼저 간 곳은 후에성 티엔무사원이었다. 사원에는 틱광둑 스님과 관련이 있었다. 1963년 6월 11일 남베트남의 고딘디엠 대통령 정부가 부정부패가 심해지고 불교탄압이 극에 달하자 소신공양을 결심하고 실행에 옮겼다. "우리나라 불교가 고난의 때임을 보고 여래의 명명되는 수행자의 한 사람으로서 나는 불교가 멸망하는 것을 좌시할 수 없어 이 한 몸 불살라 제불에 공양하고 그리하여 불교를 지키는 공덕을 행할 수 있기를 기꺼이 청합니다." 소신공양전 제자들에게 예언했다. "자신이 앞으로 넘어지면 흉할 것이니 해외로 망명하고 자신이 뒤로 쓰러진다면 우리의 투쟁은 승리하고 평화를 맞이할 것이다." 실제로 스님은 뒤로 쓰러지셨다. 그분의 장례행렬에는 7km에 걸쳐 10만 명의 군중이 뒤를 따랐다. 심장은 그대로 보존이 되었다. 그리고 스님을 따라 7명의 스님이 더 소신공양을 했다. 티엔무

사원에는 틱광둑 스님이 소신공양을 위해 타고 가셨던 승용차가 비치되어 있었다. 다음의 관광지는 카이딘 왕릉이었다. 세금을 걷어 왕릉을 만드는데 쓰는 바람에 국민들로부터 원성이 자자했던 왕이다. 화려한 장식과 호화로운 왕릉에 놀라움을 금치 못했다. 자매들이 돌아가면서 포즈를 취했고 사진을 찍었다. 들어가는 입구에는 석조물도 문무백관의 도열해 있는 모습이 있었다. 말과 코끼리 상도 있었다. 후에성은 우리로 치면 경주나 부여 등 옛 왕조의 도읍지와 같은 느낌과 감흥을 느낄 수 있었다. 중식은 궁중식이라 했다. 한쪽에는 복식이 마련되어 있었고 두 사람의 식탁도 호화롭게 마련되어 기념촬영을 할 수 있게 되었다. 식사를 하고 들른 곳은 황궁터였다. 후에의 황궁터는 세계문화유산에 등재된 유서 깊은 곳이었다. 전동카 6인승을 타고 이동을 했고 현지 가이드가 나왔는데 한국어를 잘했다. 아주 유머스러하게 해설을 했고 우리와 비교하면서 황궁터를 얘기했다. 황궁으로 들어가는 입구 문이 오문이었다. 중앙통로는 황제가 다니는 문이었고 양쪽 두 문은 문무대신들이 그리고 나머지 문으로 궁인이 다녔다. 태화전, 자금성 등을 설명했고 한국의 경복궁 등과 유사하게 설명을 했다. 모형으로 된 조형물에서 설명을 장황하게 하기도 했다. 한국의 종묘 같은 곳도 있었는데 10여 명쯤의 황제를 모시고 있었다. 건물의 색조는 붉은 색을 띠었다. 일부는 훼손이 심해 아직까지 복원 중에 있었다. 규모로 봐서는 우리와 비할 정도로 커지는 않았다. 베트남이 지배를 받은 것은 중국의 지배가 거의 천년 이었다. 이후 20세기 초 프랑스 지배를 받았고 1940년에서 45년까지는 일본의 지배하에 있었다. 해방 이후에는 북위 17도선을 경계로 월맹과 월남으로 나뉘어져 있었다. 1960년부터 75년까지 16년간 베트남 전쟁을 했다. 결국은 호지명이 이끄는 사회주의가 승리를 했고 통일을 이뤘다. 지금도 사회주의를 지향하지만 종교의 자유를 인정했다. 다만 전도는 불허되었다. 불교, 카톨릭 등 종교는 마음대로 선택할 수 있었다. 개인에게 토지도 4미터 10미터의 땅이 분배되었다. 비가 내리는 때도 있어 우산을 쓰는 경우도 있었다. 황궁관광을 마치고 저녁식사를 했다. 식사 메뉴는 삽겹살이었다. 무한리필 삽겹살이었다. 김치도 나왔고 거의 한국식과 다를 바 없었다. 일정을 끝내고 호텔로 돌아왔다. 오늘은 장인어른의 85회 생신이셨다. 호텔에 부탁을 해서 케이크를 준비했다. 8808호에서 가족들이 모여 회합을 했다. 모두들 단체로 만든 가족 티셔츠를 입었다. '주씨네 아들', '주씨네 둘째딸', '주씨네 둘째사위' 이런 식으로 명찰을 앞가슴에 새겼고 뒤쪽에는 부모님 사진이 인쇄되었다. 케이크를 놓고 생일 축하노래를 불렀고 장인어른의 소회를 들었다. 결혼 60주년 생신 85회를 맞으신 감회가 남달랐다. "인간으로 태어나게 해 준 데 대하여 깊이 감사하며 세상을 살아왔다. 6남매를 낳아 기르는 동안 어려움도 있었고 애환도 컸었고 우여곡절도 많았다. 하지만 모두가 출가해서 가정을 이루었고 모두들 행복하게 삶을 영위해 가는데 감사한다. 지난 해 둘째 딸의 아들 승환의 결혼식 때 그런 애기를 했다. 참으로 행복한 결혼식을 하는 줄 알아야 한다. 세상에 만 쌍 중 한 쌍이 될까 말까한 일이다. 양친부모의 부모님을 모시고 결혼식을 한다는 것은 정말 큰 축복 중에 축복이다." 공식적인 생신행사를 마치고는 놀이판을 벌였다. 다음날의 집결시간은 오전 10시 30분으로 충분하게 여유롭게 준비를 할 수 있었다.

<u>3일차 [10시 30분 호텔 로비 집결 - 호이안 이동 마블마운틴(오행산) 영웅사 - 중식 (뷔페식</u>

현지식(조개탕, 쌀국수 등) 한식(비빔밥: 가지나물, 콩나물무침, 모닝글로리 등) 오이냉채 -도자기 마을 투본강 투어 떤끼의 집 - 광조회관 - 내원교 씨클로 관광 - 저녁식사(현지식 반세오) - 유람선 관광 - 야시장 쇼핑(가방 모자) - 호텔 마사지]

아침식사를 뷔페식으로 하고 오전 10시 30분에 로비에 집결해서 버스에 탔다. 그리고 다낭에서 좀 떨어진 호이안으로 이동해서 오행산에 올랐다. 엘리베이터를 타고 올랐고 영웅사를 둘러보았다. 날씨는 비가 오는 둥 마는 둥 했다. 우산을 챙겨야 했다. 오행산과 영웅사를 둘러본 후 해안가로 갔다. 준비를 해야 했던 것은 논이라는 베트남 모자였다. 끈이 매달려져 있었다. 그리고 바구니 배에 두 명씩 탔다. 50분쯤 탔는데 꽃무늬 또는 방아깨비 모양의 반지를 기념으로 나눠주었다. 줄로 한쪽편에 묶어놓고 신나게 춤추는 시간을 갖기도 했고 또 물가에서는 한 팀장이 나와 바구니 배를 신나게 돌리는 쇼를 선보였다. 모두들 팁을 내놓았다. 다음 일정은 식사였다. 현지식과 한식이 뷔페식으로 준비되어 있었다. 입맛과 취향대로였지만 대부분 한식을 선택했다.

다음으로 들른 곳은 도자기마을이었다. 93세된 할머니 도공이 있었는데 지금은 병환중이어서 다른 사람이 물레를 돌리고 있었다. 자신의 12간지에 맞는 모형을 하나씩 기념품으로 받았다. 참고로 베트남에서는 토끼띠가 없고 고양이띠로 변환되었다. 한쪽에는 기념품가게가 있었고 마을 한쪽 해안가에는 가마와 원료적치장이 있었다. 마을에서 공동으로 사용하는 황토 원재료라고 설명했다. 예전에는 가마에 구웠는데 지금은 그대로 자연 건조해서 도자기를 만들고 있었다. 다음의 일정은 배를 타는 것이었다. 2~30인승쯤 되어 보였다. 맥주 한캔씩과 음료 등이 제공되었다. 흥겨운 음악이 나오자 너도나도 나와서 춤을 추었다. 배에서 내려서는 중국인 마을과 일본인 마을이 연결된 내원교라는 다리를 건넜고 떤끼의 집, 광조회관 등을 둘러보았고 씨클로로 마을을 돌아보기도 했다. 자건거 앞에 인력거처럼 사람이 앉을 수 있도록 개조된 것이 씨클로였다. 빠르게 움직이지는 못했는데 관광에는 유용하게 활용되는 듯 했다. 가이드의 설명으로는 가장 편안하고 건방진 자세를 취하라고 권고했다. 최종적으로는 걸어서 거리를 한 바퀴 돌았는데 인파로 인해 걸어서 돌아다니는 것도 쉽지 않았다. 최종적으로 가이드가 정해준 집결지에 모여 저녁식사 장소로 이동했다. 아주 근사한 현지식 식당이었다. 에어컨이 나오는 집이었다. 반세오가 세팅되어 있었다. 독특한 맛이었다. 야채와 고기가 적절하게 배합된 듯했다. 식사를 마치고 소원등을 띄우기 위해 배로 갔다. 배를 타고 소원등을 물위에 띄웠다. 야경은 물빛과 어우러져 환상적인 풍경을 연출해냈다. 강변으로 관광객들이 넘쳐났고 배들도 곧잘 피해나갔다. 배끼리 서로 충돌할 것처럼 보였는데 다들 요리조리 잘 비껴갔다. 4인이 1조가 되어 배에 탔다. 다음은 야시장 구경이었다. 어느 곳에서나 먹을거리도 넘쳐났고 모자 가방 등 가게들도 즐비했다. 베트남의 전통복장은 아오자이였다. 여자들이 입는 복장이었는데 한때는 아오자이를 입는 것이 금지되기도 했으나 지금은 자유로워졌다. 너도나도 자매들이 아오자이와 속바지를 구입하기도 했다. 지윤의 속바지를 챙겨오지 않아 다시 상점을 찾기도 했다. 값을 가늠할 수 없을 지경이었다. 어떤 곳에서는 1달러에 모자를 팔기도 했고 어느 곳에서는 3달러라고도 하니 장단을 맞추기도 힘들었다. 야시장 쇼핑을 마치고 귀로에 올랐다. 일단 호텔 인근의 다른 호텔에서 마사지를 받는 인원이 10명이었다. 아이들과 막내 처제 그리고 나만 남았다. 버스는 마사지를 받는 호텔에 10명의 인원을 내려주고 호텔로 돌아왔다. 아이들과 함께 7명의 짐을 옮기는 것이 보통일이 아니었다. 간신히 짐을 내려놓고 휴식을 취했다. 두 시간 정도의 시간이 휴식시간이었다. TV는 코미디가 나오는 채널 하나만 한국어로 방송을 했다. 드라마는 한국드라마인데 더빙을 해서 베트남어로 방송이 되었다. 아리랑 TV는 그대로 영어로 나왔다. 호텔에는 와인도 두 병이 비치되어 있었다. 비데는 설치되어 있지 않았으나 세척할 수 있도록 되어 있었다.

4일차[호텔조식 - 단체기념사진 촬영 - 08:00 호텔로비 집결 - 바나힐로 이동 - 케이블카 승탑 - 환승 - 케이블카 - 바나힐 관광(아이들 놀이동산, 자이드롭, 밀랍인형관) - 중식(돌솥밥) - 쇼핑(보석상, 침향과 니노, 잡화점) - 유람선 - 공항 이동 - 탑승(23:45발)]

베트남 여행 마지막 날이었다. 체크아웃을 해야 했다. 빠뜨린 것은 팁이었다. 짐을 들고 나오느라 깜빡하는 것이 다반사였다. 캐리어를 로비까지 옮겼다. 호텔보이가 캐리어를 차에 실어주었다. 기념촬영을 했다. 가족이 맞춘 기념 티셔츠를 입고 호텔입구에 모였다. 처음에 기념단체촬영을 했고 다음 포즈는 손가락으로 하트 모형을 만든 후 했고 세 번째는 등을 보이도록 했고 마지막 포즈는 파이팅으로 했다. 다시 8808호로 몰려가 옷을 갈아입고 로비로 내려갔다. 깜빡한 팁은 문틈으로 집어넣었다. 마지막 날의 마지막 일정은 바니힐이었다. 1500m 고지대에 위치한 베트남 속의 유럽이라는 별칭이 있는 곳이었다. 정확한 높이로 1487m 고지대였다. 40분쯤 버스로 이동해서 그곳에 도착했다. 먼저 해야 할 것은 케이블카를 타는 것이었다. 중국의 장가계 다음으로 긴 케이블카였다. 엄청난 인파에 놀라움을 금치 못했다. 전날 우천으로 인해 일정이 밀렸고 한꺼번에 몰린 듯했다. 케이블카로 이동해서 입구까지 가이드가 안내를 해 주었다. 그리고 아이들은 아래쪽으로 몰려갔고 어른들은 위쪽으로 이동했다. 완전 유럽의 어느 성에 와 있는 듯했다. 더위도 느낄 수 없을 지경이었다. 물보라가 일었다. 아직도 곳곳에서는 공사가 한창 진행되고 있는 것을 볼 수 있었다. 꽃들도 즐비했다. 문주란도 있었고 이름 모를 꽃들이 지천으로 널려있었다. 성당도 있었고 바비큐점도 있었다. 입구에서 바비큐의 공짜 맥주 티켓을 받아오기도 했다. 흑맥주 500cc티켓이었다. 전망대까지 올라갔더니 종이 있었고 높은 탑도 있었다. 어떤 사원에 온 것 같은 느낌을 주었다. 포대화상도 있었고 금강역사 같은 것도 탑 사면에 세워져 있었다. 노승 같은 분들의 조각상도 10여 개 놓여져 있었다. 일정한 시간대 별로 자동으로 종이 울리도록 되어 있었다. 종의 주위에는 돈들을 꽂을 수 있도록 줄이 있었다. 거의 차가움이 느껴질 정도였다. 중간 중간에는 호텔도 있었고 성당도 있었고 음식점도 있었다. 입구에는 사무라이로 분장한 서양인이 칼을 들고 관람객들과 기념촬영의 모델로 응해주고 있었다. 한켠에는 모금함이 있었다. 광장 한쪽에는 밴드연주가 있었다. 색소폰, 나 팔, 드럼 등으로 흥겨운 음악을 연주하기도 했다. 워낙 인파가 많아 혼잡하고 복잡하기 그지없었다. 12시까지 집결하도록 예고되었다. 40분쯤을 남기고 바비큐점으로 들어갔다. 먼저 흑맥주를 받아서 테이블로 갔다. 그리고 안주를 주문했다. 치킨, 샐러드, 소시지 김치 등이 나왔다. 감자튀김은 추가로 시켰는데 포장을 했다. 포장을 한 것은 아이들용이었다. 맥주를 마신 탓에 허기는 다 채운 셈이었다. 이제는 집결해서 내려오는 일만 남았다. 아이들에게 햄버그와 꼬치를 사주었고 아이들은 그것으로 요기를 했다. 바나힐을 내려와서는 곧바로 중식을 하러 갔다. 돌솥밥이 나왔다. 식사를 마치고 다시 다낭으로 돌아와 쇼핑을 하러 다녔다. 그리고 저녁을 먹으러 갔다. 저녁식사는 샤브샤브였다. 식사를 마치고 유람선을 타러갔다. 야경이 눈부셨다. 맥주를 한 캔씩 주었고 음료수도 있었다. 안내방송은 없었고 음악만 경쾌하게 나왔다. 모두들 흥겨운 기분에 사로잡혀 몸을 흔들었다.

유람선 관광을 마치고 관광의 마지막 일정이 마무리 되었다. 공항으로 출발했다. 중간에 가이드와 작별을 고했다. 공항에 도착해서 맨 먼저 한 일은 캐리어 짐을 다시 꾸리는 것이었다. 가이드가 지적한 대로 액체 등 통관절차 전에 짐을 새롭게 정비할 필요가 있었던 것이다. 비행편은 오후 11시 45분이었는데 연착이 되었다고 해서 0시 15분으로 고지가 되었다. 짐을 부치고 발권을 받아 출국수속을 했다. 그리고 게이트 입구까지 이동했다. 집사람을 억지춘향식으로 충동질해서 면세점의 눈요기만 하러갔다. 아이들도 같이 동행했다. 별로 구매 욕구를 불러일으킬만한 것은 없었다. 의자에 누워 눈을 좀 붙였다. 게이트에 들어오고 났더니 다시 항공편이 정상적으로 운행이 된다는 얘기였다. 한켠에는 안마의자가 있었다. 2만동을 넣으면 6분간 안마가 되었다. 식구대로 안마를 받았다. 드디어 탑승절차가 시작이 되었다. 결국 지연은 되었다. 거의 자정 무렵에 이륙이 시작되었다. 한국에 도착하니 거의 6시경이 되었다. 입국절차를 밟았고 짐을 찾았다. 마지막 해단식은 장인어른의 말씀으로 종료되었다. 이제는 광주팀은 기영이 차로 내려갔다. 대전팀은 각자 대전행과 세종행 버스로 이동을 했다. 서울팀은 택시로 곧장 귀가했다.

3박 5일 간의 베트남 가족여행 일정이 끝났다. 가족 구성원이 다 취향도 다르고 개성도 구구각색임에도 여행기간 동안 서로를 배려하고 인내함으로써 원만하게 여행일정을 무난하게 소화해낼 수 있었다. 아이들도 잘 따라주어 큰 무리 없이 3박 5일 간의 일정이 순조롭게 진행될 수 있었다. 무더운 날씨였고 간간히 비도 내려 불편하기도 했지만 각자 각자가 다 협조하고 뜻을 모아서 즐겁고 유쾌한 가족여행을 만드는데 일조한 듯했다. 몹시도 피곤했고 빠듯한 일정을 소화하느라 녹초가 되기도 했지만 가족 간의 우의를 돈독히 할 수 있었던 유익한 여행이었고 기분 좋고 즐거운 가족여행이 되었다. 장인 장모님의 기쁨과 즐거움이 컸었던 듯하다. 언제나 건강하시고 행복한 노후를 보내기를 기원해본다.

베트남 에피소드

1. 화장실

항상 해외여행을 하다보면 문제되는 부분 중의 하나가 화장실이다. 첫날 대성당을 방문했을 때 문제가 생겼다. 화장실이 있었는데 앞에서 한 여자분이 요금을 받고 있었다. 관광객들이 대략 난감해했다. 2천동이었는데 한국 돈 천원도 소용이 없었다. 베트남돈이 있어야 했고 그렇지 않으면 통과가 되지 않았다. 결국은 기념품 가게에서 환전을 해서 들어갈 수 있었다. 미리 이러한 부분에 대한 안내가 있었으면 충분히 대비하고 예상할 수 있는 일인데 애로가 있었다.

다음은 비행기 내에서의 화장실 부분이었다. 이착륙시에는 화장실의 이용이 불가능하게 되어 있었다. 볼일이 급한 이들에게는 정말 애로를 겪게 만드는 순간이 아닐 수 없었다. 우리나라 화장실이야 최신식이고 첨단화가 되어 있지만 아직 후진국에서는 기대하는 것이 무리일 수밖에 없으리라. 대부분의 일류 호텔이라면 비데시설까지 다 설치가 되어 있음에도 베트남에는 아직 그런 부분에는 미흡함이 있었다.

2. 서유기

서유기는 중국 문학의 5대 기서에 속하는 것으로 오승언이 쓴 기서다. 나머지는 삼국지(나관중), 수호지(시내암), 금병매(장개충), 홍루몽(조설근)이다. 4대기서라 하면 홍루몽을 빼고 말한다. 서유기의 주인공은 손오공이다. 돌에서 태어난 손오공은 도술을 부려 천제의 궁전을 발칵 뒤집는 죄를 지어 오행산에 500년 동안 갇히게 된다. 삼장법사가 오행산을 지나는 길에 손오공을 발견하고 그를 구해준다. 손오공의 머리에는 금테가 씌어져 있다. 현장법사가 황제의 명을 받아 타클라마칸 사막을 지나 북인도로 가서 불경을 구해오는 것을 소재로 했다. 돼지의 형상을 한 괴물이며 머리가 단순한 낙천가 저팔계 그리고 하천의 괴물이며 충직한 비관주의자 사오정 등 넷이 요괴의 방해를 비롯한 기상천외의 고난을 당하지만 하늘을 날고 물속에 잠기는 갖가지 비술로 이를 극복하고 불경을 가져오고 최후로 부처로 환생하게 된다는 얘기를 담고 있다. 이속의 오행산이 베트남 관광에 들어있다. 요괴라고 얘기되는 내용이 동남아 원주민을 빗대어 표현한 것이라 한다.

손오공은 원숭이가 원래 모습이다. 저팔계는 집돼지가 그 원조이고 사오정은 멧돼지가 그 원래 모습이다. 돼지는 본래 코로 땅속을 후벼 파면서 땅속의 벌레를 잡아먹고 먹이를 낚아채는 형식이다. 그런데 그렇게 돼지가 땅속을 파헤치다 보면 지네를 만나게 된다. 제대로된 돼지의 경우는 지네를 먹어치우는데 잘못되면 지네에게 물려 돼지가 오히려 당하기도 한다.

3. 침향

세계에 3대향이 있다. 침향, 사향, 용연향이다. 침향은 침향나무에서

나는 것으로 되어 있다. 사향은 사향노루 수컷의 생식기 분비선에 달린 향낭 속의 계란 크기의 주머니인데 주 향료성분은 무스콘이다. 용연향은 향유고래가 먹은 대왕오징어 등이 소화되지 못하고 토해낸 토사물이 변한 것이다. 침향은 삼국사기에도 언급이 되는데 성골만이 먹을 수 있도록 되어 있다. 호랑이를 상처내면 호랑이가 그 상처를 치유하기 위해 침향나무를 찾아간다고 한다. 그렇게 해서 침향나무를 찾기도 했다. 삼국지의 조조 등도 상당히 향을 피우기를 좋아했다. 최고의 침향으로 상품은 먹었다. 중질의 침향은 장신구로 만들었다. 염주나 묵주 등을 만드는데 사용했다. 하품의 침향의 경우에는 톱밥가루로 향을 피우는 것으로 만들어 썼다. 침향은 베트남과 인도네시아에서만 생산이 되는 것이다. 이경재 원장이 침향을 이용해서 공진단을 만들었고 그것을 홈쇼핑에서 판매해서 히트를 치고 있다. 소송을 당해 애로를 겪고 있다. 형편이 되는 사람은 침향을 활용하시고 그렇게 여유가 되지 않으신 분들은 오메가3를 드시면 된다. 그것도 되지 않으면 아스피린을 먹으면 된다.

4. 쇼핑

가. 보석상

본래의 행선지로 예정된 곳은 라텍스 판매점이었다. 그런데 우리 일행 중 보석 마니아가 있었던 관계로 졸지에 보석상이 있는 곳으로 행선지가 변경되었다. 라텍스는 1월 여행지였던 캄보디아에서 다 구매를 했던 것이어서 의미가 없었던 점도 있었다. 물론 캄보디아에서도 보석상을 들르기도 했다. 집사람은 목걸이를 구매하기도 했다. 탄생석을 구입해서 딸들에게 선물해야 한다고 했지만 그렇게 많은 구매가 이루어지지는 않았다.

나. 침향과 노니

침향과 노니를 파는 상점에서 설명을 들었다. 직접 우리 TV에 소개되는 것을 VTR형식으로 보고 나서 직접 설명을 들었고 가루형식의 분말을 직접 맛을 보았다. 염증치료에 아주 효능이 있다는 얘기였다. 처제가 사고 처형이 샀다. 노니를 가공한 분말형식이었다.

다. 잡화점

잡화점에는 여러 가지 상품들이 있었다. 계피가루가 있었고 커피도 여러 종류가 있었다. 김남주 오일이라는 것도 있었다. 민왕주라는 것도 있었다. 전통 베트남주였다. 3만 5천 원 수준이었다.

라. 마트

매일 들르다시피 했던 곳이 한국마트였다. 첫날에 두리안 말린 것 등 과자를 샀었고 컵라면 등도 샀다. 아직 베트남에는 패밀리마트 등 소형 유통업체가 들어오지 못했다. 집사람이 가기 전에 김치, 치약형태의 고추장 등을 사가지고 갔었는데 유용하게 활용을 했었다. 술은 처남이 챙겨가지고 와서 잘 먹었다. 야관문주와 홍주가 있었다. 대부분의 식당에서는 외부음식 반입이 금지되었다. 특히 주류반입이 엄금이었다. 흡연은 거의 무방비 상태로 보였다. 현지인들은 거의 맨발 또는 윗통을 벗고 다니는 것이 일상화되었다.

5. 카스트제도

가. 브라만(승려) : 성직자, 학자.

나. **크샤트리아**(왕이나 귀족) : 총리, 경찰, 귀족, 법관, 무사, 공무원, 의원, 연예인

다. 바이샤(상인) : 농민, 상인, 생산자.

라. 수드라(피정복민 및 노예, 천민) : 하인, 청소부.

* 불가촉천민(달리트, 하리잔) : '닿아서는 안 되는 천한 것들' 불가시천민(쳐다보기만해도 부정해지는 천민. 항상 방울 같은 것을 몸에 지니고 다녀서 소리가 나야 한다.)

[일본의 부라쿠민部落民, 조선시대 백정, 프랑스의 카고, 예맨의 아크담]

6. 안케패스전투

한국에 베트남전에 참여하게 된 것은 박 정권시절이었다. 64년부터 73년까지 324,864명이 파병되었다. 그 중 전사한 장병은 5,099명이다. 그 유명한 월남전에는 맹호부대, 백마부대, 청룡부대, 비둘기부대, 해병대 등 엄청난 인원이 갔고 미국 다음으로 많이 참전을 한 것이다. 그 전쟁에서 가장 유명한 전투 중에 하나인 안케패스 전투에 관해 알아보자.

1972년 4월 11일 전투가 시작되었다. 탈환해야 할 고지는 638고지였다. 처음에는 중대병력으로 고지를 제압하려 했다가 도저히 중대병력으로는 감당이 되지 않아 결국 연대작전으로 변경이 되었다. 고지 함락이 어려워지자 사단장은 특별명령을 하달한다. 제일 먼저 638고지를 밟는 자에게 태극무궁훈장을 건의하겠다. 전투는 16일간 계속되었다. 4월 24일 작전을 다시 전개한 이는 기갑연대 4중대장 이무표 중위였다. 중대원 8명을 이끌고 고지를 점령했다. 병사가 적 참호 속으로 수류탄을 던졌다. 첫발은 불발이었다. 다시 수류탄을 투척했는데 수류탄이 터졌다. 그리고

고지를 점령한 것이다. 포탄 1300발을 발사했다. 적 전사자 705명 아군 전사자 74명 104명이 부상을 당했다. 다른 중대장 임동춘 대위는 전사했지만 용맹스럽게 싸우다 전사한 공을 인정하여 태극무궁훈장이 추서되었다. 무궁훈장의 종류는 인헌, 화랑, 충무, 을지, 태극이다. 사람 한 명의 생명 값을 한다는 것이 태극무궁훈장이고 죽어서도 받기 힘든 것이 태극무궁훈장이다. 이무표는 중위에서 대위로 1계급 특진이 되었고 추후 귀국하여 11사단 연대장으로 전역했다. 3사관학교 출신으로 명예를 더 높였다. 12명의 장교, 하사관이 태극무궁훈장을 받았다. 채명신 장군, 강재구 소령 등이 있다.

7. 기타

베트남 사람들은 우리나라 사람들과는 달리 단맛을 즐기지 않는다는 얘기를 했다. 독특한 취향이었다. 우리는 모든 과일에 공통적으로 적용되는 것이 당도를 높이기 위해 애를 쓰는데 베트남에서는 전혀 그런 부분에서는 단맛을 즐기지 않는 독특한 취향을 갖고 있다는 것이다. 오랜 동안의 전쟁을 통해 민심이 피폐해지고 어려워져 있으나 그들은 전쟁에서 이긴 나라라는 데 대하여 대단한 자부심을 갖고 있다. 캄보디아, 라오스 등에 대해서는 최고형님의 나라라는 긍지를 갖고 있다. 중국에 대해서는 대단히 적대시 하는 감정이 깊다. 전쟁으로 인해 너무 많은 사람들이 죽었기 때문에 그것을 잊으려 한다. 열심히 노력해서 부를 축적하기 위해 애를 쓰고 있다. 대중교통 수단 자체가 없다. 버스라든가 지하철이라든가 제대로 인프라가 갖춰져 있지 못하다. 대부분 오토바이를 타고 다니는 식이다. 인구 9천 5백만 인구인데 그 수만큼 오토바이를 갖고 있다.

일본 여행기

1일차

오전 6시경에 집에서 공항으로 출발했다. 나는 공항버스를 타고서 인천공항으로 갔다. 이번 해외여행이 두 번째 여행이었다. ATM기에서 현금서비스로 60만 원을 찾았다. 엔화로 환전을 좀 하고 출국 수속을 밟아서 항공기에 탑승했다. 비행 소요시간이 1시간 50분쯤 가다 보니 일본 동경의 나리따 공항이었다. 가이드이자 통역이 마중을 나와 있었다. 해상도시 동경의 쇼핑가를 둘러보고 긴자거리를 돌아 다녔다. 그리고 얼마 후 숙소로 갔다. 일행은 모두 교육원 교수들로 일본의 농업교육 실황을 살펴보는 출장이자 선진지 견학이었다.

저녁을 먹으며 맥주를 한잔 마셨다. 숙소로 돌아와 샤워를 하고 호텔 주변을 좀 돌아다녔다. 그리고 다시 호텔로 돌아와 잠자리에 들었다. L교수랑 한방을 사용하였다. E교수는 재수좋게도 독방이었다. 저녁을 먹는 자리에서 교수별로 간단한 소개가 있었다. 해외연수 인원은 전체가 15명이었다. 중앙회의 안 차장, 이 교수, 황 교수 등 낯익은 얼굴들이 많이 있었다.

2일차

일본의 이바라기현의 농업관련시설들을 돌아보았다. 농림수산성에서 운영하는 농업교육시설인 연수원을 둘러보았다. 농업기술교육을 하는 곳이었다. 40년이나 지난 노후화된 건물이었고 시설이었으나 깨끗하게 관리하고 있었다. 저녁은 각자 해결하라고 해서 몇몇이 어울려 중국집에 몰려 갔다. 볶음밥, 짬뽕 등을 먹었다. 제대로 의사소통을 하기 위한 말이 통하질 않아 곤욕을 치루었다. 동경시내 거리를 둘러보다가 한국음식점을 발견하였다. 다들 모여서는 신주꾸라는 곳으로 갔다.

3일차

하꼬네란 곳에 갔다 관광이었다. 유황천에서 계란을 먹었다. 유람선을 타고 호수를 유람하며 유유자적하였다. 후지산은 정말 대단했다. 날씨관계로 제대로 전체 모습을 볼 수가 없었다. 중도에 중산간까지 간 후 포기하고 내려왔다. 후지산으로 올라가는 길이 엄청나게 막혔다. 저녁이 어제처럼 각자 해결이었다. 안성팀만 한국음식점으로 가서 먹었다. 교수들끼리 다들 모여 단장방에서 생일파티를 하고 있었다. 양주까지 준비되어 있었다. 후지산에서 내려올 때도 약주를 한잔 하였다. 여러가지 교육, 연수한 동안의 소회 등 이야기들을 하는 것 같았고 시끌벅적하였다.

4일차

보험회사 연수원과 지방은행연합회 연수원을 둘러보았다. 전반적으로 시설이 다 훌륭하였다. 교육생들과의 토론도 있었다. 한국에서 수출하는 채소류에 대한 질문이 있었다. 마지막날이어서 고기 뷔페 같은 곳에 가서 고기를 구워 놓고는 환담을 나누었다. 홀로 최대한 절제를 하였다. 쇼핑이 계속 이어졌지만 제대로 된 것을 사지 못했다. 결국은 면세점으로 갈 수밖에 없었다. PS(플레이 스테이션)2 CD만 한장 샀다. 4천엔 가량이었다. 조각도도 있었는데 사려다 관두었다. 필립스 전기면도기도 살까 말까 망설이다 관두고 말았다.

5일차

오전에 명치신궁과 절을 둘러보고 곧바로 나리따공항으로 버스를 타고 왔다. 출국 수속이 상당히 오래 걸렸다. 오후 3시반 비행기였다.

면세점에서 양주랑, 화장품, 동전지갑 등을 샀다. 흡연실을 찾아 담배를 한대 피우고 귀국길에 올랐다. 후지산을 멀리서나마 비행기에서 내려다 볼 수 있었다. 산 전체를 완전히 구름이 감싸고 있었다. 통역이 공항까지 배웅해 주었다 47세라는데 대단한 부인으로 보였다. 자식관계로 아토피 때문에 6년반을 고생한 모양이었다. 동시통역사도 하고 있었다. 상당한 경륜도 갖고 있었고 다방면으로 해박했다. 암울한 10년이란 표현으로 상실의 시대라고도 했다. 90년대의 저성장시대 일본을 얘기하는 것이었다.

2001년의 중국여행에 이어 두 번째 일본 해외여행이었다. 공식적인 교수들의 해외연수 출장으로 간 여행이었다. 15명의 교육원 교수들이 4박 5일간 일본 동경 등 농업관련시설과 교육연수시설을 돌아보면서 우리의 교육에 참고로 하고 반면교사로 벤치마킹하고자 간 것이었다. 선진화된 일본의 모습에서 우리가 배워야 할 것들을 참고하기 위한 여행이었다. 모두들 해외여행이라 많이 흥분해 했고 들뜬 기분으로 돌아보고 온 셈이었다.

오사카 교토 나라

여행 1일차 [인천공항 - 간사이 공항 도톤보리]

일본 오사카, 교토, 나라 여행 첫날이다. 어제 집사람이 짐을 다 꾸려 놓았기에 편안했다. 시간도 적당한 시간인 오전 11시에 나서면 되니 금상첨화였다. 예전처럼 새벽부터 서두를 필요가 없었다. 캐리어 두 개와 손가방 두 개 그리고 들고 다닐 손가방 한 개 정도였다. 캐리어 소리가 요란했다. 길을 가던 사람들이 힐끔 힐끔 쳐다보는 낯선 풍경에 저 사람들은 얼마나 여유로워 평일 한가한 시간에 해외여행을 떠나나 하고 눈치를 주는 것 같았다.

공항버스가 도착했는데 보슬보슬 비가 내리기 시작했다. 집사람의 핀잔에도 아랑곳 하지 않고 식빵가게에서 식빵과 과자를 샀다. 공항버스는 한적했다. 지난번에는 만 원이었는데 이번에는 서너 명밖에 손님이 없었다. 캐리어 가방을 들고 탔다. 한 시간쯤 후인 12시 30분경에 공항에 도착해서 M코너로 갔다. 여행사를 찾았더니 가이드가 나와 있었다. 항공권 예약내역표, 교통카드, 여행용비닐백, 명찰표 등을 인계받았다. 22명분이었다. 어른 18명 초등 1명, 중등 3명이었다. 조금 기다렸더니 목포에서 오신 스승님과 집사람의 선원 도반이시고 법명이 무진당이신 내외분이 오셨다. 곧이어 광주팀, 대전팀이 왔다. 각 팀의 팀원들에게 항공권예약지를 나눠드리고 전자발권 수속을 하고 짐을 부치는 등 출국 수속절차를 밟았다. 수속은 일사천리로 진행이 되었다.

문제는 항공기의 연착이었다. 오후 3시 30분이라고 하던 출발시각이 오후 4시 50분으로 변경이 되었다. 우리나라 날씨가 종잡을 수 없는 날씨이기는 했지만 이렇게 변경되어 버리니 관광 일정이 모두 바뀌게 되었다. 호텔 도착시간도 늦어질 수밖에 없는 노릇이었다. 항공사 측에서는 배려를 해서 식권을 나눠주었다. 그것을 들고 3층의 식당가에서 점심을 먹었다. 두 번째 점심인 셈이었다. 버스에서 식빵으로 요기를 했던 터여서 계속 먹어대는 상황이었다. 집사람의 구박이 이어졌다. 대부분 쌀국수 등 간편식으로 했는데 우리는 된장국과 육개장으로 해서 금액을 2만원에 맞췄다. 면세점에서 중국술 수정방을 두병 샀다. 항공기의 실제 이륙시간은 17:11분이었다. 항공기가 이륙해서 조금 지나자 기내식이 나왔다. 한참 기내식이 시끄러웠던 뉴스가 나왔던 일이 생각났다. 세 번째 식사였다. 저녁인지 점심인지 구분이 되지 않았다. 항공기가 작아서 그랬는지 좌석 앞에 부착되는 모니터도 없었다. 한 시간 여동안 신문을 가져와 보았다.

일본 오사카 간사이공항에 도착한 것은 오후 6시 47분쯤이었다. 입국수속을 밟고 짐을 찾아서 공항터미널을 나오니 거의 오후 8시경이었다. 가이드가 같이 여행을 하는 식이었다. 버스는 중형이었고 26인승 정도였다. 일행은 24명이었다. 모녀 여행객 두 분이 추가로 포함되었다. 빈 좌석이 없을 지경이었다. 처음으로 간 곳은 도톤보리였다. 내가 기억하는 것은 1985년 한신타이거스가 재팬시리즈에서 우승했을 때 엄청난 시민들이 이곳으로 달려가 물에 뛰어들었다는 얘기였다. 커넬 샌드스의 저주라는 것도 있었다. 우리의 청계천과 비슷한 천변이었고 유람선이 운행되어 주변을 돌아볼 수 있게 되어있는 식이었다. 자유시간을 가졌고 길거리 음식으로 타코야끼 등을 사서 맛을 보았다. 최종 집합은 오후10시 10분에 이루어졌고 호텔(신오사카 워싱턴 플라자 호텔)로 돌아왔다. 신오사카역 부근에 위치해 있었다. 오후 10시 30분경에 호텔에 도착해서 체크인을 하고 짐을 풀었다. 일행은 다시 짐만 풀고 호텔로비에 집결해서 선술집을 찾았다. 맥주를 한잔씩 했고 늦은 식사를 했다. 생맥주를 마셨고 하루의 피로를 풀었다. 해외여행 첫날 일정이 마무리 되었다. 술집 한쪽 벽면에는 그림이 걸려 있었다. 생선을 통째로 꼬치에 꼽아 숯불에 굽는 장면이었다. 시뻘건 숯불이 인상적이었고 생선도 실물처럼 생생한 느낌을 주었다. 옆에는 못에 걸린 인형 같은 것이 있었는데 우리로 치면 홍두깨 모양인데 생선 몸통모양으로 천으로 만들어졌고 끈이 들려 있었다. 모래주머니처럼 그것을 치거나 두드릴 수 있게 되어 있었다. 회합을 마치고 다시 호텔로 돌아와 잠자리에 들었다. 올해만 4번째 해외여행이었다. 캄보디아, 베트남, 대만에 이은 해외여행이었다.

2일차[아라시야마(교토) - 아라시야마도착 대나무숲, 천룡사, 도게츠바시(헤어짐의 다리) 노노미야 신사 팥빙수가게 - 중식(현지식) 후시미이나리 신사 이동 - 붉은 도오리 - 우메다 공중공원 이동[오사카 전망]- 도톰보리- 석식[한일관 김치찌개] - 도톰보리]

여행 2일차다. 날씨는 좋았다. 오전6시 30분부터 호텔 23층 식당에서 식사가 가능했다. 동양이라 그런지 식사는 한식이 거의 구비되어 있는 셈이었다. 밥도 있었고 된장국도 있었다. 물론 빵도 있었다. 외국인 손님도 간혹 있었다. 간단히 식사를 하고 채비를 해서 오전 8시 30분까지 로비로 내려갔다. 지난달만 하더라도 기온이 40도를 웃돌아 관광객들이 관광을 포기하고 차에서 쉬는 경향이 강했다는 얘기였다. 가이드가 남자로 바뀌었다. 시원시원했다. 자유관광이었는데 조카가 가이드와 버스 등을 섭외해서 일정을 짰다는 후문이었다. 이름이 무중이라고 소개했다. 오전 10시쯤에 교토의 아라시야마에 도착했다. 대나무숲을 걸었다. 인력거도 있었다. 초입에 노노미야 신사가 있었다. 거북바위를 만지며 기념촬영을 했다. 소원을 빌었다. 천룡사에 잠깐 들어갔다가 돌아 나왔다. 목조로 만들어진 헤어짐의 다리에 갔어야 했는데 다른 다리에서 기념촬영만 하고 시간에 쫓겨 버스로 돌아왔다. 중간에 팥빙수를 먹었다. 첫 번째로 엄청난 양에 놀랐고 두 번째는 가격에 놀랐다. 문서방의 딸 지윤(12살)을 잃어버려 걱정을 했다. 아빠에게 혼줄이 난 지윤이는 눈물바람의 아이스크림을 먹었다. 중식은 일본 현지식이었다. 소바와 우동을 선택할 수 있었다. 우리가 기대했던 소바의 맛과는 거리가 멀었다. 식사를 마치고 후시미이나리 신사로 이동했다. 주황색 기둥 즉 붉은 도오리가 사각으로 줄지어 연결되었다. 끝자락에는 여우가 모셔져 있고 여우가 벼를 물고 있는 동상도 있었다. 신사에서 모시는 신이 여우라는 것이고 여우가 곡물을 물고와 인간에게 전해져 우리가 벼농사를 짓고 밥을 먹고 있다는 식이다. 다시 교토에서 오사카로 이동해서 우메다 공중정원으로 이동했다. 3층까지 에스컬레이터로 이동해서 엘리베이터로 39층까지 이동했고 다시 에스컬레이터로 이동했다. 대만의 101빌딩과 유사한 구조였고 방식이었다. 한눈에 오사카를 볼 수 있었다. 내부에서 표시되는 것은 층수가 아니라 높이가 표시되었다. 옥상에서 전망을 해볼 수 있었다. 바닥 천장에 거울이 있어 위를 바라다보면 두 개의 상이 보였다. 입구 쪽에는 희망의 벽이라는 벽이 설치되어졌다.

다시 도톰보리로 이동해서 가이드와 같이 한 바퀴를 돌았다. 연인과의 인연을 이어주는 다리로 가보았고 그리코상이라는 엄청난 규모의 마라톤맨 상도 보았다. 옆에는 돈키호테라는 쇼핑몰이 있었다. 한바퀴를 돈 후 한국식 식당 한일관이란 식당으로 가서 저녁을 먹었다. 한국식당이어서 별도로 리필이 되었다. 밥이랑 국이랑 반찬 등이 통에 준비되어 있었다. 우리가 항상 접하던 음식이어서 익숙했다. 콩나물 무침, 우엉무침, 잡채, 파전, 제육볶음, 멸치튀김, 김치 등이었다. 종업원이 '많이 배워가세요'라는 멘트를 하는 바람에 스승님을 화나게 만들었다. 여행의 2일차 일정을 마치고 호텔로 돌아왔다. 가이드가 이자카야의 술집을 소개해 주었다. 그래서 일행은 다시 그곳으로 몰려갔다. 그런데 맥주맛이 시원치 않았다. 여자분들은 맥주를 남자들은 사케를 시켰는데 한잔씩만 마시고 다시 어제의 그 집으로 갔다. 여종업원이 구면이라고 반겼다. 술집에서의 흡연이 공공연하게 이루어져 눈살을 찌푸리게 만들었다. 아예 손님별로 재떨이가 제공되었다. 환기도 잘 되지 않는 듯 했는데 대책이 없었다. 하필 아시안게임 한일전 여자축구 대결이 벌어졌는데 2대1로 패하고 말았다. 뒤에 결승에서도 중국을 격파해 금메달을 목에 걸었다. 베트남과의 축구에서는 3대 1로 승리한 소식이 전해졌다. 박항서 감독이 이끄는 베트남팀이 사상최초로 4강에 진출한 것이다. 각자 취향에 맞춰 손님들은 맥주를 마시기도 했고 사케를 마시기도 했다. 회 안주는 제법 숙성을 시킨 것이었는데 양이 부족했다. 얼음 뭉치가 제공되기도 했는데 그것을 만지작거리며 더위를 식혔다. 좌석이 좁아 불편하기도 했다. 거의 2만보 수준을 걸었다. 피곤하고 힘들었을 텐데 기분은 좋았다. 무더운 날씨에 연신 부채질을 하면서도 더운 줄을 몰랐다. 술집의 벽면에는 안주거리를 덕지덕지 붙여놓았다. 화장실에는 명함을 꽂아놓았다. 2일차 여행 일정이 끝났다. 거의 자정 무렵에야 호텔로 돌아왔다. 일본이 선진국이라 여러모로 동남아국가 들과는 엄청나게 대비가 되었다. 거리는 깨끗했고 질서의식 화장실 등은 더할 나위 없었다.

3일차[청수사(교토) - 산넨자카 니넨자카 - 신사 관광- 중식 - 동대사(나라)-삼월당(법화당)- 사슴목장 - 오사카성- 나니와노 유 온천욕 - 저녁식사]

오전 8시 20분에 호텔로비에 집결해서 출발했다. 교토의 청수사를 들르는 것이 첫 번째 일정이었다. 한 시간여를 달려 오전 9시 40분에 교토에 도착해서 청수사를 돌아보았다. 산 중턱에 있었다. 위쪽에는 신사가 있었다. 좋은 인연을 만나게 해주는 신이라 했다. 기념촬영을 하고 내려왔다. 폭포수라고 했는데 세 줄기의 물줄기였다. 폭포에는 길게 된 국자 같은 것으로 물을 받아먹는 식이었다. 기념촬영을 하고 내려와 산넨자카와 니넨자카를 둘러보았다. 우리 같으면 한옥단지 같은 모습이었다. 시간이 없어 자세히 둘러보지 못하고 집결지로 내려왔다. 중식을 하고 동대사로 갔다. 동대사 입구에 사슴들이 가득했고 즐비했다. 동대사로 들어가는 길목에는 걸어다니는 사슴도 있었고 앉아있는 사슴도 있었고 관광객들이 근처가게에서 산 센바이 같은 과자를 주면 받아먹었다. 입장권을 가이드에게서 받아 입장했다. 정문의 규모에 압도되었다. 대불전의 대불은 엄청난 규모였다. 금강역사도 옆에 있었고 뒤편에는 모형으로 된 동대사 등이 진열되어 있었다. 나무통으로 된 것은 성인이 통과하기에는 너무 통로가 좁았다. 시간이 없었지만 삼월당으로 갔다. 입장료가 따로 있었다. 600엔이었다. 세 사람이 갔는데 나만 입장해서 보았다. 사진촬영이 금지되어 있었다. 신발까지 벗고 들어가야 했다. 감시인까지 있었다. 삼월당을 급하게 보고는 뛰어서 집결지로 왔는데 지각이었다. 5분 지각이었다. 박수갈채를 받았다. 어쩔 수가 없는 노릇이었다. 저녁에 맥주를 한잔씩 쏘는 것으로 결론지었다.

삼월당은 유홍준 교수의 문화유산답사기 일본편에 나온 것을 읽고 온 덕에 그 가치를 알게 되었다. 우리나라의 불국사와 석굴암 식이었다. 나라에서 다시 오사카로 이동해서 오사카 성을 보러갔다. 해자의 규모가 엄청났다. 배가 유람선처럼 해자를 헤집고 다니고 있었다. 마지막으로 도꾸가와 이에야스에 의해 오사카성이 함락될 때가 오사카성의 최후였다. 철옹성으로 지어졌고 결코 함락되지 않을 성으로 지어졌던 곳이었다. 사나다마루라는 일드에서 최후의 오사카성이 묘사되었다. 그것을 최후로 지킨 장수는 사나다 유키무라였다. 히데요리와 그의 모친 차차가 최후를 마친 곳이기도 했다. 천수각까지 올라가야 하는데 시간이 없었다. 멀리서 바라만 보고 기념촬영만 하고 그곳을 빠져나왔다. 공식적인 여행일정은 이제 이것으로 마무리가 된 셈이었다. 이제 남은 일정은 나니노와 유에서 온천욕을 하는 것이었다. 수건을 지참해야 했고 100엔 동전이 필요했다. 라커룸의 칸을 여는데 100엔 동전이 있어야 했다. 옷을 꺼내고 나면 동전이 반환되었다. 우리의 사우나와 비슷한 시스템이고 야외에 온천이 있다는 점이 다를 뿐이었다. 대부분의 사람들은 수건을 들고 다녔고 민망한 순간에는 주요부위를 가리기도 했다. 중간에 한 번 면세점에 들렀다. 연필을 찾았는데 구하는 것이 없어 구입을 할 수 없었다. 양주도 무척 저렴한 가격이었다. 쇼핑도 하고 여행의 마무리를 했다. 저녁식사는 일본식 정식이었다. 연어 등이 나왔다. 스승님께서 사케를 청했다. 제법 얼큰하게 취할 만큼 마신 듯했다. 호텔로 돌아왔다. 일행은 다시 선술집에 3번째로 갔다. 안주로 해물전골 같은 것을 시켜서 먹었다. 맥주를 마셨다. 오사카의 밤이 깊어갔다. 호텔로 다시 돌아와서 짐을 꾸렸다. 화장실에 들어갔다가 문이 잠겨 로비에 연락해서 문을 열어달라고 했다. 호텔에 있던 편의점에서 필요한 간단한 물품들을 샀다. 3박 4일간의 여행이 끝나는 셈이었다.

이제는 내일 호텔에서 체크아웃을 하고 간사이공항으로 이동해서 비행기를 타면 되는 것이다. 15년 전에 도쿄를 방문한 이후 두 번째 일본여행이었다. 어설픈 가이드로 인해 모두들 불편해 했고 안타까워했다. 일본에서 두 번째 가는 도시였다. 먹을거리로 넘쳐났고 젊은 활기가 넘치는 곳이었다. 차들이 경적을 울리는 것을 들을 수 없을 지경이었다. 평온하고 질서정연했으며 깨끗한 거리가 인상적이었다. 많은 애깃거리가 있는 도시였다. 바다를 메워 공항을 만들었고 고가도로가 즐비했다. 일본의 관광객 규모가 28백만 명이라 했고 그 중 7백만 명이 교토를 방문한단다. 우리의 경주가 350만 명이라고 하니 대비가 되었다. 편안한 여행이었고 즐거운 시간이었다.

오사카 에피소드

1. 냉장고

호텔에는 냉장고가 있었다. 문화의 차이였다. 냉장고 안에 전원을 켜는 장치가 있다는 것을 몰랐다. 첫날 도톰보리에서 사온 복숭아를 네 개 넣어두었는데 허사였다. 안타까운 일이었다. 일행의 지적을 받고 그렇게 불이 켜져야 가동이 된다는 것이다. 안에는 물도 없었고 맥주도 없었다. 바깥에는 공기청정기가 있었다. 에어컨도 버튼으로 조정하는 식이었고 천장에 부착이 되어 있었다. 바디워시, 샴푸, 비누 등은 벽면에 부착되어 있었다. 치약, 칫솔, 면도기, 면도용 크림만 일회용으로 포장된 채 비치되어 있었다. 수건과 타월은 매일 교체가 되었고 가운도 두벌 있었다. 구두주걱은 없었다. 드라이어는 화장실에 있었다. 핸드폰 충전코드는 꼽을 수 있도록 되어 있었고 화장실 목욕탕의 바닥은 배수구가 없었다. 샤워를 하려면 목욕탕 탕 안에서 하는 수밖에 없는 구조였다. 유럽식과 완전 닮았다.

2. 글리코상과 마라톤 맨

오사카의 상징으로 되어 있는 도톰보리의 글리코상으로 되어 있는 마라톤맨이 있었다. 처음 접한 곳은 조그만 과자가게였는데 다음날 두 번째 도톰보리를 돌아볼 때서야 제대로 우람한 마라톤맨을 볼 수 있었다. 실제로 존재한 인물의 형상화가 아니라 과자를 먹으면 글리코상의 마라톤맨처럼 건강해질 수 있다는 의미란다. 그 옆에 돈키호테란 유명 쇼핑몰이 있는데 저렴하게 파는 것으로 유명해 인파가 몰리는 곳이었다. 그 글리코상이 있는 곳의 명칭이 남파바시 또는 히카케바시라고 한다. 시장스시 드럭스토아 또는 다이소 등 쇼핑점들이 즐비해 있다.

3. 눈물바람 아이스크림 섞인 팥빙수

이번 오사카 여행은 22명이 참가했다. 번외 일행에 모녀 관광객도 있었다. 2일차가 자유여행이었는데 이분들은 유니버설 스튜디오 저팬에 다녀왔다고 했다. 미국 유니버설 스튜디오사가 세계 세 번째(LA, 올랜도, 오사카)로 만든 스튜디오로 할리우드 영화 테마파크식으로 조성된 곳이다. 운영은 유에스제이(주) [지자체, 대기업, 금융기관 공동출자] 백튜더퓨쳐, ET어더벤처, 쥬라기 공원, 터미네이터(입체영상) 조스보트여행, 백드래프트 쇼 등이 흥미 있는 볼거리, 체험거리이다. 우리일행 중에 제일 어린이로 문지윤이 있었다. 멋모르고 다니다가 일행과 떨어졌다. 모두들 시원한 팥빙수가게에서 빙수를 먹고 있던 차에 인원을 체크해 보니 민서와 지윤이가 없었다. 민서는 어떻게 알고 찾아왔다. 그리고 지윤이는 집결지인 버스에 타고 있다고 빙수집을 찾아온 것이다. 그러나 시간이 너무 늦어 빙수를 먹을 수는 없었다. 그래서 임시방편으로 인근 가게에서 아이스크림을 사주어서 그것을 먹었다. 그러나 아빠에게 한참 혼줄이 난 터여서 눈물을 찔끔거리면서 아이스크림을 먹었다. 나중에 내가 물었다.

아이스크림 맛이 어땠냐고 그랬더니 “아이스크림 맛이었다”라고 답변을 했다. 나는 눈물의 짭조름한 맛은 없었냐고 했더니 코웃음을 쳤다. 팥빙수의 엄청난 양에 처음에 놀랐다. 그리고 가격에 두 번 놀랐다. 거의 만 원 돈이니 너무 비쌌다. 고급 음식점의 식대에 버금가는 가격이었다. 혼자서 다 먹는 것이 버거울 정도였다.

4. 토요토미 히데요시

오사카 성을 세운 이이다. 두견새의 우화에서 그는 그렇게 얘기된다. 울지 않으면 울도록 만들면 된다. 자신이 원하는 대로 상황과 조건을 만든다는 것이다. 일본을 통일하고 그 이후 야망을 더 펼쳐나가기 위해 조선을 침략했던 이로 우리나라로 봐서는 철천지원수라 할만하다. 그는 바늘장수 또는 기름장수 등을 전전하다가 노부나가의 수하에 들어간다. 그는 직속무장으로서 노부나가를 지극정성으로 모신다. 바깥에 돌지방에 놓인 주군의 신발을 가슴에 품어 따뜻하게 만들어서 발을 따뜻하게 해주었다. 노부나가가 혼노사에서 측근에 의해 죽음을 맞게 되자 그 측근을 처단하고 노부나가의 후계자가 된다. 그리고 천하를 손아귀에 쥐게 되고 전국통일의 위업을 달성한다. 우리나라의 통신사가 방문했을 때 원숭이 상이라고 해서 한사람은 그를 폄훼했고 또 한사람은 극도로 경계하고 그의 복심을 꿰뚫어 보기도 했다. 그는 임진왜란이 끝나던 해에 죽음을 맞는다. 그 이후 그의 아들 히데요리가 오사카 성을 지키며 도꾸가와 이예야스에 대항했으나 결국 그의 간계에 해자를 메우는 등 실책을 범하고 오사카 성을 불태우며 최후의 항전을 하나 역부족이었다.

동북삼성 여행기

1일차 15408보, 11.49km, 620kcal, 3,394보(건강한 걸음)

08:05 인천발 - 08:55 심양도착(현지시각) - 심양국제학교-한국인 거리(인절미) - 中食(오리, 돼지고기, 빵) - 고궁 - 구적족도 - 아파트(숙소) - 夕食(꼬치구이)

지인 10명의 중국 동북삼성 역사탐방이 시작되었다. 오전 6시에 인천공항 제2터미널 A구역에서 만나기로 했다. 오전 4시 30분경 택시를 타서 한 시간쯤 소요되었고 택시비는 통행료 6,600원 포함하여 52,000원이었다. 차를 끌고 가느냐 공항버스를 타느냐 등으로 고민하다 택시를 탄 것이다. 공항에 도착에서 홀로 A구역으로 갔고 집사람은 와이파이도시락을 찾으러 갔다 왔다. A구역에서 일행을 만났다. D구역에서 발권을 하고 짐 부치는 수속을 했다. 요즘은 짐을 부치는 것도 무인시스템으로 처리되었다. 출국수속을 하고 48게이트에서 한일전 축구경기 재방송을 보았다. 핸드폰 충전도 가능했다. 집사람이 가져온 단팥빵으로 아침요기를 했다. 아침에 안개가 자욱해서 정시에 이륙이 될까 우려했는데 출발시간이 되었을 때는 시계가 양호해졌다. 비행기좌석은 모닝캄회원인 부부와 우리 부부만 나란히 앉았고 다 이산가족이 되었다.

선양 타오센 국제공항에 도착해서 입국절차를 받았다. 항공기에서의 안내와는 달리 열손가락 지문 등록은 여전히 밟아야할 절차였다. 어렵사리 입국수속을 마치고 전세버스에 올랐다. 본격적인 여정이 시작되었다. 타오센 공항에 JH님 부인인 SY님이 마중을 나와 우리를 반갑게 맞아 주었다. 제일 먼저 찾은 곳은 선양한국국제학교였다. 교장실을 둘러보고 회의실에서 간단한 공식행사로 KY님이 가져온 칠판지우개를 한 박스 전달했다. 학교 앞마당에서 단체 사진을 촬영하고 버스에 답승하여 '서탑' 이라는 한국인 거리로 이동했다. 한국인 거리에서는 한국전통시장과 비슷한 풍경에 놀랐고 인절미를 사서 먹으며 한국민족이 이곳에 200만 명이 살고 있다는 것에 다시 한 번 놀랐다. 북한식당 평양관과 모란관도 있었다. 인공기가 걸려진 모습이 애잔한 느낌을 주었다. 다음 행선지는 점심을 먹기 위해 중국식당에 들렀다. 춘삥이라는 음식이 나왔다. 중국 청나라시대 황제 초상이 걸려져 있었다. 검색을 통해 확인해 보니 옹정제의 초상이었다. 정말 건실한 국가 재정을 만들었던 14년 재위했던 명군이었다. 다시 한 번 중국 대하드라마를 봐야겠다는 생각을 했다. 얇게 부쳐진 전과 같은 편으로 싸서 먹은 춘삥은 월남쌈과 비슷했다. 중국에서 가장 많이 팔린다는 설화맥주로 반주를 곁들였다. 식사 후 간 곳은 청나라 초창기의 '고궁' 이었다. 자금성의 1/12 수준이란다. 동로, 중로, 서로가 있었다. 동로에는 대정전이 있고, 심왕정이 좌우로 포진되어 있었다. 팔각정 모양 전 앞에 좌우로 8기군 8개, 왕친위대가 두 개가 합해져 10개의 정이 있었다.

'고궁' 관람을 마친 후 족도 체험을 위해 '구적적도' 로 갔다. 남자 넷, 여자 넷, 부부 한쌍으로 나뉘어 들어갔다. 제공된 간편복으로 갈아입고 기다리니 마사지사들이 들어와 약제를 물통에 넣고 발을 담그게 했다. 따숫한 정도의 온도였다. 새벽부터 시작된 하루 동안의 여행 피로가 풀리는 느낌이었다. 발부터 머리, 등까지 거의 전신 마사지를 받고 나니 몸도 개운해졌다. 족도체험을 하고 SY님 아파트로 갔다 24층이었다. 짐을 풀고 잠시 앉았다가 걸어서 저녁을 먹으러 갔다. 동네 맛있다고 소문난 허름한 꼬치집으로 우리나라 포장마차와 비슷한 느낌이었다. 가느다란 쇠꼬치에 끼워진 고기류가 익혀서 나왔다. 맥주와 미리 준비한 고량주를 마시며 현지 음식의 맛을 느끼며 식사를 했다. 저녁식사는 SY님이 내는 것이라 했다. 화장실은 열악했다. 아파트로 돌아와 맥주를 한 잔 더 하고 잠자리에 들었다.

2일차

12,815보, 9.12km, 552kcal, 2408보(건강한 걸음)

조식(떡라면) - 단동으로 이동(3시간, 휴게소 1회) - 압록강변 및 단교투어 - 조식(금백성, 조선불고기, 삼겹살,갈비살) - 호산장성-호텔(진주로호텔) - 석식-취침

동북삼성 역사탐방 2일차이다. 날씨는 쾌청했고 미세먼지도 걱정할 필요가 없었다. 오전 5시 30분쯤 기상해서 채비를 하고 아침식사를 했다. 선양(심양)에 사는 SY님이 준비한 장뇌삼을 공복에 한 뿌리씩 먹은 후 준비해간 라면과 떡국을 섞어 떡라면을 만들어 먹었다. 오전 6시 30분에 출발을 해야 했기에 서둘렀다. 24층의 아파트에서 내려와 버스에 올랐다.(엘리베이터에 24층이 23A로 표시되어 있었다.) 아파트 주민 한 명이 큰 개를 끌고 산책을 하고 있었다. 아파트 입구 경비는 삼엄했다. 한 사

람씩 통과가 되었고 버튼을 눌러야 문이 열렸다. 버스는 이제 선양에서 단동으로 향했다. 3시간여를 달려야 도착할 수 있었다. 중간에 한 번 휴게소에 들렀다. 휴게소 인근이 청나라시절 황제의 칙서을 버린 곳이라 했다. 청황제가 조선의 왕에게 보내는 칙서를 사신들이 들고 귀국하던 중 그 내용을 보고 자신들의 목이 달아날 것으로 지레 짐작하고 칙서를 버렸던 곳이다. 화장실은 좌변기 형태였고 흡연 등으로 인해 청결하지 못한 느낌을 주었다. 우리나라처럼 깔끔하고 기분 좋은 느낌을 주지는 못했다. 버스에서 내린 관광객 일부는 카세트로 음악을 틀어 놓고 춤을 추기도 하는 모스을 보여주기도 했다.

산과 들녘을 달려 단둥에 도착했다. 압록강이 흘렀다. 그리고 압록강 철교가 있었고 그 철교 옆 한 쪽에 '단교' 가 있었다. 단교에 올라가 걷기 위해서 입장권을 끊고 들어갔다. 입구에는 인민복 복장의 중국군들이 나아가는 모습을 형상화한 조형물이 위압적으로 느껴졌다. 우리나라에는 치명적인 침략 군인이 북한과 중국에게는 평화를 유지하기 위한 군인인 것이 아이러니 했다. 단교는 강의 중간 정도까지 이어지다 끊겨 있었다. 기념촬영을 했고 강 저편으로 헐벗은 북한 땅을 바라보았다. 단교에서 내려오니 길 반대편에 북한 식당 '류경식당' 이 보였다. 신기한 듯 한복을 차려입은 여종업원들을 살폈다. 사진을 찍으려는 의도를 눈치 챈 듯 잽싸게 입구 쪽으로 나와 "사진을 찍으시면 안 됩니다." 라고 경고를 날리고 냉큼 돌아갔다. 본래 우리의 식사장소였는데 혹시 모를 여러 가지 문제를 고려해서 다른 곳으로 식사장소를 옮겼다고 했다. 길거리에 노점상에 우리나라 사과 같은 과일이 있었는데 미니사과 정도의 크기였다. 한참을 도보로 이동해서 점심을 먹을 '금잭성 조선족 식당' 에 도착했다.

식당의 벽에는 여우 오드리 햅번과 잉그리드 버그만의 흑백사진이 두 장 걸려 있고 또 다른 벽에는 로마의 휴일에서의 장면이 큰 브로마이드처럼 걸려 있었다. 그리고 칸막이처럼 되어진 벽에는 책들이 장식품처럼 걸려 있었다. 식당 다른 테이블에서 식사를 하는 중국인들이 담배를 피워대는 광경이 신기한 장면처럼 낯설었다. 불고기가 우리식으로 보면 삼겹살과 양념된 소갈비살이었다. 엄청난 양에 한 번 놀라고, 저렴한 가격에 두 번 놀랐다. 파채무침, 깍두기, 배추김치 등도 한국산 못지않은 맛을 냈다. 포식을 했고 제대로 식도락을 즐기는 기분이었다. 마지막 냉면으로 식사를 마쳤다.

버스에 올라 다음 관광지인 '호산장성' 으로 향했다. 중국인들이 동북공정을 통해 고려장성인 호산장성이 만리장성의 시작점이라고 주장하는 곳이다. 산성으로 들어가는 입구에는 하얀 들국화가 예쁘게 피었다. 입장권을 끊은 후 입구에 들어갔더니 우리나라 코끼리 열차와 같은 한 량짜리 셔틀이 있었다. 그것을 타고 산성 입구에 도착했다. 산성은 9문부터 시작했다. 산성 중간 중간에 있는 문 9개를 통화해야 하는데 정각처럼 되어있는 문에 들어서면 서늘한 바람이 불어와 더위를 식힐 수 있었다. 4문까지는 약간의 경사로 거의 평지수준이었으나 3문부터는 경사가 60도 이상 정도로 가팔랐다. 계단에서 휴식을 취하기도 했고 북한 땅을 배경으로 사진도 찍었다. 정상의 1문은 2층 구조이었고 압록강이 한 눈에 들어왔다. 북한 민둥산과 압록강 섬의 광활한 밭들도 보였다. 간간히 소들과 함께 밭갈이를 하는 농부들도 볼 수 있었다. 내려오는 길은 더 경사가 심해서 만만치 않았다. 70도 이상의 경사로 느껴지는 좁고 가파른 돌계단 길을 난간을 붙잡고 한걸음씩 한참 내려왔다. 이어 벼랑 끝 절벽

길을 거의 기다시피 지나기도 했고 오르락 내리락 하기를 대여섯 차례 하기도 했다. 짧은 출렁다리를 지나기도 했다. 북한과 중국을 구별하는 것은 어렵지 않았다. AY님이 “사람이 올라갈 수 있는 곳까지 민둥산이면 북한, 숲이 우거져 있으면 중국”이라고 한마디로 정리했다.

지척인 북한 땅을 바라보며 만감이 교차했다. 끝자락에 내려오니 ‘지척’이라는 표석과 ‘1보간’이라는 표지석이 보였다. 북한이 고랑 같아 보이는 강 건너 지척에 있다는 뜻이었다. 꿀맛 같은 시원한 물 맛과 아이스크림은 땀방울로 얼룩진 몸을 상쾌하게 해 주었다. 길거리 노점상에는 게를 꼬치에 끼운 튀김을 팔았는데 모두들 맛있게 먹는 모습이 이체로웠다. 호산장성 입구로 나와 탈것으로 이동해서 그곳을 빠져나왔다. 그리고 단동의 ‘진주로호텔’에 체크인을 했다. 압록강이 바로 호텔 앞으로 흐르고 있었다. 문제는 저녁을 먹을 식당이었다. 택시를 타고 이동해서 음식점을 가야할지를 두고 집행을 맞아 진행하고 있는 SY님과 JH님이 고민했다. 결국 호텔지하로 나와 호텔에서 운영하는 압록강변 야외 테라스형 식당에 자리를 잡고 식사를 했다. 먼저 맛을 본 것은 와인과 양갈비, 양다리 훈제였다. 그리고 조그마한 빵과 감자를 으깨 치즈를 덮어 오븐에 구운 음식과 냉면이었다. 테라스 한견에서 다른 중국관광객들이 여러포즈로 깔깔대며 기념촬영을 했다. 밤이 되자 강 건너 북한은 빛이 보이지 않는 암흑이었다. 이틀째 동북삼성 역사탐방이 마무리 되었다. 무척이나 험난하고 지난한 코스였지만 무사히 즐겁게 여정을 마무리했다.

3일차 6.8. 15,468보, 11.08km, 650kcal, 4,642보(건강한 걸음)

단동 - 집안(5시간) - 중힉(조선족불고기) - 광개토대왕비 - 왕릉-장수왕릉(장군총) - 환도

산성 - 호텔체크인 - 국내성터 - 석식(중국음식) - kfc(커피, 아이스크림) - 호텔 복귀

여행 3일차다. 오전 4시 30분에 일어나자마자 압록강변에 떠오른 일출을 핸드폰으로 촬영했다. 구름 속에 살포시 그 모습을 드러낸 태양은 여전히 경이로움 그 자체였다. 단동의 압록강변에서 맞는 일출은 색다른 느낌과 분위기를 연출했다. 한국시간으로 계산하면 오전 5시 30분인 셈이다. 오전 6시 30분 아침식사는 호텔 2층에서 조식 뷔페로 하였다. 오늘 아침도 SY님이 장뇌삼을 일행들에게 일일이 지극정성으로 나눠 주었다. 10인이 앉을 수 있는 원탁테이블에서 식사를 했다. 계란 후라이와 삶은 계란도 있었다. 수박 등 과일도 후식으로 맛볼 수 있었다. 좁쌀죽이 인기 메뉴였다. SY님이 단체로 체크아웃을 하고 보증금을 반환 받아 왔다. 체크아웃 과정에서 재떨이가 2개 있었는데 1개만 있다는 논란이 있었지만 하나 뿐이었다고 강변을 해서 납득이 된 것 같다. 7시에 버스에 짐을 싣고 '지안(집안)' 으로 출발했다. 압록강변을 따라 이동하는 것은 우리조상들의 숨결을 다시 한 번 느끼게 헤 주었다. 중국 쪽에도 철책이 쳐져 있었고 북한 땅 쪽으로도 철조망이 쳐져 있었기에 국경이라는 것을 알 수 있었다. 예전에 선풍적인 호응을 받았던 '압록강은 흐른다' (이미륵), '북간도' (안수길) 등 만주 별판을 무대로 치열한 삶을 살았던 동포들의 행적이 눈물겨웠으리라 상상이 되었다.

신록의 푸르름이 더할 나위 없는 6월의 싱그러움을 만끽하게 해주었다. 간간이 차창 밖으로 스쳐지나가는 풍광을 담기 위해 핸드폰으로 동영상을 촬영했다. 산과 들판 그리고 압록강을 지났고 조그마한 시골 장터같은 혼잡한 곳들도 지나쳤다. 길거리 난장에 걸린 울긋불긋한 많은

옷들과 많은 농산물들이 지천으로 깔린 채 새 주인이 나타나기를 기다렸다. 동북삼성의 중국인들은 한족이 대부분을 차지하지만 그래도 조선족이 소수민족으로 자리매김하고 있다는 것에서 친근감이 느껴졌다. 한 시간쯤 달린 후에 나타난 명소로 '수풍댐' 이 있었다. 우리나라 최초의 수력발전소였던 그 명성 그대로 웅장한 모습을 저 멀리 강 한 켠에서 바라 볼 수 있었다. 만주국과 공동자본 참여를 통해 건립되었기에 아직도 생산된 전기의 절반의 몫을 동북삼성에 제공하고 있다고 한다. 길가에는 참외, 구기자 등을 거리에서 판매하는 노점이 서너군 데 있었다. 다시 한 시간여를 달려서 만난 곳은 화장실이었다. 도착하기 전 마지막 화장실이었다. 70년대 우리나라 시골 화장실을 생각하고 기겁을 했지만, 파리는 많았으나 분뇨냄새가 심하지 않아 생각보다는 쉽게 일을 볼 수 있었다. 화장실 옆 밭에는 옥수수가 심어져 있었고 깨금 등의 작물도 재배되고 있었다. 차창 밖으로 보인 모습에서 일부 농부들이 복숭아 과수원에서 봉지 씌우기를 하는 장면도 볼 수 있었다.

장장 다섯 시간을 달려 도착한 곳은 '지안(집안)' 이라는 곳이었다. '조선족 불고기 집' 으로 가서 점심을 먹었다. 숯불 화로가 준비되었고 고기를 구워 먹을 수 있도록 6인석으로 조성이 되어 있었다. 배추김치와 콩나물 무침이 있었고 큰 양푼 같은 그릇에 된장국이 나왔다. 상추와 앙파 마늘 등도 푸짐하게 나왔다. 가격도 저렴했다. 맥주도 반주로 한 잔씩 했다. 옆 좌석에서 먹고 있었던 특수부위(염통과 돼지껍데기)도 어렵게 통역해서 겨우 시켜서 먹을 수 있었다. 염통은 바싹 익혀서 소금에 찍어 먹었다.

식사를 마치고 첫 예정지로 시작한 곳은 '호태왕비' (광개토대왕비)였다. 동북삼성에서 가장 유명한 관광지였다. 사방이 유리로 된 비각을 만들어 비석을 보호하고 있었다. 비문의 훼손 방지를 위해 실내에서의 사진 촬영도 엄격히 금지되었다. 비각 앞에서 단체사진을 찍었다. 높이 6m였고 1,590자의 글자가 새겨져 있다고 한다. 비명은 '호태왕비' 라고 되었다. 역사탐방을 온 부산의 여중생이 우리의 단체사진을 찍어주었다. 부산 연제구에서 왔다고 해서 반가웠다. 들판에는 작약이 지천으로 피어 있었다. 진분홍 빛의 자태가 관광객들의 탄성을 자아냈다. 들어가지 말라는 경고문도 소용이 없었다. '호태왕릉' 이 있는 곳까지 걸어서 이동을 했다. 그렇게 많은 관광객이 있는 것은 아니었고 공원은 잘 조성되어 있었다. 하지만 중국인들도 관광을 하고 있었고 매표소에는 근무하는 여직원들의 사진도 게시되어 있었다. 대왕의 왕릉은 세월의 흔적을 느낄 수 있을 정도로 고색창연했다. 왕릉 안쪽으로 들어가면 관 모양의 돌이 두 개 안치 되어 있는 모습을 볼 수 있었고 비장함을 느끼게 해 주었다. 광개토왕비와 왕릉의 관람을 마치고 이동한 곳은 '장수왕릉' 이었다. 일명 '장군총' 이란 곳이다. 돌로 된 능의 모양이 작은 피라미드에 버금갈 정도였다. 릉의 네 면에 큰 돌을 3개씩 버팀목을 세워 유지하고 있었으나 유실되어 약간 무너지고 있는 모습이 안타까웠다. 20m 정도 떨어진 곳에는 고인돌 형태의 '왕족 무덤' 이 있었는데 역시 돌을 빼내간 사람들로 인해 조금씩 기울어지고 있었다. 버스에 올라 10m쯤 이동하기 시작할 때 소나기가 쏟아졌다.

다음 목적지는 '환도산성' 이었다. 빗줄기가 굵어지고 세차게 내려 환도산성을 볼 수 있을까하는 걱정이 태산이었다. 8km를 이동하는 동안 만감이 교차했다. 환도산성을 볼 수 없을지 모른다는 우려를 했으나 입구에 도착하자 비가 그쳤다. 여기는 비가 내리지 않은 것처럼 느껴지기도 했다. 미리 끊어 놓은 입장권을 제시하고 입장했다. 전체를 다 돌아보려면 7km를 걸어야 한다는 것에서 다들 깜짝 놀랐다. 입구에 있던 출렁다리에서 단체사진을 찍었다. '환도산성' 은 어제의 '호산장성' 과는 또 다른 형태였다. 길게 사각 돌을 아래에 쌓고 위에는 깨진 돌들이 쌓여져 있었다. 입구 쪽에는 돌들이 무너지지 않게 철망으로 고정시킨 곳도 있었다. 산성 위에 일부 구간은 나무 데크로 걷기 편하게 해 두었고, 아래 쪽에는 무덤 군이 복원되어 있었다. 돌무덤과 흙무덤, 무덤의 크기 등이 신분을 나타내는 것 같았다. 산성 가는 길의 옆 사유지에는 철조망이 쳐져 있었고 작목을 재배하고 있었다. 옥수수, 대파, 쪽파, 호박, 깨금 등이 있었다. 한참 산성으로 올라가는 중간에 중국인 한 가족이 땅바닥을 유심히 살피고 있는 모습이 이채로웠다. 자세히 살펴보니 말똥구리의 작업 모습이었다. 두 마리 말똥구리가 자신보다 몇 배 더 큰 말똥을 동그랗게 만들어서 열심히 굴리는 작업을 하고 있는 것이었다. 입구에서 2km쯤에 있는 전망대에서 기념촬영을 하고 하산했다. '환도산성' 의 관광을 마무리 하면서 동북삼성의 공식적인 관광 일정이 마무리 되었다.

이제 호텔에서 짐을 풀고 저녁식사를 하면 되는 것이다. 2시간쯤 휴식을 취한 후 로비에서 만나는 것으로 되었는데 그 동안에 호텔 앞에 있는 '국내성터' 를 도보로 둘러보았다. 옛 고구려의 도읍지인 '국내성' 이었는데 성터자리와 남문, 동문 등 흔적만 남아 있었다. 안타까운 일이었다. 인증 샷을 남기고 돌아왔다. 북한과의 접경지역이다보니 보안이 철저했고 공안의 단속도 심해서 여행 경고지역으로 되어 있다고 했다. 식사는 정통중국식으로 룸에 들어가 10명이 원탁에 앉았다. 준비한 바이오주에 맥주를 시켜서 곁들였다. 탕수육, 마파두부, 돼지고기 고추볶음, 콩요리 등이 나왔다. JH님의 타의 추종을 불허하는 거침없는 입담과 AY님의 섬세한 유머로 모두 깔깔거리며 웃었다. 다음 평가회 일정도 잡았다. AY님의 제안으로 SY님이 귀국하면 2박 3일 국내여행도 추진하자고 했다. 지안에서의 밤이 깊어가는 가운데 아쉬움이 남았지만 마무리가 되었다. 갈매기, 사우디, 아우디의 건배사도 있었다. 이국땅에서 적응하기까지의 현지 SY님의 눈물겨운 사연도 일행들의 가슴을 뭉클하게 했다. 긍덕기(KFC)에 들러 아이스크림과 아메리카노를 마시며 여행의 마무리 대화를 나눴다. SN님 부부의 여권 분실 착오 에피소드와 주요부위에 대한 에피소드는 기억으로만 남긴다. 호텔로 돌아와 세면 후 순식간에 잠이 들었다.

4일차

집안 - 단둥 - 휴게소(영릉, 김밥 점심) - 선양 - 공항 - 출국 수속 - 16:50 이륙

동북삼성 역사탐방 마지막 4일차 여정이 시작되었다. 새벽녘이었다. 오전 3시경에 기상했다. 일출을 보려고 창밖을 살펴보는데 안타깝게도 비가 내리고 있었다. 정신을 차리고 탁자에 가서 여행기 작성에 나섰다. 거의 3시간 소요되었다. 3일차 일정을 다 쓰고 나니 동이 텄고 새벽시장이 열렸다. 새벽시장에 가고자 하는 사람은 오전 5시 반에 로비에 모여 SY님을 따라 구경할 수 있었는데 어줍잖게 실기하고 말았다. 오전 6시 30분 경에 채비를 해서 2층 식당에 내려갔다. 조식뷔페로 식사를 하고 출발 준비에 들어갔다. 3일차와 동일하게 SY님이 단체로 체크아웃하고 귀국길에 올랐다. 8시에 출발해서 공항까지 6시간의 대장정이 시작되었다. 중식식사도 김밥을 준비해서 휴게소에서 하기로 했다. 비는 계속 내

리고 있었고 시야도 썩 좋지 못한 상태였다. 처음의 길은 거의 국도였고 제대로 속력을 재지 못했다.

『청춘의 문』 6권의 남은 부분 60페이지를 읽음으로서 이번 여행에서 책 한 권을 완독했다. 2월부터 강의를 계속하다 보니 제대로 책 한 권을 읽지 못했는데 용케도 완독이 되었다. 신소계와 오리에 관한 부분이 중점적으로 묘사되어 있었고 부제로 된 것은 재기였다. 다음은 강의 자료를 한 번 훑어보는 것이 과제였다. 6시간여 긴 시간동안 짬짬이 동영상 촬영을 했다. 3분에서 8분짜리 동영상이었고 주로 5분 내외로 찍었다. SY님이 김밥을 배분해 주었다.

아침에 내렸던 비는 그쳤고 영릉휴게소에서 김밥을 먹으니 야외소풍을 온 분위기였다. 이국땅에서 맛보는 김밥은 새로운 느낌이었다. 휴게소에는 청나라 황제의 동상 모형이 세워져 있었다. 바깥에는 아이스크림과 쏘시지를 팔고 있었고, 쥐똥나무가 잘 가꾸어져 있었다. 30분 정도의 식사를 마치고 다시 버스를 타고 출발했다. 한국에는 우박이 섞인 비가 내리고 있다는 소식이 들려오기도 했다.

오후 두 시가 되어 공항에 도착했다. 캐리어를 꺼내고 버스기사와 작별을 했다. 공항내로 진입해서 자리를 잡고 짐정리를 했다. 발권과 짐을 부치는 수속을 한 후 SY님과 석별의 정을 나누고 출국 수속에 들어갔다. 나라를 달리해서 떨어져 사는 부부의 작별에 애잔함이 느껴졌다. 밧데리를 다 꺼내 점검을 하고 통과했다. SN님은 라이터가 있어서 통과하는데 애로를 겪었다. 면세점에서의 커피와 물은 너무 고가여서 구입을 포기하고 로밍을 해온 AY님은 유튜브를 통해 한국과 세너갈의 U-월드컵 8강전을 다시시청하며 새벽녘의 감동적인 순간을 다시 만끽했다. 한 탑승객이 의자에 여권과 탑승권을 두고 가서 그 것을 주운 여행객이 사람 이름을 부르며 돌아다녀 주인을 찾아준 훈훈하지만 한바탕 소동이 있었다. 전날 밤 SN님의 여권 분실 헤프닝과 주요부위 사건을 다시 떠 올리며 깔깔 웃었다. 비행기 승객은 대부분 우리나라 사람들이었고 백두산과 집안을 관광하고 귀국하는 길이었다. 한 시간 전쯤 우리가 탑승할 비행기가 도착했고 청소요원들이 기내로 들어가는 모습이 보였다. 공항에서는 와이파이는 연결이 되지만 사진 전송은 잘 되지 않았다. 중국에서 Daum 사이트를 차단하고 있기 때문에 '와이파이 도시락' 을 준비했지만 카카오톡도 연결이 잘 되지 않아 불편했다. 중국에서는 위챗을 사용한다고 했다. SY님은 8월 휴가철에 남편인 JH님, 자녀분과 상해에서 조우하여 소주와 항주를 여행할 계획이라고 했다. 39번게이트에서 대기 했다가 30분 전 쯤에 탑승했다. 16시 50분에 이륙한 대한항공 834편은 18시 30분쯤에 인천공항에 착륙했다. 중앙, 동아, 조선 신문을 보고나니 도착한다는 안내방송이 나왔다. 비가 내린다던 예보와는 달리 쾌청하게 맑은 날씨였다. 공항에서 일행과 작별하고 택시로 귀로에 올랐다. 3박 4일간의 동북3성 역사탐방일정이 마무리 되었다.

마누라 지인들과의 여행이라 여러가지 우려와 염려가 되었는데 무사히 일정을 마친 셈이다. 이제는 다시 또 여행에서 받은 기운을 활력으로 삼아 평범한 일상으로 회귀하여야 하리라. 이렇게 자주 해외여행을 할 수 있는 것도 행운이라 여겨진다. 모두들 좋으신 분들이라 무난하고 즐겁고 유쾌한 여행을 할 수 있었던 듯하다. 6월의 신록의 푸르름을 동북삼성 역사탐방을 통해 마음껏 만끽하고 돌아왔다. 모든 분들이 만사형통, 승승장구하는 나날을 이어가길 간구해 본다.

동북삼성 에피소드

1. 여권사건

동북삼성 역사탐방에서 가장 많은 웃음을 자아낸 이야기이다. SN장님께서 3일차 숙소인 홍향대주점에서 벌어진 사단이었다. 본래 호텔에 체크인을 하고 들어갈 때 여권을 받아서 올라갔어야 했다. 그런데 호텔 측에서 일일이 여권을 복사하는 과정에서 시간이 소요되어 급하게 여권도 받지 않은 채 휴식을 취하게 되었다. 그분은 샤워를 하다가 뜬금없이 사모님에게 여권이 어디 있냐고 문의를 하셨다. 그러자 사모님은 여권을 찾아보기 시작했다. 분명히 호텔로비에서 받았다고 여겼는데 찾을 길이 없었다. 안절부절 못하게 된 장님께서는 급한 마음에 혼비백산하여 황망하게 앞 객실의 문을 두드렸다. A장님 사모님은 급하게 찾아온 장님에게 충분히 상황을 설명드렸다. 호텔로비에서 SY장님께서 여권을 호텔에 제시를 했고 호텔 측에서 일일이 복사를 하느라 시간이 지체되는 바람에 내일 아침 체크아웃을 할 때 반환하기로 했다는 사정을 세밀하게 주저리 주저리 해명했다.

2. 주요부위

여행 3일차의 집안의 압록강변으로 산책을 나갔던 중이었다. A 교장님의 주요부위에 관한 설명이 있었다. 두 분은 동창이었고 둘도 없는 친구였다. 호적상의 생년월일까지 같았고 묘하게도 태어난 시까지도 비슷하다고 한다. 어찌보면 쌍둥이와 같은 부분이고 어쩌면 사주팔자도 유사하지 않을까 여겨지기도 했다. 대학시절부터 단짝이었다. J 교장께서 A 교장님의 입담을 칭찬하며 별호로 구라를 정해 주었다. 그리고 이제부터 자네의 주요부위는 입이야 라고 했다. 그러자 A 교장님은 자신도 몰랐던 주요부위를 친구를 통해서 새삼스럽게 알게 되었다고 즐거워 했다. SY 교장님의 주요부위는 머리라고도 농을 했다.

3. 전문직 시험

SN 교장님의 전문직에 얽힌 얘기가 화제였다. 2007년의 일이었다. 지금으로부터 12년전이었다. 무척이나 오래전 일이었음에도 또렷하게 기억을 하고 있었다. 3년전에 한 번 도전했다가 실패를 했었고 다음으로 한해는 실의에 빠져 응시를 포기하기도 했었다. 그리고 2007년에 세 번째 도전이었다. SY 교장님과 부인의 공덕이 큰 힘이 되었다는 설명이었다. 부인께서는 직접 공덕을 쌓기 위해 자신이 다니던 절에서 놋그릇을 닦는 공덕을 실현했다는 얘기였다. 남편의 합격을 위해 불철주야로 그 힘든 놋그릇 닦는 공덕을 펼친 눈물겨운 사연이 있었던 형국이었다. 이미 전문직 경험이 있었던 SY 교장님의 실사준비 요령 등도 많은 도움을 주어 합격의 영광을 안을 수 있었다는 무용담이었다. 부인이 없으면 자신은 쓰러진다는 우스개 소리를 하기도 했다. 집사람의 처수성가妻手成家에 관한 설명도 있었다.

3. 개암나무

동북삼성 역사탐방 3일차에 환도산성에 갔을 때 였다. 산성옆으로 농사를 짓는 모습을 볼 수 있었는데 그곳에 있는 것이 개암나무였다. 사투리로 깨금나무라고도 했다. 개암을 직접 식용으로 사용하기도 했다. 이쪽의 풍토나 기후에 잘 맞는 것인지 모를 일이다. 효험이 어떻한지 모를 일이다.

4. 말똥구리

동북삼성 여행 3일차였다. 환도산성으로 올라가던 중이었다. 길목에서 어른 한 분이 골똘히 관찰을 하고 있었고 어린이 둘이 또 유심히 쳐다보고 있었다. 우리 일행은 가까이 가서 그 광경이 무엇인지 보았다. 큰 말똥구리도 아니었다. 조그만 덩치의 말똥구리 두 마리가 자기 몸체보다 훨씬 큰 말똥을 이리저리 굴리며 옮겨가는 중이었다. 신기한 장면이 아닐 수 없었다. 사진을 찍었고 동영상도 촬영을 했다. 여행 중에 만난 진귀한 장면이었다.

5. 김치와 라면 그리고 붉은 바께스

김치와 라면은 필수품으로 알았다. 여러 일행들과의 여행에서 각자마다 분담된 것이 있었는데 우리부부에게 할당된 것이 밑반찬이었다. 일단 볶음김치와 총각김치를 준비했고 깻잎도 준비를 했다. 첫날 SY 교장님의 댁에서 잠을 자고 다음날에 아침식사에 김치와 라면이 거의 소진이 되었다. 또한 남은 것은 중식요리를 먹을 때 간간이 선을 보였다. 아무튼 김치와 고추장 등은 거의 소용이 없을 지경이었는데 동북삼성에서의 한식은 거의 우리의 입맛과 잘 맞아떨어졌다. 둘째 날 저녁에 양고기를 먹을 때 김치와 깻잎 등이 첨가되어 별미를 맛 볼 수 있었다. 셋째 날이었다. 호텔에 들어갔는데 붉은 색으로 된 바께스가 있었다. 과연 이것이 뭘까 라고 궁금해 했다. 나중에 알게된 것은 그것은 일단 유사시 즉 화재가 났을 때 소화기 대신 물을 퍼부어 불을 끄는 용도로 사용할 것이라는 것에 폭소가 나왔다. 기묘하게도 소화기는 찾아볼 수가 없었다. 참으로 기막힌 발상이 아닐 수 없었다. 시대가 어떤 시대인데 이런 발상이 있을까 싶어지기도 했다.

6. 영릉복무구 휴게소

동북삼성 역사탐방 4일째였다. 마지막 돌아가는 날이었고 특별한 일정이 없었다. 집안에서 곧바로 출발해 공항까지 가는 여정이었다. 그 중간에 중식을 위해 휴식을 취한 곳이 영릉복무구 휴게소였다. 영릉이라는 곳은 청태조 누루하치가 그의 4대조를 모신 능(영릉)이 있는 곳이다. 조선을 건국한 이성계(태조)도 4대조를 모신 예가 있었다. 행정구역상으로는 요녕성 신민현으로 옛지명으로는 흥경이었다. 조선 소학교가 위치해 있기도 했고 그곳에는 항일전투의 전설적인 영웅인 양세봉장군의 동상도 있다. 우리는 그곳에서 김밥으로 식사를 했다. 미리 식당에 주문을 해서 김밥을 싸온 셈이었다. 휴게소 한쪽에서 따사로운 햇살을 받으며 여행의 마지막 식사를 한 것이다. 휴게소의 한쪽에는 황제의 모습을 한 동상도 세워져 있었다. 강희제, 옹정제, 건륭제의 모습으로 여겨지기도 했다. 아주 멋들어진 나무도 볼 수 있었는데 검색결과는 쥐똥나무라고 했다.

7. 기타

화장실 부분이 있었다. 호텔이나 일반 관광지의 경우 그런대로 양호한 편이었다. 그런데 단둥을 가던 중에 만났던 재래식 화장실은 기겁을 할 정도였다. 그나마 개방이 된 상태여서 그래도 분뇨냄새는 덜했다. 그런데 그곳이 이제는 마지막 화장실이라고 하니 용변을 보지 않을 수도 없었다. 참으로 독특한 경험이 아닐 수 없었다. 화장실이 좌변기가 아니라 양변기로 되어 있다. 그리고 형식이 우리와는 반대로 되어 있다. 일반 우리의 80년대 양변기 형식을 거꾸로 생각하면 된다는 식이다. 우리는 앞에 물이 내려가고 동그랗게 가려지는 형식인데 중국은 전혀 그런 형식이 아니고 뒤쪽에 물이 내려가도록 되어 있고 구멍이 뚫려있다. 아무든 우리 고속도로 휴게소의 향기나는 화장실과는 전혀 거리가 먼 화장실 양식이다. 그래도 많이 좋아진 모양이라고 하니 안타깝기 그지없다. 호텔은 그나마 좌변기식으로 되어있지만 비데도 없는 형식이다.

다음은 인터넷망이다. 통신서비스 등은 속도가 느려 도저히 전송이 안 되는 형편이었다. 카톡도 막혔고 다음도 막았고 유튜브도 막혀있는 상황이다. 제대로 사진이나 동영상의 전송 자체가 어렵게 되어있는 구조였다. 호텔에서도 와이파이가 되기는 했지만 속도가 늦어 전혀 무용지물이었다. 카톡이 아닌 채봇을 실행시켜서 활용한다고 하는데 우리는 생소한 앱이었다. 식당 중에서도 일부는 와이파이를 접속할 수 있게 안내표지를 붙여놓기도 했다. 한국식당이나 북한 식당도 종종 만날 수 있는 부분이었다. 김일성, 김정일 부자의 뺏지를 달고 식당을 찾는 북한출신 사람들도 만나기도 했다.

뱀에 관해서 기겁을 했던 얘기를 해보자. 버스를 타고 가던 중에 만난

뱀이었다. 아주 흑갈색이었고 거의 팔뚝만큼 두꺼운 모양이었고 길이도 족히 2미터는 되어 보였다. 아마도 도로 중간에 평화로이 있다가 버스가 오자 식겁을 하고 숲속으로 사라지는 상황이었다. 버스 뒤쪽에 앉았던 우리로서는 버스 앞쪽에서 황급히 걸음아 날 살려라 라고 하며 도망치는 모습을 얼핏 보았다. 그런데 그 형태가 너무나 흉물스럽고 혐오스러울지경이었고 거의 동물원에서나 봄직한 뱀의 모습이었다. 일반 관광지에도 뱀에 대한 출몰에 관해 주의를 하라는 경고메시지를 붙여놓기도 했다.

북녘땅에 관한 얘기다. 압록강의 단교를 보면서도 우리의 땅이 지척인데 갈 수 없는 부분에 대한 안타까움이 있었다. 단동과 집안 등은 모두 접경지역으로 보였다. 강 하나만 건너면 북한인 것이다. 지척이란 표석이 있는 곳에서는 거의 손에 잡힐 듯이 북한땅이 느껴지는 곳이었다. 한걸음만 내딛으면 바로 북한 땅이었다. 그곳의 모습은 평화로워 보였고 한가했다. 한적한 시골풍경 모습 그대로였다. 한가지 안타까운 점은 모두가 민둥산이었다는 부분이었다. 땔깜으로 나무를 사용하다 보니 산에 나무가 남아나지 않았다는 설명이었다. 사람이 올라갈 수 있는 부분까지는 대부분이 다 민둥산의 모습으로 남겨져 있었다. 자전거를 타고 가는 모습이나 소를 끌고 밭을 가는 모습이 우리의 70년대 농촌 풍경과 흡사했다. 소를 몰고 밭을 갈기도 했고 괭이질을 하는 모습도 보였고 그것을 감독하는 감독관의 모습도 보였다. 우리가 민간차원에서 트랙터를 보낸다고 했는데 많은 농기계를 북한에 보내야 할 것이라고 여겨졌다.

차車에 관해서 살펴보자. 우리는 미니버스를 타고 이동을 했었다. 관광을 하면서 여기저기에서 볼 수 있는 자동차의 모양이나 형태 등은 예전에 비해 무척이나 다양해졌고 중국의 발전상이 한눈에 느껴질 정도로 변화무쌍해졌다. 이제는 세계 굴지의 자동차들이 다 중국에 들어와 있음을 실감할 수 있었고 우리나라에서 볼 수 있는 외제차보다 더 많은 종류의 외제차들이 중국에 침투해 있고 팔려나가고 있음을 볼 수 있었다. 단지 아직까지 크랙션을 빵빵대는 모습에서는 낙후된 후진문화를 느껴볼 수밖에 없었다. 그리고 무자비하게 도로를 나다니는 행인들의 모습에서도 낙천적이고 대국적인 국민성을 느껴볼 수 있는 대목이었다. 웃통을 벗고 있는 모습도 아무렇지도 않게 구경거리가 아닌 자연스러운 모습이었다. 담배를 아무 곳에서나 피워대는 모습도 '아직 선진국이 되려면 멀었구나' 하는 마음이 들었다. 종교적인 색채가 있는 절이나 교회 등의 모습은 전혀 눈에 띄지 않았다. 언제나 중국 국기가 펄럭이고 있었고 중국 공산당의 표어 들이 즐비했다. 20여 개의 자치 성이 있다고 했는데 한 개 성의 규모가 우리 대한민국과 맞먹을 정도라고 하니 대국이라고 하지 않을 수 없을 것으로 보였다.

서유럽 여정

2018. 12.16(일) 1일차 (인천공항 - 로마공항 - 호텔 기내식(중식, 석식))

서유럽 여행을 출발하는 날인데 늦잠을 자버렸다. 우리는 부랴부랴 채비를 해서 택시를 타고 공항으로 향했다. 약속된 장소에서 오전 9시 20분쯤에 가이드를 만났다. 그리고 여행에 관한 일정표 등을 받고 게이트에서 다시 만나기로 하고 출숙수속에 들어갔다. 아시아나 항공사에서 항공권을 발권하고 그런 후에 짐을 부치고 검색대를 통과했다. 항공기 이륙 3시간 전에 집합을 한 상태라 여유로웠다. 인천공항 면세점에서 참이슬 소주 5병(200ml)과 김치(포기김치, 총각김치)를 샀다. 날씨는 그런대로 양호한 편이었다. 미세먼지가 나쁜상태로 여겨졌다.

퇴직 후 제공된 여행증서로 가는 여행이었다. 8박 10일의 일정이었다. 방문국은 이탈리아, 스위스, 프랑스였다. 모두투어란 여행사를 통해 패키지로 가는 여행이었다. 오랜기간동안 여러 가지로 준비를 하고 대비를 했던 여행이었는데 기대에 한껏 부풀어 있었다. 일간지 경제지 등 신문을 다섯 부 정도 골라서 항공사 여객기에 탑승했다. 비행시간 동안 읽으려고 가지고 간 책은 아사다 지로의 단편소설집 『산다화』와 장편소설 『프리즌 호텔』이었다. 두 권을 독파하고도 시간이 남았다. 12년 전에 유럽여행 때에는 존스타인 벡의 『분노의 포도』를 읽었다.

한국시간 오후 12시 25분에 이륙한 비행기는 12시간이 지난 현지시간 오후 5시 30분에 로마공항에 도착했다. 우리나라와의 시차는 8시간이었다. 여행 첫날 중식과 석식을 기내식으로 해결했다. 항공기에서 내려 입국심사를 마치고 짐을 찾아서 전세버스에 올랐다. 버스를 타고 30분쯤 달려 호텔에 도착했다. 3일간 숙박할 곳이었다. 가이드가 자기소개 및 여행일정 등을 설명했고 인사를 했다. 젊은 가이드였다.

패키지 여행팀은 7가족이었다. 모녀간에 온 가족도 있었고 가족전체 혹은 일부가 오기도 했다. 여성분들이 많았다. 인천에서 로마까지의 거리는 8,976km였다. 지구의 1/4바퀴를 돈 셈이었다. 거의 4만km가 지구 둘레라 하면 그런 정도였다. 저녁 7시 30분쯤에 안토넬라 스틸이란 호텔에 도착했다. 짐을 풀고 휴식을 취했다. 가이드가 유럽 여행에서의 기본적인 부분에 관해 설명을 했다. 물은 다 사서 먹어야 한다. 버스앞쪽에 물을 비치해 두었으니 돈을 내고 가져가면 된다. 물값은 1유로라 했다. 500ml수준이었다. 일반 식당에 음식물의 반입은 엄격하게 통제된다는 식이다. 매너팁은 1유로 또는 2달러, 한국 돈 2천 원 수준을 침대부근에 놔두고 나와야 한다는 얘기였다. 기사는 나폴리 출신으로 멋진용모를 가진 분이었다. 로베르토라 했다. 무척이나 한국을 좋아하는 이라는 설명도 있었다. 이태리어로 하는 인사말도 가르쳐 주었다. 인사말은 '부온 조르노'라 했다. 저녁인사는 부오나 세라였다. 감사인사는 그라치에였다. 세계의 언어에 대해서도 설명했다. 우리생각으로는 영어가 가장 널리 쓰일 것이 여겼는데 전혀 아니었다. 1위 언어는 중국어였다. 두 번째는 스페인어였다. 세 번째가 영어였다. 다음은 식사에 관해서였다. 음료주문이 첫 번째였다. 물, 탄산음료, 맥주, 와인 등 여러 가지가 있다. 그리고 그것은 각자 개별적으로 계산이 된다는 식이다. 아침 일정에 관해서도 안내했다. 오전 5시 30분에 기상, 7시 식사, 7시 30분에 출발이다. 가이드는 크루즈 여행안내가 전문이라했다. 거의 10여 년 이상 가이드를 한 전문가이드였다. 개인적으로 가이드를 하다가 회사에 들어왔다는 설명이었다. 자기식으로 얘기하면 가이드는 극한직업이라는 하소연을 하기도 했다.

12. 17(월) 2일차 (콜롯세움-[벤츠투어(선택관광)] 전차경기장(벤허) - 진실의 입 - 포로 노마노(월계수) - 스페인광장[수태고지탑] - 트레비분수[젤라또]-베네치아광장[통일 100주년 기념박물관] - 판테온[라파엘로 무덤]) [중식 - 현지식(레드와인, 스파게티, 야채샐러드, 닭가슴살, 석식 - 한식(된장찌개, 두부김치, 제육볶음) 콩자반, 오이무침, 숙주나물, 깍두기, 배추김치, 양배추, 막장] - 바티칸 박물관(천지창조, 최후의 심판) - 베드로 성당(피에타)]

여행 2일차로 실질적인 이탈리아 로마관광이 개시되는 날이다. 어제 저녁에 비가 내렸기 때문에 날씨가 궂은 날이 되리라 우려했는데 맑은 날씨여서 다행이었다. 아침 7시에 호텔에서 제공하는 조식을 먹었다. 와플잼 바른 빵, 치즈, 햄, 소시지 계란 오믈렛, 삶은 계란, 쥬스 등을 뷔페식으로 먹는 방식이었다. 30분 후에 버스로 출발했다. 30분 정도 소요되는 거리에 있는 콜롯세움에 갔다. 차들이 정지신호로 정차하는 그 짧은 순간에 저글링 등을 공연하고 팁을 챙기는 모습들이 이색적인 풍경이었다. 원형경기장 옆에는 개선문이 있었다. 파리의 개선문이 참고로 했다는 원조 개선문이었다. 규모는 파리보다 조금 작아보였다. 바깥으로만 걸어서 돌아보았다. 세계 각국에서 온 관광객들이 즐비했다. 원형경기장은 외곽거리가 581미터였다. 본래 처음 건립할 때의 모습에서 일부 바뀌진 형태의 모습이 현재의 모습이었다. 본래 원형사진 모습을 이탈리아 현지 가이드가 사진으로 보여주었다. 원형경기장을 보고난 후부터는 벤츠투어였다. 우리로 보면 스타랙스 같은 차에 8명씩 분승해서 시내 관광을 하는 식이었다. 한 가지 철칙으로 지켜지는 것은 기사가 문을 열어줄 때까지 기다렸다가 하차를 해야 한다는 부분이었다. 짧은 거리를 차량으로 이동했고 잠시 잠깐식 사진촬영 등을 하는 시간이 주어졌다. 첫 번째는 전차경기장이었다. 옛적의 그 자리만 흔적처럼 남았고 예전의 상황을 상상으로 그려보는 수밖에 없었다. 말이 끄는 전차가 돌던 트랙으로 추정되는 모습만 잔해로 남아있어 볼 수 있었다.

다음으로 간 곳은 진실의 입이었다. 전혀 관심밖이었던 곳이었는데 로마의 휴일이라는 영화 덕분에 로마의 명소가 된 곳이었다. 기념촬영을 하고 빠져나왔다. 세 번째 관광지는 로마시대 가장 번성했던 명소였다. 포로 로마노였다. 로마의 화려했던 옛영광을 되새겨 볼 수 있는 곳이었다. 명소를 내려다보는 곳에서 관측을 했고 사진을 찍었다. 언덕 한켠에는 월계수 나무가 서 있었다. 포로 로마노에서 걸어서 조금 이동했더니 스페인 광장이 나왔다. 로마의 휴일 영화에서 두 주인공이 젤라또를 먹었던 곳이었다. 요즘은 젤라또를 먹는 것을 불허한다. 여러 가지로 번잡하고 그렇게 허용해서 혹시라도 문화재들이 파손될 우려 때문이라고 했다. 한쪽에는 수태고지(천사들이 와서 동정녀 마리아에게 임신됨을 알려주는 장면) 탑이 있었다. 마리아상에는 꽃다발이 걸려 있었다. 다시 벤츠를 타고 도착한 곳은 트레비 분수였다. 얼마 전까지만 하더라도 청소를 위해 칸막이가 설치되어 있어 제대로 볼 수도 없었던 곳이라 했다. 오른손으로 동전을 쥐고 왼쪽 어깨너머로 동전을 던져서 분수에 빠뜨려야 소원을 성취할 수 있다는 얘기였다. 한 번을 던지면 다시 이탈리아로 여행을 올 수 있다는 것이고 두 번째는 사랑하는 사람과의 인연을 맺을 수 있게 된다는 것이다. 세 번째는 분수로 던져서는 안 되는 동전이었다. 그것은 사랑하는 사람과 이혼을 하거나 이별을 한다는 얘기였다. 옆 아이스크림점에서 젤라또를 사서 맛을 보았다. 기념촬영을 하고 다시 집합해서 찾아간 곳은 베네치아 광장이었다. 광장 옆에는 최근에 지어진 통일기념박물관이 있었다.

다음은 판테온 신전이었다. 원형돔으로 되어 있었다. 브루넬리스키가 피렌체의 두오모를 설계할 때 모범으로 삼은 곳이 판테온이었다. 배수구가 있었고 하늘로 향한 천정은 뚫려있었다. 마차가 관광객을 태우려는지 대기하고 있는 모습도 보였다. 한 광대 같은 이는 움직이지 않는 포즈를 취하고 있었다. 몽마르뜨 언덕에 있는 하얀칠을 한 사람모형과 흡사했다. 예전 건물들에는 일부 말고삐를 걸 수 있는 쇠고리가 돌에 박혀있기도 했다. 가이드의 얘기로는 예전에 건물을 지을 때 1층을 그렇게 다른 층보다 높게 지은 이유 중의 하나가 마차가 바로 진입할 수 있도록 하기 위함이었다. 판테온 신전을 보는 것으로 오전 일정은 마무리가 되었다. 식사를 하고 다시 또 관광에 나섰다. 첫 행선지는 바티칸 공국이었다. 이곳도 하나의 나라로 인정을 해서 입국절차를 밟아야 입장이 가능했다. 별도의 무선수신기를 지급받았다. 가이드 설명은 무선수신기를 통해서 들을 수 있었다. 공국으로 들어가서 마당 같은 광장에 섰는데 곳곳에 최후의 심판과 천지창조를 그림 형식으로 세워놓은 곳이 여러 곳 있었다. 가이드가 그림 앞에서 상세하게 내용을 설명했다. 사진촬영이 금지되어 있기 때문에 이곳에서 설명을 듣고 사진을 찍어야 한다는 설명에 의아해 했다. 본격적인 걸작의 감상을 위해 가이드를 따라서 건물 안으로 들어갔다. 입추의 여지가 없을만큼 수많은 관광객들이 운집해 있었다. 방의 가장자리 쪽으로는 관광객들이 앉을 수 있도록 해 놓았다. 천장화로 천지창조가 그려져 있었다.

다음은 베드로 성당의 앞마당 광장에 집합해서 성당 관광 요령을 설명 들은 후 자유관광에 들어갔다. 한가지 아쉬운 점은 정원을 둘러싼 외곽쪽으로 군데군데 세워진 입상의 조각상들이 모두 천으로 싸고 끈으로 묶여져 있었다. 우리의 놀이공원의 코끼리 열차처럼 운행이 되는 모습도 있었다. 궁전을 둘러볼 시간이 부족해서 제대로 정원을 돌아보고 느껴볼 수 있는 시간적 여유는 없었다. 궁전앞에서 고작 동영상을 찍는 것으로 만족할 수밖에 도리가 없었다. 관광을 마친 후 저녁식사를 하러 갔다. 한국식당이었다. 고정메뉴로 나온 것은 된장찌개, 두부김치, 제육볶음이었다. 기본 반찬으로 콩자반, 오이무침, 숙주나물, 깍두기, 김치였다. 물은 유료였다. 베드로 성당의 야경사진 모습이 브로마이드 식으로 벽 한쪽에 걸려있었다. 묘하게 또다른 느낌이었다. 식사후에 호텔로 돌아와 휴식을 취했다. 여행 하루 동안 걸음을 건 걸음 수는 14,698보였고 거리로는 10.85km,소모 카로리는 543cal이었다.

12.18(화) 3일차 [조식(도시락) 06:40분 출발 - 폼페이 - 소렌토항구 이동(기차) - 카프리섬 이동(배) - 미니버스 이동(카프리섬 정상) - 중식 - 카프리 관광 - 휘니쿨라탑승 선착장이동 -

유람선 이동(나폴리-버스 이동 -석식- 호텔 복귀)

서유럽 여행 3일차였다. 한국과의 표준시차(8시간)에 적응하는 것이 하루에 두 시간 정도씩 된다고 했는데 만만치 않았다. 매일 일어나는 시간이 거의 새벽 2시 30분이었다. 새벽녘에 일어난 후에는 쉽게 잠들지 못했다. 오전 5시 30분에 알람이 울렸다. 오전 6시에 로비로 가서 가이드로부터 도시락을 전달받았다. 너무 이른시간이라 식당에서 식사를 할 수 없는 상황이 빚어진 것이다. 6시 40분에 버스에 승차해서 폼페이로 향했다. 고속도로를 달려 2시간여가 소요되었다. 폼페이로 가는 중간에 현지 가이드의 합류를 위해 잠시 정차하기도 했다. 또 한 번 휴게소에 들러 볼일을 보았다. 바쁜 일정 때문에 시간이 무척 빠듯했고 촉박했다. 폼페이에 도착해서 유적지를 돌아보았다. 유적지 입구 광장에 켄타우로스(반인반마상)가 동상으로 서 있었다. 창을 들고 있는 모습이 거의 전사수준이었다. 우리가 새벽에 출발했는데 다른 패키지 팀은 이미 폼페이 관광을 마치고 빠져나가고 있는 팀이 있었으니 놀랄 일이었다. 다른 한국팀이었다. 맨 먼저 발견한 것은 우물가였다. 전체 유적지내에 33개소가 있었다.

다음은 빵가게 같은 곳이었다. 화덕이 설치되었다. 목욕탕도 있었다. 그곳에는 복대를 한 남자가 엎어져 있는 모습이 유리곽 속에 전시되고 있었다. 현지 이탈리아인 가이드의 얘기로는 남자로 추정된다고 했다. 가이드가 3명이었다. 전체 총괄 가이드 한 명, 현지 한국인 가이드 한 명, 그리고 현지 이탈리아인 가이드가 있었다. 거의 해설은 현지 한국인 가이드가 했다. 법에 의해 현지 이탈리아인 가이드가 필수적으로 동반하도록 제도화되어 있다는 것이다. 현지 이탈리아인 가이드는 입장권을 구입해서 배부하거나 길을 안내하는 식이었다.

목욕탕을 둘러본 후 가본 곳은 환락가 같은 곳이었다. 돌침대가 놓여져 있었고 위 벽에는 음화로 여겨지는 기이한 그림이 그려져 있었다. 바닥돌에는 중간 곳곳에 흰돌이 섞여져 있었는데 그것은 밤에 식별을 위한 것으로 야광돌로 보였다. 가이드의 안내로는 워낙 길이 험로여서 기차로 이동한다는 얘기였다. 폼페이에서 소렌토항까지의 여정에 관한 안내였다. 소렌토 기차역에서 내렸다. 도보로 걸어서 선착장으로 이동했다. 그리고 유람선과 같은 배로 카프리 섬으로 갔다. 이 카프리 섬관광도 선택관광 사항이었다. 소요시간은 30분가량이었다. 가이드가 멀미방지용 껌을 나눠주기도 했다. 카프리섬에 내려서 미니버스로 절벽길을 따라 정상부근까지 올라갔다. 그렇게 이동하던 중에 현지 이탈리아인 가이드의 깐소네 노래를 들었다. 돌아로라 소렌토로(원어버전, 한국어버전) 산타루치아 등이었다. 거의 정상부근에 도착해서 현지식당에서 식사를 했다. 햇볕이 잘드는 창가였는데 커텐은 없었다. 따사로운 햇살에 눈이 부셨다. 벽난로가 활활타고 있었다. 스파게티 맛은 일품이었다. 오징어 튀김류와 와인을 한잔하며 점심을 먹었다. 가이드에게 부탁해서 와인콜크를 하나 얻어 초등학생에게 기념품으로 주었다. 카프리 섬의 깍아지른 듯한 절벽길을 걸어서 내려왔는데 아래쪽으로는 그림같은 풍광이 펼쳐졌다. 왜 나폴리가 세계3대 미항에 들어가는지 휴양지로 이름이 높았는지 황제의 별장 등으로 유명했는지 느껴볼 수 있는 대목이었다. 버스를 타고 다시 카프리 섬의 중심부로 내려왔다.

일행 모두에게 40분 가량의 자유여행시간이 주어졌다. 각종 양장점, 기념품점, 카페 등이 즐비했다. 일행 중 일부는 카페에서 차를 마셨고 일부는 번화한 상점가 옷가게 식당 등을 둘러보며 눈요기 관광을 했다. 화장실은 유료였다. 선착장까지의 이동은 휘니쿨라로 이동했다. 수평이 아니라 높낮이가 다른 이동수단으로 색다른 모습이었다. 단선철로 같은 궤도 위를 달렸는데 중간 정도에 복선화가 되어 있어 상하행선이 교대로 지나갈 수 있었다. 선착장에서는 갈매기에게 먹이를 주며 꽃보다 할배의 순재님처럼 흉내를 냈다. 갈매기들이 몰려들기 시작하자 모이를 놓고 다툼을 벌이는 모습이 이채로웠다. 선착장에서 제법 큰 유람선을 타고 한 시간쯤 달려 나폴리 항에 도착했다. 배에서는 카프리섬 주변의 경관을 카메라에 담기도 했다. 나폴리항에 도착해서 버스로 이동했다. 그리고 귀로에 올랐다. 2시간쯤 고속도로를 달린 후 7시쯤에 어제 갔었던 한국식당에 또 갔다. 저녁의 메뉴는 육개장이었다. 반찬으로 파전, 오징어볶음, 가지나물 등이 새롭게 나왔다. 가이드의 호의에 의해 물은 그냥 먹을 수 있었다. 항상 따로 주문되는 음료, 와인, 피자 등은 개별적으로 정산을 하는 식이었다. 새벽부터 시작된 여행 3일차 일정이 마무리 되었다. 현지 한국인 가이드와 작별을 고하고 호텔로 돌아와 짐을 꾸렸다. 잠자리가 바뀌게 되는 셈이었다. 여행 중 걸었던 걸음 수는 12,584보였다. 거리로는 9.13km였고 소모 열량은 469cal이었다.

12.19(수) 4일차[아르데아(호텔소재지) 출발-피렌체이동(4시간) - 중식 - 단테동상 광장, 면세점 - 시뇨리아광장(다비드, 기마상, 성당) - 단테생가 - 두오모성당 - 미켈란젤로 광장 - 베네치아 이동(3시간30분) - 호텔 -석식]

여행 4일차로 피렌체를 관광하는 일정이다. 정상적으로 호텔 식당에서 뷔페 조식을 마치고 다시 호텔객실로 가서 캐리어 등을 챙겨서 내려왔다. 정확하게 출발시간인 오전 7시 30분에 출발할 수 있었다. 거의 오전내내 버스로 이동하는 시간이었다. 차창밖으로 펼쳐지는 녹색의 농촌모습은 풍요로운 이탈리아 시골 모습을 보여주었다. 북으로 북으로 이동하는 중이었다. 질서정연하게 운행되는 차들이 선진국다운 모습을 보여주었다. 차량마다 비행기의 블랙박스같은 것처럼 운행기록 장치가 내장되어 있다. 그래서 정확하게 규정속도를 지키게 되고 근로 시간도 지켜야하고 휴식도 일정 시간 이내에서 정해진 대로 해야하는 부분이었다. 들녘에는 한가로이 풀을 뜯는 양들의 모습도 있었고 간간이 집들 혹은 성城들의 모습도 눈에 띄였다. 올리브나무들이 빼곡이 줄지어 온 들녘을 뒤덮고 있었다. 저멀리 보이는 드넓은 초원지대도 푸른 빛이었다. 프렌체에 들어가는 입구에서 세금으로 내는 비용이 거의 한화 50만 원 수준이라 했다. 1~2년 전에는 더 이상 관광객을 받지 않겠다고 해서 베네치아 시민들이 시위를 벌이기도 했다는 소식이었다. 물의 도시이다 보니 무척이나 물가가 비쌌다. 에스프레소 한잔에 6~7유로를 한다고 했고 비싼 집의 경우는 13유로까지 받는다. 로마 등지에서는 2유로를 넘지 않았다. 휴게소에 들러 간단히 볼일을 보고 초코렛 등 간식거리를 살 수 있는 시간적 여유도 있었다. 간간히 터널도 지났고 공사구간을 지날 때도 있었다. 일행들은 차창밖으로 지나는 풍광을 동영상으로 담기도 했다. 고속도로에는 중앙분리대도 설치되어 있었다. 도로 상의 곳곳에 이정표도 부착되었다. 우리와 같은 감시카메라 속도 측정기 등은 찾아볼 수 없었다. 휴게소에서 모자를 하나 사기도 했다. 사실은 첫째 여행날에 식당에서 모자를 놓고 나오기도 했었다. 5.6유로였다. 모자 앞부분에 이탈리아라고 써졌고 1861년이라고 찍혔다. 휴게소에서 한국인 여행객들과 조우하기도 했다. 영국 이탈리아 6박 8일 여행을 온 일행과 조우하기도 했다. 직장동료간의 여행이라고 했다. 영국투어를 마치고 우리와 같은 일정으로 피렌체, 베네치아 일정을 소화하려는 듯했다.

맨처음으로 간 곳은 단테상이 있는 성당 앞의 면세점이었다. 대부분 가죽제품이었다. 서류가방으로 보이는 것이 한화 45만 원 내지 60만 원을 호가했다. 손지갑 두 개를 샀다. 174유로였다. 며느리 선물용과 집사람용이었다. 유일하게 화장실이 있는 곳이라 했다. 물건을 사 놓고 보관을 시켜두었다. 짐을 들고 관광을 할 수 없었기 때문이었다. 관광을 마치고 찾아가는 식이었다. 성당에는 단테의 탄생 600주년 기념상이 동상으로 서 있었다. 단테의 무덤은 다른 곳에 있는데 이곳에 가묘를 만들어 대문호를 기리고 있다는 식이다. 단테도 그랬고 괴테도 그랬다. 일편단심 민들레처럼 그렇게 한여성을 지극정성으로 사랑했다는 것이 공통점이었다. 다음 관광지는 단테의 생가였다. 두상이 벽면에 걸려져 있었고 위쪽에는 사진이 걸려 있었다. 바닥에도 그의 모습이 있었는데 제대로의 식별을 위해 물을 뿌려놓았다. 외관만 보는데도 인파가 운집해있어 제대로 음미해보고 감상하는 게 쉽지 않았다.

다음으로 도보로 이동해서 찾아간 곳은 두오모성당이었다. 저절로 탄성이 나올만큼 우람하고 거대한 돔모습에 압도되었다. 세례당은 성당 맞은편에 별도의 팔각형 형태건물 모습으로 있었는데 그곳 문은 황금색으로 화려하게 부조된 조각들이 부착된 문의 모습이었다. 로렌초 기베르티가 제작한 동쪽 문은 미켈란젤로가 천국의 문이라 절찬한 작품이었다. 브르넬리스키와의 공모전에서 승리해서 제작한 것이라 했다. 세개의 문에 부조조각이 있다. 예술의 도시, 꽃의 도시라하는 피렌체였다. 르네상스가 화려하게 꽃피웠던 배경에는 메디치가의 적극적인 후원이 힘이 되었다. 세례당은 피렌체의 수호성인 산조반니에게 바치기위해 11세기에 세워진 팔각형의 건물이었다. 성당의 종탑과 돔에는 걸어서 올라갈 수 있었는데 줄이 너무 길었다. 그리고 패키지에서는 항상 그렇게 올라가는 것이 허용되지 않는다는 것을 다들 알고 있었다. 광장에는 화가들이 커리커쳐 초상화 등을 그려주기 위해 대기하고 있었지만 신청자는 없었다. 맞은편쪽의 두오모 돔원형을 설계 제작한 브로넬리스키의 걸작으로 꼽힌다. 천정에 그려진 최후의 심판은 다른 작가의 작품으로 미켈란젤로의 것과는 사뭇 다른 느낌이었다. 브로넬리스키의 전신상도 옆쪽 건물에 자리하고 있어 기념사진을 찍었다. 돔의 옆 가장자리 부분은 보강공사를 하고 있는 중이었다. 일본 영화 〈냉정과 열정사이〉라는 작품의 무대가 되었던 두오모였다. 종탑은 조타가 제자인 피사노와 함께 설계해 14세기 말에 완성했다. 높이 84개로 두오모와 마찬가지로 계단을 걸어서 올라가 피렌체 전체 도시를 조망할 수 있다. 두오모의 관광을 마치고 다시 면세점으로 걸어서 왔다. 특이한 광경하나는 불법주차된 차량을 견인해가는 모습이었다. 관광객 및 내국인이 걸어서 다니는 좁은 골목길에는 차들도 다녔고 오토바이 등도 내달렸다. 길에는 무분별하게 쌓여져 있는 개똥들이 관광객들의 인상을 찌푸리게 만들었다. 구입했던 면세품들을 찾아서 버스로 돌아왔다. 한국인으로 보이는 직원들이 유창한 한국말로 설명해 주었다. 벨트, 가방, 지갑 등 가죽으로 만든 것들이 대부분을 차지했다. 한쪽으로는 보석상 같은 곳도 있었다. 면세용 카드도 주었다.

잠깐 버스로 이동해서 미켈란젤로 광장에 도착했다. 한눈에 피렌체 시내가 조망되었다. 푸른 빛의 다비드상이 거대한 모습으로 피렌체 시내을 내려다 보고있었다. 이제 4일차 일정이 마무리 되었다.

피렌체에서 베네치아로 이동하는 일정만 남았다. 오후 4시쯤에 출발했는데 두 시간 후 쯤에 휴게소에 들렀고 호텔에 도착하니 오후 7시쯤이었다. 스페인에서 수학여행을 온 고교생들이 호텔로비에 대거 밀집해 있어서 로비가 혼잡스러웠다. 인솔선생님께서 숙소를 배정한 후 주의사항 등을 고지하는 것으로 추정되었다. 가이드님의 안내에 따라 키를 받고 호실에 짐을 두고 로비층으로 내려왔다. 식당에 단체로 입장을 해야하는 것이 하나의 규칙으로 보였다. 메뉴는 이탈리아 정식이었다. 파스타가 처음에 나왔고 다음으로 스테이크와 콩 그리고 감자가 으깨진 것이 나왔다. 일행중 한분이 발싸믹과 올리브유를 달라고 하자 그것을 가져다 주었다. 빵이나 고기 등을 그것에 찍어서 먹으니 느끼한 맛이 좀 가셨다. 다른 서울팀의 여대생은 별도로 파스타를 시켜서 개별적으로 주문해서 맛보기도 했다. 항상 음료대는 별도로 계산하는 식이었다. 가장 간단한 물의 경우 2유로 수준이었다. 식사를 마치고 객실로 가서 샤워를 하고 휴식을 취했다. 하루 여행 중에 걸었던 걸음수는 11,090보였고 거리로 환산하면 8.4km 열량은 397cal였다.

12. 20(목) 여행 5일차[비 베네치아 – 탄식의 다리 - 밀라노 산마르크 광장 - 두칼레 궁전 - 종탑 - 곤돌라 관광 - 수상택시 - 중식(라구나 한식당 불고기) - 베네치아 - 밀라노 이동 - 석식(이탈리아 정식) - 호텔]

여행 5일차다. 아침의 시간 계획은 6, 7, 8이었다. 오전 6시 기상, 7시

식사, 8시 출발이었다. 비가 내렸다. 한 시간쯤 버스로 이동해서 베네치아에 도착했다. 배를 타러갔다. 현지가이드가 왔다. 현직성악가로 자신을 소개했다. 지도를 펴놓고 베네치아의 이동경로 관광내용 등을 상세하게 설명했다. 맨먼저 배를 타고 베네치아 중심부로 이동했다. 산마르크 광장이었다. 탄식의 다리 등을 지났다. 죄수들이 감옥에 들어가면서 마지막으로 건너는 다리로 이제는 다시 이 다리를 밟을 수 있을까 탄식한다는 것에서 유래한 다리 이름이었다. 광장입구에는 왼쪽에는 베네치아의 상징인 날개달린 사자상이 있었다. 오른쪽에는 수호성인 아마세아의 성 테오도르 동상이 나란히 원주기둥 위에 서 있었다. 오른쪽 동상의 형상은 창을 들고 악어를 제압하는 청동상의 모습이었다. 곤돌라를 타고 베네치아를 둘러보았다. 30분쯤 소요되었다. 자유시간은 한 시간 10분쯤 가졌다. 성당에 들어가보고 종탑에도 올라가 보았다. 베네치아 전경을 조망해 볼 수 있었다. 성당내부는 장엄한 느낌을 주었다. 예수님 12제자 중 한 분인 성 마가의 유해가 보관되었다. 세계의 가장 아름다운 응접실로 나폴레옹의 칭찬이 있었다. 성당의 2층은 입장료를 내고 들어가는 곳이었다. 종탑도 8유로의 입장료를 내야했다. 엘리베이터로 순식간에 올라갔다. 피렌체에서 시가지를 조망했듯이 종탑에서 베네치아 전체모습을 볼 수 있었다. 한쪽 귀퉁이에는 갈릴레이 갈릴레오의 이름이 새겨진 동판이 있었다. 그가 예전에 종탑에서 천문관측을 했었다는 흔적이었다. 베네치아를 통치했던 도제가 살았다는 두칼레 궁전의 모습도 웅장한 자태를 보였는데 일부는 수리중이었다. 광장을 가로질러서 곤돌라를 타지않은 일행과는 한 시간 후쯤 종탑에서 만났다. 곤돌라는 조정경기에 쓰는 카누와 비슷했는데 6명이 탈 수 있었다. 늙은 뱃사공이 노를 저었다. 뱃사공에게 노래를 불러달라고 청해보았는데 허사였다. 좁은 다리 밑을 지날 때에는 곡예사처럼 절묘하게 배를 기울여 옆으로 아치형 다리 밑부분에 부딪치지 않도록 배를 기울였다. 1조인 우리 일행은 핸드폰의 카메라 셔터를 누르면서 수로들을 운행하는 곤돌라에서 파바로티의 음악을 들었다. 파바로티의 오솔레미오, 산타루치아 등이었다.

현지가이드는 현직 성악가로 베이스라고 했다. 유튜브에 검색하면 공연실황을 볼 수 있다는 설명을 했다. 애당초 해설을 하면서 약속하기를 말을 잘 들으면 돌아가는 수상택시에서 한 곡을 들려주겠다고 했다. 곡명은 산타루치아였다. 무선수신기로 노래를 들을 수 있었다. 역시 전문가답게 멋지게 노래를 불렀다. 대단한 솜씨에 모두들 박수를 보냈다.

곤돌라 관광후 자유시간을 가졌다. 배고픔을 참지 못하고 요기를 하려고 가게에 들어가 머핀과 던킨도너츠를 샀다. 그리고 무심결에 던컨도너츠를 한 입 베어문 순간이었다. 하늘높이 날던 갈매기나 사정없이 날아와 바로 던킨도너츠를 채갔다. 그러자 그 던킨도너츠가 하필 땅바닥에 떨어졌다. 그 짧은 찰나의 순간을 놓치지 않고 여러 마리의 갈매기떼가 그것을 먹으려고 아귀다툼을 벌였다. 모두들 경악했다. 한순간에 벌어진 일이었다. 가이드의 경고는 사전에 있었다. 갈매기 등에 먹이를 주다가는 벌금을 물게 된다는 식이었다. 성당에는 집사람만 들어갔다. 가방을 맨 사람은 통과할 수 없다는 얘기였다. 성당 앞에 대기하다가 호기심에 바로 맞은 편의 종탑에 올라갔다. 다시 종탑에서 내려와 집사람과 임무교대를 했다. 내가 성당에 가고 집사람은 종탑에 올랐다.

다음의 과제는 화장실을 찾는 것이었다. 바닥에 WC표식이 붙어있었다. 그곳을 찾아서 계속 갔더니 화장실이 나왔다. 하필 유료였다. 유료로 볼일을 보고 나왔다. 다시 패키지여행 온 일행과 종탑에서 합류해서 수상택시를 탔다. 택시에서도 외부와 내부좌석이 있었다. 내부에는 히터가 가동되어 따뜻했다. 전체 인원이 두 대의 수상택시에 나눠타고 다시 선착장으로 나왔다. 버스타는 곳까지 걸었다가 버스에 올랐다. 점심식사를 하는 곳은 한식당이었다. 중식을 할 곳은 라구나(갯벌)라는 이름의 한국식당이었다. 태극기가 한쪽에 걸려서 반가웠다. 먼저 기본 반찬 세가지가 나왔다. 오이무침, 깍두기, 무말랭이무침이었다. 밥과 기본반찬은 무한리필이 되었다. 다음은 불고기와 계란찜이 나왔다. 맥주를 두 병 시켜서 먹었다. 맥주로 타는 듯한 갈증을 해소했다. 화장실이 하나여서 줄을 서서 기다려야 했다.

식사를 마치고 다시 버스를 타고 밀라노로 이동했다. 밀라노는 경제수도, 박람회의 도시라 했다. 다양한 종류의 브랜드가 즐비했다. "창밖을 보지 말고 앞만 보고 가세요"라고 조언했다. 다빈치의 최후의 만찬에 관한 얘기를 했다. 6개월 전에 인터넷으로 입장을 예약하고 매일 한정된 인원만 입장이 가능하다는 식이었다. 워낙 세월이 오래되다보니 색조가 많이 바래졌고 복원에 애를 쓰고 있지만 쉽지않다고 했다. 밀라노에 도착한 것은 오후 5시 20분 경이었는데 벌써 날은 어두워져 어둠이 드리워져 있었다. 대도시답게 교통정체는 엄청났다. 길옆으로 펼쳐지는 상점들의 브랜드는 명품브랜드였다. ZARA(가구), EGO, BOSS, BOGG, RADO,REGO, CHICCO CAFE 등 수없이 많은 상점들이 계속 연결되어 있었다. 깨끗한 외관과 깔끔한 모습으로 고객들을 유혹하고 있었다.

밀라노에서의 관광의 시작은 라스칼라 극장에서부터 시작되었다. 광장의 중앙에는 다빈치의 동상이 세워져 있었다. 옆쪽으로 미켈란젤로 박물관이 있었다. 조금 더 걸어서 임마누엘 회랑을 통과했다. 크리스마스가 임박해 있어 온통 거리는 축제분위기로 느껴질 상황이었다. 네온사인의 불빛이 화려함의 극치를 보여주었다. 베네치아 통치자 임마누엘을 기리기 위한 회랑 길이었다. 돔모습의 천장에는 크리스탈로 보이는 장식이 있었다. 바닥에 황소가 새겨져 있었는데 그것의 심볼을 밟고 한바퀴를 돌면 소원이 성취된다고 해서 모두들 그렇게 하고 있었고 그것을 기념으로 사진으로 남겼다. 긴 회랑길은 인파로 넘쳐났다. 모두들 셔터를 누르느라 정신이 없었다. 회랑을 다 지나고 나자 드디어 마주할 수 있었다. 밀라노의 두오모성당이었다. 고딕식의 첨탑형식이었다. 베드로 성당에 이어 두 번째로 규모가 큰 성당이었다. 조각상이 3,300개가 부착되었다. 외부에 2,200개 내부에 1,100개라 했다. 첨탑도 135개였다. 첨탑꼭대기에는 성모마리아상이 올려져 있었는데 금으로 만들었다는 식이다. 옥상에 올라가면 날씨가 맑은 날에는 저멀리 알프스가 보일 정도였다. 성당앞쪽에서 만나기로 하고 자유시간을 가졌다. 광장의 중앙부에는 크리스마스 트리, 기마상 등이 있었다. 기마상 아래 쪽에 한 쌍의 연인들은 열심히 입술을 부딪치고 있는 모습이 보이기도 했다. 두오모성당을 관광한 후 다시 버스를 타고 식당으로 갔다. 정통 이탈리아 식당이었다. 먼저 나온 것은 피자 1/2판이었다. 다음은 돼지고기 스테이크와 야채샐러드가 나왔다. 우리부부가 시킨 음료는 화이트와인과 물이었다. 한국인 관광객을 만났는데 이탈리아와 영국을 여행하고 있었다. 저녁식사를 마치고 다시 버스에 탑승했다. 버스를 타러 가던 길에 대형슈퍼가 있었는데 짬을 내어 그곳에 들어가볼 시간적 여유가 없어 아쉬웠다. 한 시간여를 달려 도착한 곳은 밀라노에서 루체른으로 가는 길목 비스트쯤에 위치한 한 호텔이었다. 가이드로부터 키를 건네받고 호실로 들어와 휴식을 취했다. 하루동안 걸은 걸음 수는 11,988걸음이었고 거리는 8.98km 열량소모량은 445cal였다.

<u>12. 21(금) 여행 6일차〈스위스 1일차〉 [비, 루체른 이동 (08:00~11:30) 빈사의 사자상 - 무제크성벽 - 시계점투어 - 한식당(김치찌개) - 카펠교 - 호수유람선(1시간) - 인터라겐 이동 - 시계면세점 - 호텔도착 - 저녁식사(헝가리 요리) - 호텔복귀 - cook(신라면, 치킨,케익)]</u>

아침에 비가 내렸다. 강수확률이 60%였는데 예상대로 비가 내렸다. 아침의 작전은 6, 7, 8이었다. 기상시간, 식사시간, 출발시간이었다. 스위스의 그림같은 전경을 기대했는데 비로인해 전경의 모습은 반감되었다. 버스로 이동하는 내내 동영상을 촬영하거나 그림같은 풍경을 카메라에 담았다. 모두들 환상적인 풍경에 정신없이 찍어댔다는 표현이 적절할지 모를 일이다. 한 시간쯤 버스로 달렸더니 스위스 국경이 나왔다. 국경 통과를 위해 별다른 검사가 진행되는 것은 아니었다. 세금납부가 통관절차였다. 가이드가 우스개로 얘기했었다. 버스 차창에 여권을 대면 통과가 되는 것이라 했더니 어떤 노인네가 실제 그렇게 했다는 얘기가 모두를 웃게했다. 산자락 곳곳에 눈이 쌓인 모습이였다. 저 멀리 산능선과 정상에 눈들이 소복히 쌓였다. 간간히 호수를 볼 수 있었고 건물과 도시도 지나쳤다.

처음으로 찾은 곳은 빈사의 사자상이었다. 프랑스 혁명당시 루이 16세를 보호하기 위해 고군분투했던 스위스용병의 넋을 기리기 위한 상像이었다. 스위스를 표시하는 방패가 사자옆에 위치했고 사자상의 발아랫쪽에는 프랑스를 의미하는 방패가 있었다. 천연의 바위암벽에 사자상을 깍아서 만든 명작이었다. 그나마 다행이었던 것은 다른 관광객들은 극소수여서 오롯이 우리들만 관광을 할 수 있었던 부분이었다. 한쪽 옆으로 화장실이 있었는데 모두들 신기했는지 그 모습을 카메라에 담기도 했다. 양변기와 예전 재래식이 결합된 식이라는 것이 적절한 묘사로 보였다. 빈사의 사자상 관람을 마치고 찾은 곳은 카펠교라는 곳이었다. 목조로 되었고 다리 중간 중간에 성화가 그려져 있었다. 요즘은 제대로 관광용인 듯했다.

30여분의 자유시간을 가진 후 점심식사를 하러갔다. 모든 일행이 걸어서 이동했는데 한국식 식당으로 태극기가 바깥에 걸렸다. 예약시간보다 일찍 도착하는 바람에 좀 대기하는 시간이 있었다. 우리나라 소주 참이슬을 시켰는데 가격이 만만치 않았다. 와인보다 훨씬 비쌌다. 25유로였다. 이탈리아의 두 배 수준이었다. 식사를 마치고 카펠교를 건너서 유람선 선착장으로 갔다. 제법 규모가 있는 유람선으로 안정감이 느껴졌다. 비는 그쳤다. 1층에는 식당도 있었다. 우리 일행 대부분이 2층에서 호수가를 구경하며 유람선의 정취를 느꼈다. 음악도 틀고 조그만 브루투스로 들었다. 외로운 양치기, 오솔로미오, 아베마리아 등이었다. 주옥같은 선율이 호수가로 울려퍼졌다.

한 가지 특별한 것은 추위를 대비하기 위해 한켠에 담요가 비치되어 있었다. 충분히 체온유지가 될만큼 두툼했고 실용적으로 보였다. 입구쪽에 이어폰 등이 비치된 것으로 봐서는 주변 풍경에 대한 해설이나 안내를 할 수 있었던 것으로 보였는데 우리에게는 해당사항이 없었다. 유람선 관광을 마치고 곧바로 버스를 타고 인터라겐으로 이동했다. 다시 비가 내렸다. 한 시간여를 달려 인터라겐에 도착했다. 높은 산을 넘는지 굽이굽이 꼬불꼬불한 길을 내달리기도 했다. 버스에서 보내는 시간 내내 여러 가지 음악들을 감상해 볼 수 있었다. 초중고학생들을 위한 음악이 흘러 나오기도 했다. 인터라겐에 도착한 후 찾은 곳은 시계면세점이었다. 어니스트 모델이란 브랜드로 된 시계를 샀다. 거의 주머니를 탈탈 털었다.

다음 행선지는 호텔이었다. 체크인을 한 후 곧바로 로비에 집결해서 가이드를 따라 식당으로 갔다. 저녁을 먹었다. 옆좌석에는 중국인 일행들이 부루스타에 요리를 해서 식사를 하는 중이었다. 종업원 아저씨가 대한민국을 외치면 2002 월드컵 때의 응원 박수로 화답했다. 길다랗게 된 관악기를 불어대기도 했고 요리를 시범적으로 보여주기도 했다. 끊임없이 고객들에게 즐거움을 주기 위해 애쓰는 모습이었다. 오 필승코리아란 응원가도 나왔다. 조금 시간이 지나자 만석이 될만큼 사람들로 붐볐다. 처음에 나온 것은 야채샐러드였다. 다음은 스튜가 나왔고 으깬감자 두덩이 콩이 부가되었다. 식사를 마치고 호텔로 돌아오는 길에 COOK에 들렀다. COOK는 협동조합에서 운영하는 슈퍼같은 곳이었다. 컵으로 된 신라면을 두 개 샀다. 호텔로 돌아왔다. 다시 COOK에 가서 신라면 추가로 2개를 더 샀고 치킨과 케이크도 사왔다. 호텔에 커피포트가 있어 라면을 끓여먹을 수 있었다. 신라면을 끓여 먹으며 오붓한 시간을 가졌다.

12. 22(토) 7일차(스위스 2일차) [비] 조식(호텔 뷔페) - 출발 - 기차출발 08:05 - 두 번째 기차 08:48 - 세번째 기차 09:30 - 융프라우 10시 30분도착 관측소 순람, 얼음궁전, (11:00~12:00 자유관광) 컵라면 취식- 하산 (두시간 소요 1차기차 2차기차) 중식(한식당 육개장) - 로잔역 (14:30~16:40) 자유관광(17:55) 18:23발 TGV - 10:35 리용역에 도착 - 버스환승 - 호텔 도착(할리

데이 인》

비가 내렸다. 우산을 쓰고 융프라우를 오르는 일정이었다. 융프라우를 다녀오는 왕복에 4시간이 소요되었다. 122유로라는 차비를 냈다. 기차가 올라가는 동안 계속해서 사진 동영상을 찍었다. 차츰 날씨는 호전되는 추세였다. 정상의 기온은 영하 9도 수준이었다. 정말 환상적이라는 얘기가 실감이 났다. 전생에 업을 많이 쌓았고 적선을 많이 한 이들이었기 때문인지 날씨는 거짓말처럼 쾌청해졌다. 가이드의 얘기로는 어제 이곳을 다녀간 사람들은 비 때문에 아무것도 볼 수도 없었다는 얘기가 믿어졌다. 그림같은 경치를 마음껏 즐겨볼 수 있었다. 만 원을 호가하는 신라면도 대한민국 국민임을 자랑스럽게 느끼게 해 주었다. 라면만 별도로 판매했고 뜨거운 물도 별도 비용을 내야 얻을 수 있었다. 1900년대부터 시작된 융프라우는 여태까지 한 번도 운행이 중단된 적이 없었다. 관측소 얼음궁전 내에는 예전 융프라우를 세울 때의 모습들이 사진으로 남아 있었다. 대부분의 인부들은 이탈리아에서 온 이들이었다. 관측소 바깥으로 나와서 외부의 바람을 체험해볼 수 있는 시간이 있었는데 제대로 알프스의 혹한을 맛볼 수 있었다. 눈도 뜰 수 없을 지경이었고 옷들이 펄럭거릴 수준이었다. 기념촬영만 간단히 하고 곧바로 실내로 들어왔다. 관광을 마치고 내려올 때에는 올라갈 때와는 달리 한 번만 갈아타고 곧바로 내려올 수 있었다. 우리가 관광을 즐기는 동안 로베르토(버스기사님)가 호텔에 맡겼던 캐리어 등 버스에 실을 짐들을 버스에 다 옮겨놓았다. 그리고 약속장소로 와서 기다리고 있었다. 손님들에게 캐리어의 존재여부를 확인까지 시켜주었다.

버스로 10여 분을 달린 후 식사장소에 도착했다. 몽골인이 운영하는 한국식당이었다. 본래 주메뉴는 꼬리곰탕이었는데 원료수급에 애로를 겪고난 뒤 육계장으로 메뉴를 변경했다는 설명이었다. 스위스 맥주를 한 번 맛보았다. 스위스에 풍족한 것 중의 하나가 물이라는 설명이 실감되는 부분이었다. 거리 곳곳에도 식수를 음용할 수 있도록 되어 있었다. 물통만 하나 들고 다니면 물에서는 부족함을 느끼지 않아도 되었다. 식사 후 주인장은 아이들에게 초코렛을 4개씩 나눠주었다. 식사를 마치고 다시 버스에 올랐다. 이제는 TGV를 타러 로잔이라는 곳으로 가야 했다. 로잔까지는 거의 두 시간 여가 소요되었다. 그곳에서 저녁식사를 도시락으로 해결했다.

열차의 식당 칸에 가서 맥주를 세 병 쯤 사왔다. 가이드님과 한 잔씩 하면서 식사를 곁들였다. 고속열차를 타는 법이라든가 캐리어를 싣는 것 등에 대해서 상세하고 자세하게 안내를 해 주었다. 그럼에도 열차를 잘 못 타서 객차 사이를 오가는 일이 벌어지기도 했다. 도시락은 점심을 먹었던 식당에서 떡갈비로 포장을 해 주었는데 기대는 크게 하지 말라고 했다. 고속열차에 타기까지 한 시간여가 남았다. 자유시간이었다. 우리는 곧바로 역옆에 있는 카페로 옮아갔다. 그리고 그곳에 짐을 두고 한 사람씩 볼 일을 보러갔다. 그리고 기차에 올랐다. 맥주맛은 일품이었다. 식사를 마친 후에는 계속 잠속에 빠졌다. TGV가 우리에게 기술을 전수해서 우리 KTX가 만들어졌기에 친숙한 느낌이었다. 화장실 부분은 거의 유사했다. 밤10시 35분쯤에 리용에 도착했다. 다시 버스를 타고 호텔로 이동했다. 짐을 부리고 체크인을 하고나니 거의 자정을 넘겼다. 하루동안의 걸었던 걸음 수는 9,623걸음이었고 거리는 7.14km 소요된 열량은 349cal

이었다.

12.23(일) 8일차 파리 1일차[에펠탑 - 개선문 - 중식(달팽이요리, 스테이크, 아이스크림) - 베르사이유궁전 - 브랭땅백화점 - 저녁식사(가배식당 부대찌개) - 유람선관광-호텔복귀]

비가 내렸다. 우산을 가지고 관광에 나섰다. 7, 8, 9였다. 오전 9시에 버스로 출발했다. 30분가량 버스로 이동해서 에펠탑부근에서 내렸다. 프랑스 가이드님과 만나 에펠탑에 관한 설명을 들었다. 파리생활 26년차라고 했다. 1992년부터 살았다. 일단 줄을 서는 것부터 시작이었고 소지품 검사가 1차적으로 있었다. 입장권을 구입한 후 대기상태에서 또다시 통관의례를 기다려야 했다. 테러방지를 위한 불가피한 조치라고 양해를 구했다. 엘리베이터를 타고 120미터 중간지점 쯤에서 내렸다. 총높이가 300m라고 하니 굉장한 높이였다. EST란 팻말이 붙은 곳에서 만나기로 하고 자유관광에 나섰다. 아래로 내려다보니 한눈에 파리시내가 들어왔다. 나폴레옹 황제의 무덤, 사이요궁 등 전망이 훌륭했다. 무척이나 바람이 심하게 부는 곳이었다. 동영상과 기념사진을 찍었다. 기념품가게에서 기념품도 샀다. 에펠탑을 처음 지었을 때에는 파리시민들이 무척이나 싫어했다고 한다. 20년 후에 철거를 할 계획이었다. 지상에서 성당보다 더 높은 것은 없다는 철칙이 무너졌다. 돌로 지어도 시원치 않은데 철구조물로 짓는 것은 아니지 않느냐는 것이었다. 아무튼 초창기에는 환영 받은 건축물은 아니었는데 지속적인 홍보 등을 통해 이미지 개선 작업이 진행되었고 요즘은 파리의 상징물로 자리매김하게 되었다. 귀스타브 에펠이란 건축가가 심혈을 기울여 만들었다. 이제는 파리의 제1 명소로 자리잡았다. 파리시내 어디에서나 에펠탑을 볼 수 있고 심야에는 조명까지 켜는 시대가 되었다. 에펠탑은 가까이에서는 제대로 전체가 나오는 사진을 찍을 수 없었다. 그래서 찾아간 곳이 마르스 광장이었다. 에펠탑이 세워진 것은 1889년이었다. 콜티츠라는 독일군 중장이 있었다. 2차대전 당시 파리점령군 사령관이었다. 히틀러가 파리를 파괴하라고 명령했다. 그럼에도 그는 파리를 파괴하는 것은 세계 인류에 큰 죄를 짓는 것이라고 해서 명령을 거부했다. 그래서 그는 전범재판부에서도 그런 사정이 참작되어 징역 2년형만 선고 받고 복역 후 석방되었다.

광장에서 사진촬영을 하고 다음 행선지로 갔다. 개선문을 보는 것이었다. 왼쪽에는 조각상이 있었고 월계관을 쓰고 토가를 입은 나폴레옹의 승리를 표현한 조각상이 부조로 되어 있었다. 오른쪽에는 라 마르세이유를 부르며 사람들을 모아서 가는 장면이 있었다. 나폴레옹은 실제 이 개선문을 통과하진 못했다고 하고 그의 시신이 이 개선문을 통과해 장례식장으로 향했다. 전망대에 올라가 보려고 시도를 했는데 티케팅을 하지 않아 무산되었다. 개선문에서 상제리제 거리를 걷기도 했는데 2키로미터여서 시간적 여유가 없었다.

오전 관광을 마치고 간 곳은 정통 프랑스 식당이었다. 요리는 달팽이 요리였다. 5개씩 배정이 되었다. 집게같은 것으로 고정을 시키고 티스푼 같은 것으로 알맹이를 뽑아서 먹었다. 특별하게 별미라고 맛있진 않았다. 어느만큼 양념이 되어 있었다. 따로 스테이크와 감자가 나왔고 후식으로 아이스크림과 커피를 선택할 수 있었다. 식당벽면에는 베네치아의 모습을 그린 그림이 걸려있었다. 식당으로 가는 중간에 조그만 빵집이 있었는데 맛집으로 소문난 곳이라고 해서 식사후 우르르 몰려가서 빵을 샀다.

식사를 마치고 찾은 곳은 베르사이유 궁전이었다. 한 시간 정도 비가 내리는 가운데 줄을 서서 순서를 기다려야 했다. 출구로 나가는 곳을 표시한 것이 소띠(출구표시)라고 했다. 표를 확인하고 입장절차를 밟았다. 입구에서 별도로 마련된 무선 수신기를 지급받았다. 방번호를 누르면 방마다 그림에 대한 해설이 한국어로 나왔다. 워낙 관람객이 많아 떠밀리다시피 걸어야 하는 상황이었다. 문제가 되는 부분은 보안요원들이 어느만큼은 질서를 유지시키고 불필요한 부분에 대해서는 제지가 되었다. 셀카봉 등도 다른 사람들에게 방해가 되니 길이를 길게 하지 말라는 사인을 주었다. 전체를 다 관람하는 것에 한 시간은 턱없이 부족했다. 일부만 보고 바깥으로 나왔다. 연못, 분수 등 물로 만들어진 인공구조물이 있었고 곳곳에 조각상 들이 절묘하게 자리를 차지하고 있었다. 아쉬운 부분은 곳곳의 예술작품인 동상들이 천으로 감싸졌고 밀봉되어 있었다. 유지 보수 등을 위해 밀봉되어 있는 것으로 추정되었다. 관광을 마친 후 궁전에서 제공한 무선수신기를 반납하고 입구에서 일행과 만났다. 파리시내는 온통 크리스마스 분위기였다. 네온사인이 화려하게 빛났고 모든 상점들은 선물을 잔뜩 쌓아놓고 손님을 기다리는 형국이었다.

다음으로 간 곳은 식사를 위해 한식당에 갔다. 가배란 식당이었다. 부대찌개를 시켰다. 별미인 라면사리도 넣었다. 다들 맛있게 먹었다. 김치 등은 계속 리필했다. 저녁식사 후에 파리 시내 관광을 위해 찾은 곳은 유람선이었다. 유람선 이름은 바로무슈라 했다. 코스는 콩코드 광장, 루브르박물관, 생자크탑, 파리시청, 공시에르루리, 노트르담성당 등을 거쳐서 프랑스 조폐국, 오르세미술관, 레지옹 도뇌르 미술관 팔레부르봉 에 발리트, 사이요궁 등이다. 오전 내내 내렸던 비는 저녁에는 그쳤다. 유람선에서 뿜어내는지 비를 흩뿌리는 듯한 물보라가 몰아쳤다. 여러 곳의 다리를 지날때마다 한국어로 된 해설이 안내방송으로 나왔다. 장족의 발전이 된 셈이었다. 예전에는 4번 중 한 번만 한국어 해설이 되었다. 2층 바깥에서 사진을 찍었다. 나중에는 하도 바람이 차서 1층으로 내려와 실내에서 세느강의 야경을 즐겼다. 다리위에서나 강변에서 사람들이 손을 흔들며 반겨주었다. 유람선관광을 끝으로 1일차 파리관광이 끝났다. 마치고 호텔로 돌아와 휴식을 취했다. 하루동안의 걸음수는 12,278걸음이었고 거리는 9.17km 소요 열량은 454cal이었다

12. 24(월) 9일차(파리 2일차)[루브르 박물관 - 노트르담 성당 - 중식(김치 찌개) - 약국 - 공항 - 출국]

유럽여행 9일차다. 호텔객실 키를 분실하는 일이 있었다. 캐리어가방 등을 샅샅이 뒤졌음에도 오리무중이었다. 7, 8, 9작전이었다. 오전 9시에 호텔을 체크아웃하고 관광에 나섰다.

루브르박물관에 30분쯤 후에 도착했다. 예약된 단체여서 입장은 순조로웠다. 일단 주변을 돌아보았다. 앙리4세 루이 13세 중 프랑스 왕들에 관한 역사 루브르의 건립에 얽힌 얘기 등을 들었다. 카트린느 데 메디치에 관한 설명도 있었다. 검은 왕비에 관한 것이었다. 루브르박물관에 들어간 것은 10시경이었다. 12시쯤에 그곳을 빠져나와 노트르담 성당에 갔다. 크리스마스 이브답게 경찰이 엄중하게 통제와 검문을 했다. 다행히 그렇게 혼잡스럽지 않아 성당내부에 들어가 볼수 있었다. 크리스마스 미사를 준비하려는 것인지 많은 사람들이 운집해 있었다. 스테인글라스가

웅장하게 설치되어 있었다. 예전에는 볼 수 없었던 예수님의 가시관이 한쪽에 자리해 있었다. 프랑스 국가예산의 절반을 주고 사온 것이라 했다. 십자가에 매달릴 때 썼었던 가시관이었다. 본래 인근 다른 성당에서 보관하던 것인데 그 성당이 수리중이라 이곳에 잠시 보관중인 상황이었다. 한쪽에는 미니어처로 된 목조 노트르담 성당이 정교하게 만들어져 있었다.

성당관광을 마치고 식사를 하러갔다. 한식당에서 김치찌개를 먹었다. 라면사리, 물 등은 별도의 비용을 추가로 지불해야 했다. 식사를 마치고 찾아간 곳은 용주약박물관이라는 곳이었다. 화장품, 의약품, 생활용품 등을 살 수 있었다. 집사람에게 쇼핑을 하라고 하고 바깥으로 나왔다. 마침 가이드 두 분과 합류가 되어 근처의 카페로 갔다. 에스페라소를 마셨다. 가이드가 동영상을 보여주었다. 대통령의 프레이드 장면이었다. 다시 나의 핸드폰으로 동영상을 재촬영했다. 약박물관의 쇼핑을 끝으로 공식적인 여행 일정은 마무리가 되었다.

이제 남은 것은 공항으로 가서 출국수속을 마치고 비행기를 타는 것이다. 먼저 공항에 도착하기 전에 버스에서 파리관광의 가이드를 담당했던 가이드님과의 작별이 있었다. 드골공항에 도착해서 맨 먼저 짐정리를 했다. 그리고 텍스처리를 위해 면세서류를 들고 가족들의 대표자 한 분씩이 절차를 밟으러 가이드님과 함께 갔다. 공항대합실의 휴게공간에는 콘센트도 제공되어 핸드폰 밧데리를 충전할 수 있었다. 루브르에서 방전이 된 상황이었다. 마카롱을 면세점에서 샀다. 그리고 목베게도 샀다. 40유로 수준이었다. 의자를 찾아 자리를 잡는 것도 쉽지 않을 만큼 사람들로 꽉 차 있었다. 한쪽 구석의 바닥에 자리를 잡았다. 비행시간은 11시간이었다. 오전 7시에 출발해서 다음날 오후 6시에 도착하는 일정이었다. 한국시간으로는 오후 2시 40분이었다. 밤 시간이어서 모두들 잠을 잘 채비를 해야했다. 기내식으로 두끼를 해결했다. 비빔밥 그리고 해물요리였다. 하루 동안의 걸음 수는 11,884걸음이었고 거리는 8.87km 소요 열량은 448cal이었다

12. 25(화) 10일차(귀국) [(전일)19:00 이륙 - 다음날 아침 06:00 인천공항 도착 (한국시간 14: 30분 도착) 15: 30분 공항버스 출발 - 귀가 16: 30 집 도착]

여행 10일차다. 날씨는 쾌청했다. 이제는 귀국하는 일만 남았다. 아침을 맞은 것은 비행기 안에서 였다. 다들 취침중이라 고요했다. 그래도 기척이 있는 곳에는 여승무원이 물이나 쥬스를 권하기도 했다. 도착시간은 로마시간으로 오후 6시였고 우리 시간으로는 오후 2시 40분경이었다. 그전에 두시간 전쯤에 아침(로마시간) 점심(우리식)을 먹었다. 그래도 장시간의 비행시간이 밤과 맞물려 수월한 편이었다. 목베개가 그런대로 역할을 했다. 끈으로 조일 수 있는 구조여서 아주 편안했다. 본래 바람을 불어넣는 목베개가 있었는데 압력이 약해졌는지 무용지물이 되어버렸다. 책을 읽는 것과 신문을 읽는 것으로 시간을 보냈다. 200페이지 정도 수준이었다. 항공기가 도착한 후 내려서는 짐을 찾고 플랫홈을 빠져나왔다. 일행들과 작별을 고하고 한쪽에 있는 도시락 와이파이 반환장소로 가서 반환을 하고 공항버스로 귀로에 올랐다.

날씨는 좀 차가운 겨울날씨였다. 가방에 들어있던 코트를 갈아입고 차가운 날씨에 충분히 대비한 한 탓에 어려움은 없었지만 시차적응에는 애

로를 겪었다. 이렇게 8박 10일간의 서유럽 여행이 끝났다. 패키지 여행은 처음이었는데 큰 무리없이 순조롭게 잘 진행된 점에 관하여 같이 여행했던 모든 분에게 감사를 드려야 할 것으로 보인다. 가이드님의 수고도 컸다. 복이 많다고 한 말이 빈말이 아니었던 듯하다. 많은 추억거리를 남긴 여행이었다. 이제는 다시 일상으로 돌아와 새로운 기분과 각오로 생업에 충실해야 하리라.

서유럽 에피소드

1. 크루즈여행

가이드님이 자신을 소개하기를 자기는 크루즈여행이 전문이라고 했다. 우리나라에 크루즈 여행용 배가 50대쯤 된다. 첫 번째로 1주일 코스다. 일본, 중국, 러시아를 도는 여행코스다. 4박 5일도 있다. 싱가포르, 푸켓, 말레이시아를 여행하는 코스다. 다음으로 지중해 연안으로 도는 코스가 있다. 이탈리아(로마, 제노바), 프랑스(마르세이유), 스페인(바로아셀루나), 스페인 섬, 이탈리아 섬(서부쪽 섬〈시칠리아, 코르시카〉)을 도는 코스다. 지중해 동부를 도는 코스도 있다. 그리스, 산토리니, 크로아티아, 이태리 동부, 밀라노 등지를 여행하는 것이다. 알래스카 여름 코스도 있다. 1주일 내지 7박 8일 정도의 기간이다. 재미난 일화를 하나 얘기하면 이렇다. 크루즈 여행의 특징은 첫째 짐을 풀거나 싸지 않아도 된다는 점이다. 숙박은 오로지 크루즈에서만 하는 점이 유리한 부분이다. 단점은 기상에 매우 취약하다는 점이다. 기상이 좋지 않거나 악화되는 경우에는 한 곳에 정박해 있는 경우에는 배에서만 생활을 해야 하는 것에서 답답해 하는 고객들이 있다는 것이다. 4월에서 9월 사이가 성수기이고 겨울은 비수기로 가격이 저렴해진다. 기항지 투어라 해서 배를 정박시켜놓고 항구를 둘러보고 관광하고 돌아오는 일정도 있다. 4시간에서 길게는 8시간까지 시간적 여유를 할애한다. 프로그램은 다양하다. 아이들용도 있고 어른용도 마련되어 있다. 가장 중심적인 프로그램은 카지노다. 쇼핑도 프로그램의 한 부분이다. 타임세일도 진행된다. 항상 즐길 것을 찾아다녀야 한다. 고객들이 앉아서 즐길 거리를 즐길 수 있게끔 프로그램이 세팅되어 있다. 기본 패턴이 있고 즐길 아이템이 마련되어 있다. 서양인의 파티문화가 그대로 편성되어 있다. 동양문화에 대한 호기심도 많다. 한복, 기모노 등을 입고 나타나면 신기해한다. 프로그램을 소개하면 종이접기, 요리배우기, 춤배우기 등 다양하다. 보통 한 번 배에 탑승하면 6-7개월씩 승무원들은 근무를 한다. 휴일 없이 하루 8시간에서 12시간까지 근무하게 된다. 큰배는 25만 톤정도이고 작은 것은 9~13만 톤수준이다. 13만톤의 경우 3,800을 수용할 수 있다. 5,000명 정도 관광객이 타면 1,200명 정도의 승무원이 근무한다. 간단히 비유해서 설명하면 63빌딩이 누워서 다닌다고 생각하면 정확하다. 크루즈에 종사하는 종사원을 크루라고 한다. 한 미국인 크루에게서 들었던 얘기였다. 한 늙은 노부인이 있었다. 6개월간의 크루즈여행을 마쳤다. 그런데 또 똑같은 코스의 크루즈여행을 또다시 간다는 것이었다. 하도 의아해서 물어보았다. 왜 또 크루즈를 신청하셨냐? 라고 질의했다. 그러자 노부인의 말씀이 걸작이었다. 나는 이제 크루즈 여행이 끝나면 다시 또 요양원에 들어가야 한다. 그곳에 가면 똑같은 일상을 반복해야 하고 나는 지겨운 요양원생활이 진력이 난 사람이다. 그렇게 요양원에서 답답한 생활을 하느니 이곳 크루즈가 훨씬 좋다. 새로운 사람을 만나고 또다시 새로운 여행의 경험을 쌓게 되는 것이니 이보다 더 기분 좋게 하는 것이 어디 있겠는가?

2. 던컨 도너츠의 강탈

이탈리아 여행 3일차 베네치아 관광 중에 일어난 황당한 사건이었다. 자유시간이 한 시간쯤 주어졌다. 제과점에 들어가 머핀과 던컨 도너츠를 하나씩 샀다. 5유로 정도 치렀다. 계산을 하고 종이봉투에 그것을 담아 가지고 나왔다. 제법 시간이 지났기에 얼떨결에 무심코 봉지에서 던컨 도너츠를 한입 베어물었다. 그리고 손을 내려놓으려는 찰나의 순간이었다. 성마르크 광장을 날고 있던 갈매기가 한 마리 잽싸게 던컨 도너츠를 채어갔다. 그러던 순간이었는데 그 던컨 도너츠를 채가던 갈매기가 실수를 해서 그것을 바닥에 떨어뜨렸다. 그러자 그 순간을 놓치지 않고 수많은 갈매기가 떼거리로 몰려와 던컨 도너츠를 완전 분해시켜버리고 말았다. 함부로 길거리에서 취식을 해서는 안 된다는 주의사항이 있어야 했다. 갈매기 등에게 모이를 주다 발각되면 벌금을 물어야 한다는 가이드님의 조언이 있었다. 눈 깜짝할 사이에 던컨 도너츠가 흔적도 없이 사라져버린 것이다. 어제 카프리 섬에서와 같이 한가로이 갈매기들에게 모이를 주었던 애틋한 추억이 이제는 아찔한 경험으로 대치되었다. 일상에서 다반사로 일어날 수 있을 일이었는데 부주의함이 있었다.

3. 와이파이도시락

서유럽 여행을 하면서 처음 시작부터 삐걱거렸다. 항공권을 주머니 속에 넣고도 잃어버린 것으로 알고 다시 찾으러 갔다가 되돌아오는 등 칠칠치 못한 부분이 있었다. 진작에 제대로 된 절차를 밟아야 했고 수순에 따라 순차적으로 일을 처리했어야 하는데 뒤죽박죽이 된 부분이 있었다. 출국수속을 마치고 나와서야 와이파이 도시락을 찾아오지 않은 불찰을 깨닫게 되었다. 먼저 안내데스크의 여직원에게 사정을 얘기하고 역순으로 절차를 밟아야 했다. 출국수속을 한데로 다시 절차를 밟아야 했고 항공권도 다 취소시키고 새롭게 발권을 해야 하는 식이었다. 출국수속을 한 대로 다시 절차를 밟고 원상태로 되돌아 가야했다. 통관하는 곳에서 여권을 보관시킨 후 나가려다 다시 여권을 찾은 후 대기했다. 아시아나 항공사의 직원이 올 때까지 기다려야 했다. 가장 우선적으로 전화를 한 곳은 가이드님이었다. 혹시라도 출국수속을 밟지 않았다면 와이파이도시락을 찾아와 줄 수 있지 않을까 하는 한가닥의 기대 때문이었다. 하지만 이미 가이드님도 절차를 밟은 후여서 소용이 없었다. 나만 홀로 게이트로 가서 대기했다. 그동안 집사람은 네 군데를 거쳐서 다시 공항 대합실로 나갔다. 그리고 와이파이 도시락을 찾고 다시 출국수속 절차를 밟은 것이다. 거의 한 시간 여가 소요되었다. 그래도 3시간 전에 도착해서 절차를 밟았기에 망정이지 곤욕스러울 뻔 했다. 와이파이 도시락의 비용은 하루에 7,500원으로 총 7만 5천원이었다. 조그만 담뱃갑 크기 정도였고 충전용 잭 등이 들어있었다. 여행하는 10일 동안 유용하게 잘 썼다. 귀국 후 곧바로 반환했다.

4. 모자와 선그라스 사건

모자의 분실은 이탈리아 여행 1일차 점심 무렵에 벌어진 것으로 여겨졌다. 왼쪽 무릎 위에 올려놓았는데 식사를 마치고 나오면서 무심결에 그것을 그냥 놔두고 나와버린 것이었다. 한참 일정을 진행하던 중에 모자가 없어진 것을 눈치 챘는데 대책이 없었다. 다시 그곳에 모자 때문에 갈 수도 없었다. 어쩔 수 없이 포기하는 수밖에 달리 도리가 없었다. 다음날에는 선그라스를 떨어뜨리는 일이 생겼다. 폼페이 유적을 관광하던 중에 잠깐 방심한 틈에 선그라스가 땅바닥에 떨어져 버렸다. 왼쪽 안경테부분이 요지부동이다. 이게 펴지고 접혀져야 하는데 꼼짝도 하지 않으니 어떻게 해볼 도리가 없었다. 대략난감한 순간이 아닐 수 없었다. 왼쪽을 펴지 않은 채 선그라스를 끼고 사진촬영을 했는데 어색함이 묻어나는 것은 어쩔 도리가 없었다. 여행을 마치고 선그라스의 수리를 위해 백방으로 수소문을 했다. 여러 안경점을 들러 보았지만 대부분이 난색을 표했고 손사래를 쳤다. 그러면서 권고사항이 그것을 산 곳에 가서 A/S를 신청해보라는 얘기였다. 집사람에게 물었더니 롯데백화점에서 샀다는 것이다. 그렇게 수소문이 되어 백화점 매장을 찾았다. 그런데 선그라스는 계절상품이라 지금은 철시중이라는 것이다. 그래서 반품 등 A/S를 처리하는 곳으로 찾아갔다. 그랬더니 그곳에서의 얘기는 품질보증서를 가져와야 A/S접수가 된다는 것이었다. 서랍을 뒤지고 사방을 찾았으나 품질보증서는 찾을 길이 없었다. 결국 집근처의 안경점에 수리를 맡겼다. 일주일정도 소요가 될 것이고 수리비는 5만 원 상당이 될 것이라 했다. 종업원의 소견으로는 안경테의 스프링부분이 망가져서 펴지지 않는다는 것이었다. 그렇게 해서 선그라스는 새롭게 정상을 회복했다.

5. 호텔키 분실사건

서유럽 여행 끝무렵이었다. 3개국 중 마지막 여행지인 프랑스에 도착했다. 스위스 로잔에서 3시간 여를 TGV를 타고 리용역에 도착했고 버스로 환승해서 호텔에 체크인을 했다. 거의 기진맥진한 상태로 호텔에 들어가 짐을 풀고 휴식을 취하던 때에 문제가 생겼다. 욕실과 붙어있던 벽의 바닥에서 물이 배어져 나오는 것이었다. 곧바로 프런트에 얘기를 했고 가이드님에게도 연락을 취했다. 곧 관계자가 왔고 사진을 촬영하고 상황을 파악해 갔다. 그리고 룸이 교체되는 사단이 벌어졌다. 펴 놓았던 캐리어를 다시 다 싸고 방을 변경하는데 따른 수고를 하는 수밖에 달리 도리가 없었다. 그리고 호실의 키를 두 개를 받았다. 교체된 방은 1층이었다. 그렇게 한바탕 소동이 있은 후 다음날이 되었다. 파리 관광일정을 마치고 호실로 되돌아오는 길이었다. 볼일이 생겨 급하게 집사람에게서 키를 받아서 호실로 들어갔다. 키로 분명히 문을 열고 곧바로 화장실로 직행했다. 그리고 다음날 체크아웃을 하기위해 호실키를 찾았는데 온 객실을 다 뒤졌는데 키는 오리무중이었다. 심지어 쓰레기통까지 뒤지고 몇 번을 캐리어를 새롭게 뒤집고 했음에도 키는 온데간데 없었다. 귀신이 곡할 노릇이었다. 거의 기상해서 한시간 30분 동안을 전쟁을 치르듯이 이 잡듯이 찾았으나 없어진 키는 보이지 않았다. 아침식사를 하며서 가이드에게 상황설명을 했다. 처분을 기다렸다. 별도의 패널티는 물지 않아도 된다는 설명이었다. 안도의 한숨을 내쉴 수 있었다. 인터넷으로 검색을 해보니 그렇게 호텔키를 기념으로 가져가도록 하는 경우도 비일비재했다. 천만다행한 일이었다.

6. 캐리어 등

이 이야기는 가이드의 얘기였다. 동료 가이드에게서 직접 들은 얘기로 가히 충격적이라 할만 했다. 제법 예전 일로 생각이 되는 부분이었다. 해외여행이 일상화되기 전 일로 보였다. 공직에 계시던 분들이 해외를 가게 되었다. 그래서 총무를 맡으신 분이 얼마씩 갹출을 해서 총무에게 주었다. 총무는 그런 모두의 갹출된 자금을 봉투에 담고 종이로 예쁘게 싸서 캐리어 가방 속에 넣었다. 이렇게 꼼꼼하고 치밀하게 귀중한 공통경비를 보관해 두었는데 무슨 일이 생기랴 했다. 그런데 입국수속을 마치고 캐리어를 열어보니 돈 봉투만 귀신같이 빼내어 가고 말았다. 러시아에 가면 그런다는 것이다. 투시장비로 캐리어를 검색하고 그렇게 검색된 캐리어에서 귀중한 것이 발견되면 흔적도 없이 가져가 버린다는 얘기였다. 결코 캐리어에 귀중품을 넣어서는 안 된다는 철칙을 얘기해 주었다. 두 번째 얘기는 소매치기를 당하는 얘기였다. 가이드가 열심히 설명을 하고 호텔의 호실 키를 나눠주고 있었다. 그런데 캐리어 가방위에 가방이 하나 있었는데 아무런 해명도 없이 어떤 정체불명의 인물이 그 가방을 가져갔다는 것이다. 가이드가 돌아서는 순간에 고객들이 그 장면을 다 보았음에도 너무나 자연스럽게 가져가는 바람에 지인이 당연히 무슨 일로 가방을 챙겨서 가져가는 줄로 오인했다는 것이었다. 가이드님의 얘기로는 직항에서는 별 문제가 없는데 이곳저곳을 둘러오고 비행기를 갈아타는 경우에는 캐리어가 뒤섞이고 바뀌거나 분실하는 경우가 허다하다는 얘기였다. 보험처리되면 캐리어를 분실했을 경우 미국 달러기준 200달러 수준에서 보상이 되는 것뿐이라는 것이다. 그것에 캐리어에 어떤 금은보석이 들었든지 일상적으로 보상되는 수준이 그런 정도라는 것을 알고 결코 귀중품은 캐리어에 넣어서는 안된다.

장가계 여행기

1일차 인천공항 - 서안공항 - 병마용갱 - 저녁식사 - 서안공항 - 장가계 - 베스트웨스턴 호텔 16,545보 - 12.55km-667kcal -건강한 걸음 2,109보

중국 여행 첫날이다. 어제 늦게까지 짐을 싸느라 분주했다. 아침 4시 30분에 기상을 해서 채비를 했다. 단장을 하느라 늦어져 집에서의 출발은 오전 5시 10분쯤에 했다. 공항버스는 오전 5시 7분, 오전 5시 37분에 있었다. 오전 5시 20분에 공항 버스정류장에 도착했다. 새벽 공기는 차가운 기운을 듬북 담고 있었다. 집사람이 요깃거리로 챙긴 것은 바나나 두 송이였다. 캐리어는 짐칸에 싣고 가방과 손가방은 들고서 버스에 올랐다. 제법 손님이 타고 있었다. 1시간여를 달려 제2공항터미널에 도착하니 집합시간인 오전 6시 45분을 지난 후였다. 롯데관광에 근무하는 직원과의 만남의 장소인 3층 H구역 창측에서 이루어졌다. 단체비자를 받고 인솔자로서의 역할을 맡게 된 이는 공교롭게도 집사람이었다. 관광사 직원이 항공권을 발권해주고 제반절차를 설명해주었다. 단체비자의 원본과 사본도 한 부를 주었다. 짐을 부치고 출국소속을 마친후 서안행 대한항공 항공기를 타기위해 지정된 게이트로 갔다. 패키지로 같이 가게

된 다른 일행들과 수인사를 나눴다. 오전 9시 15분에 이륙한 비행기는 오후 12시 30분에 서안공항에 도착했다. 현지시간으로는 오전 11시 30분이었다. 우리나라와의 시차가 한 시간 있었다. 한 시간 더 젊어진 셈이었다. 서안공항에 가이드가 팻말을 들고 나와 있었다. 나이가 38세라 했고 젊은 가이드로 활기차고 박력이 넘쳤다. 전세버스에 캐리어를 싣고 진시황의 왕릉을 보러갔다. 항공기에서 식사를 했기에 중식을 못 할 수 있다는 것에 상황이 심각한 형국임을 감지할 수 있었다. 교통체증도 보통 심각한 것이 아니었다. 거의 우리의 명절 수준으로 보였다. 지나는 길에 양귀비가 현종과 목욕을 했다는 화청지라는 곳을 스쳐 지나가기도 했다. 오후 2시 10분에서 3시 20분까지 한 시간여를 이동했다. 오후 3시 20분에서 4시 40분까지 병마용갱을 둘러보았다. 1호갱, 3호갱, 2호갱 등 차마 전시관 등을 둘러보는데 인산인해 수준의 관광객으로 인해 거의 떠밀리다시피 하면서 진땀을 뺐다.

병마용갱의 관람을 마치고 다시 버스로 와서 고속도로를 달렸다. 한 시간여를 달린 후 공항 근처의 식당에서 현지식으로 식사를 하고 공항에서 항공권의 발권을 하고 수속을 한 후 장가계로 향했다. 20:30부터 21:05분까지 수속을 하고 21:45분에 출발을 해서 23:10분에 장가계 공항에 도착했다. 모든 일행 23명이 가이드를 따라 일사분란하게 움직였다. 버스를 타고 BS호텔로 당도해서 여장을 풀고 휴식을 취했다. 대부분이 부부동반이었고 4인 가족팀과 3인 가족팀의 가족 단위 팀이 두 팀이었다. 저녁식사는 삼겹살이었다. 무한리필이라고 얘기했다. 연태고량주도 나왔다. 42도였다. 저녁식사 후 숙소로 이동했고 샤워를 하고 밤 10시경에 잠자리에 들었다.

2일차 황룡동굴 - 중식(비빔밥)- 십리화랑(노인봉, 세자매봉) - 무릉원 - 원가계-백룡엘리베이터 - 천하제일교 16,708보 - 11.94km - 721kcal -건강한 걸음 2,989보

베스트 웨스턴 그랜드 호텔에서 하루를 묵었다. 숙소는 20층이었고 식당은 2층이었다. 투숙객의 대부분을 차지하고 있는 사람들이 한국관광객으로 보였다. 드물게 중국관광객이나 외국인들도 몇몇이 보였다. 오전 7시 30분부터 식사가 가능했다. 아침 조식 후 집결시간은 오전 8시 30분이었다. 장가계 여행기간 중 3일동안 숙소로 사용될 곳이었기에 짐을 풀어놓고 간단한 여행용품만 챙겨서 버스에 올랐다.

처음 찾은 곳은 황룡동굴이었다. 본래 일정으로는 군성사적화 박물관과 천문산이 계획되었는데 본래 예정으로 4일차 일정이었는데 여정이 바뀌었다. 동굴의 입구에는 물레방아가 이곳 저곳에 여러 개 설치되어 있었다. 어떤 관광객은 직접 발판에 올라가 발로 페달을 밟아 물레방아를 직접 돌려보기도 했다. 입구에 줄을 길게 늘어서 있었다. 일단 입장권을 발권한 후 전동차를 타고 5분쯤 이동해서 동굴입구로 갔다. 그리고 황룡동굴로 입장했다. 전체 동굴을 둘러보는데 한 시간 30분쯤이 소요되었다. 종유석 석순 등이 서 있었고 곳곳에 형형색색의 조명이 설치되었다. 그리고 사람들이 걷는 통로와 난간까지 관광객들의 불편함이 없도록 마련되어 있었다. 동굴관광 후 조그만 보트를 타고 동굴내 물길을 관광하기도 했다. 거의 500계단을 오르기도 했고 내려오기도 했다. 동굴관광을 마친 후 찾아간 곳은 식사를 하기 위해 식당으로 이동했고 한식인 비빔밥을 먹었다. 커피한잔에 천원씩 팔고 있었다. 냅킨이 없어 카운터에서 가져다가 나눠주기도 했다. 갑자기 식사 중에 어금니에 붙어져있던 금니

가 빠졌다. 다음으로 향한 곳은 십리화랑이란 곳이었다. 입장권을 끊고 모노레일을 타기까지 험난한 줄 서기가 있었다. 십리화랑의 입구에서 기암괴석들의 모습을 카메라에 담았고 모노레일을 타고서 지나는 산수화 풍광은 동영상에 담았다. 마침 적절한 모노레일 좌석을 차지해 동영상을 찍기에 애로가 없었다.

다음 차례로 관광한 곳은 천자산 케이블카였다. 홍콩안달국제회사에서 만든 케이블카로 전체 길이가 2,084m이고 상하 높이는 692m였다. 케이블카당 6명 정도가 탈수 있었다. 편도 운행 시간은 6분 26초였다. 어필봉, 선녀산화 등을 보고 원가계로 갔다. 백룡엘리베이터를 타고 올라가 기암괴석이 만들어내는 오지봉, 태성대 등에서 기암괴석의 자태를 보고 기념촬영을 했다. 천하제일교는 천연적으로 만들어진 다리였다. 미혼대는 한 폭의 그림 그 자체였다.

3일차 황석채-중식(토가족전통식)- 유리잔도 - 금편계곡 - 호수 (배 40분) - 석식(차돌박이, 갈비살,전골) - 공연장(매력상서) 19,965보 - 14.54km - 825cal - 활기찬 걸음 6,990보

아침 호텔 로비에서의 집결시간이 오전 7시 30분으로 한 시간 앞당겨졌다. 3일차이다. 오전에 황석채에 갔다. 입구에 장가계 국가삼립공원이라는 표석이 우뚝 세워져 있었다. 모두들 기념사진촬영을 했다. 황석채는 장량의 스승이던 황석공이 살았던 곳이라 했다. 다섯손가락 모양의 오지봉이 있었고 옆에는 적성대가 자리했다. 그 앞에는 아바타의 한 장면이 세워져 있었다.

오전 관광을 마치고 토가족 전통식으로 식사를 했다. 여러 가지 요리

가 나왔다. 장가계 첫날의 현지식과 유사했지만 더 조리가 잘되었던 듯하다. 다음으로 관광한 곳은 유리잔도였다. 길게 협곡에 놓여진 유리다리를 밑을 바라보면 오금이 절로 저려올 정도였다. 덧신을 신도록 해서 유리에 손상이 가지 않도록 했다. 유리잔도에서 내려오는 길도 난간을 잡고 살금살금 조심조심 내려올 수밖에 없는 구조였다. 저 멀리 유리잔도가 보였다. 사람들이 개미처럼 느껴지기도 했다. 금편계곡을 빠져나온 후 호수에서 배를 타고 하루 일정을 마쳤다.

석식은 차돌백이에 갈비살로 먹었고 마지막에는 전골을 먹었다. 식사를 마치고 나니 마지막코스로 매력상서라는 공연장에 갔다. 4,500여 석의 좌석이 꽉 차 있었다. 여러 가지 공연이 있었다. 토가족의 결혼풍속을 극화한 것도 있었고 강시들의 공연도 있었다. 노래를 부르는 장면도 있었고 관객들을 불러내어 게임을 하기도 했다. 한 젊은이가 나와서 칼을 던지는 묘기를 보여주기도 했다. 여자모델을 새워놓고 칼을 던지기도 했는데 마지막에는 복면을 쓰고 던지기도 해서 관객의 박수갈채를 받았다. 유리잔도에는 길게 줄을 서야 했고 덧신을 신고서야 들어가 볼 수 있었다. 유리밑으로 펼쳐진 계곡 등은 그대로 한 폭의 풍경화를 옮겨놓은 듯했다. 유리잔도를 지나 좁은 가파른 절벽 길을 걸어서 내려왔다. 유리잔도에서 내려오는 길에 저 멀리 보이는 복에 유리잔도의 거대한 모습을 볼 수 있었다. 다시 엘리베이터를 타고 내려왔고 계단을 걸어서 내려오기도 했다. 끝자락에는 금편계곡이 끝없이 펼쳐졌다. 가는 중간 중간에 폭포들을 볼 수 있었고 풀빛의 물빛이 이채로웠다. 진녹색의 물빛은 선경에 든 것같은 착각을 갖게 만들었다. 길가에 버려진 쓰레기들과 아무렇지도 않게 피워대는 담배로 인한 불쾌감은 관광객의 기분을 망치게 한 원흉이었다. 금편계곡의 끝자락에서 호수가 시작되었고 그곳에서 배를 타고 그곳을 빠져나왔다. 나무꾼과 선녀의 얘기같은 천문호선天門狐仙 공연을 볼 수 없었다. 한 일행은 발마사지를 받지 않고 공연을 볼 수 없냐고 질의를 하기도 했다.

마지막에는 야외공연이 있었다. 한 서예가가 나와 일필휘지로 휘호를 쓰기도 했고 즉석에서 휘호를 받고 싶어하는 관객을 불러 모으기도 했다. 차력쇼를 몇 차례 보여주기도 했고 마지막에는 장작불이 탄 잿더미 속으로 맨발로 걸어가는 묘기를 선보이기도 했다. 공연관람을 마치고 호텔로 돌아왔다. 무척이나 많이 걸었던 하루였다. 저녁식사를 하면서 얘기를 나누다 보니 4인 가족이 온 사람들은 부산 대연동에서 살고 있는 아버지를 모시고 왔다. 아들은 초등학생이었다. 며느리가 시아버지와 같이 여행을 하는 것이 쉽지 않을 것인데 대단했다. 여행 중 잠시 라텍스가게에 들르기도 했다. 극구 만류했음에도 불구하고 패드와 베개를 두 개 사고 말았다. 라텍스매장의 침대에 누워 잠시나마 여행에서 지친 몸을 누워 쉬기도 했다.

4일차 게르마늄판매장- 보봉호수 - 유람선 [노래 - 미워도 다시 한 번, 립스틱 짙게바르고] - 군성사석화박물관 - 진주박물관 - 중식[동태매운탕, 유랑식당] -천문산 - 케이블카- 귀곡잔도- 유리잔도 - 호텔석식 - 발마사지 - 농협마트 - 장가계공항 - 서안공항 - 리갈호텔16,745보 - 12.35km - 678kcal - 건강한 걸음 2,098보

실질적인 여행의 마지막 일정이 진행된 날이다. 처음에는 비가 오는 일기예보로 걱정이 많았는데 다행히 날씨는 맑았다. 첫 일정은 게르마늄

판매장이었다. 한 일행이 목걸이와 팔찌를 사기도 했다. 다음 관광코스는 보봉호수였다. 매표를 해서 입구에 도착한 후 셔틀버스에 올랐다. 입구에는 폭포가 있었고 토가족 전통복장을 한 처녀들이 같이 사진을 찍어주고 있었다. 셔틀버스의 맨 앞좌석에 앉아서 열심히 동영상을 촬영하기도 했다. 버스에서 내려 호수를 둘러보기 위해 배에 올랐다. 가이드가 호수에 관한 반인공이라는 등 중간의 섬 그리고 여자 얼굴 모양의 바위, 중간에 노래를 부르는 사람들에 관한 내용 등을 설명해 주었다. 그리고 한 처녀가 나와서 확성기로 노래를 불렀다. 그리고 관광객을 지목해서 노래를 시켰다. 하필 우리 부부가 당첨이 되어 노래를 한곡씩 불렀다. 가는 길에는 여자가수가 나와 전통토가족 복장을 하고 노래를 불렀고 돌아오는 길에는 남자가 청색의 전통 복장을 하고 노래를 불렀다. 본래 토가족의 전통이 발을 세 번 밟고 노래를 세 곡씩 주고받은 후 청혼을 하고 성혼이 된다는 전통이 있었다. 호수구경을 마친 후 다시 버스를 타고 입구로 내려왔다. 그곳에서 전통토가족 복장을 한 처자와 기념촬영을 하고 보봉호수 관광을 마쳤다.

다음으로 간 곳을 군성사석화박물관이었다. 63년생의 화가 이군성님의 갤러리였다. 여러 가지 장가계를 그린 그림들이 즐비했다. 1층은 사진촬영이 허가되었지만 2층은 불허되었다. 3층까지 관람을 마치고 버스로 돌아왔다. 길거리에 의자를 든 여인네들이 호객을 하고 있었다. 안마를 해주고 천 원을 달라는 떼를 썼다. 한 일행이 마지못해 억지춘향식으로 안마를 받고 천 원을 뜯기기도 했다.

다음 행선지는 진주박물관이었다. 이사라는 연변족 한국인 3세가 나와서 설명을 했다. 정가표의 50%를 할인판매하겠다는 파격제안을 했다.

한 사업가는 비휴를 한쌍 거금을 들여 샀다. 사업번창을 바라는 심정에서였다. 집사람은 진주크림을 세 통 샀다. 중식은 동태매운탕이었다. 콩나물이 들어가 있었다. 고추장에 콩나물 등을 넣고 비벼서 먹기도 했다. 김치, 깻잎, 고추장 등이 인기였다. 식당의 홀 안에서 식사를 했는데 하필 에어컨이 고장이 나서 곤욕을 치르기도 했다.

다음 일정은 장가계 여행의 하이라이트 천문산이었다. 세계 최장 케이블카 7.45Km 독일, 프랑스, 스위스의 합작으로 건설된 곳이었다. 베트남의 케이블카보다 더 길었다. 2005년도에 건립이 되었다. 케이블카가 지나는 도심에는 사생활 침해로 인해 보상을 해주기도 했다. 한 일행의 얘기로는 그런 곳도 있다고 했다. 일정한 지점을 지날 때 케이블카의 커텐이 쳐지는 식으로 차단이 된다는 것이다. 그리고 일정지점을 통과한 후에는 다시 커텐이 올라가는 식으로 차광이 된다는 것이다. 그래도 이제는 줄을 서는데도 이골이 날 정도가 되었다. 한 시간 30분을 기다리고 줄을 서는 것이 편안해질 정도였다. 가이드가 전하는 얘기로는 장가계에 몰려온 관광객이 75,000명이라고 했다. 병마용갱도 우리 다음날에 온 팀들은 줄을 서다가 지쳐서 그대로 포기하고 돌아갔다는 얘기도 했다. 만리장성에는 장성내에 인파로 가득 찰 정도였다고 하니 오일절이 대단한 성수기임을 다시 느껴볼 수 있었다. 천문산의 유리잔도, 귀곡잔도 등을 둘러볼 수 있었다. 1,500미터의 고지대에 올라 온 것이었다. 유리잔도는 절벽옆으로 되어 있었는데 총 길이가 60미터 수준이었다. 귀곡잔도는 예전에 죄수들을 인부로 사용했다는 얘기였다. 정상에서 줄을 내려 그 줄을 타고 내려와 구멍을 뚫고 콘크리트를 부어 잔도와 난관을 만들었다. 300여명이 공사 도중 사망하는 일도 있었다고 한다. 천문동까지 가는 길은 험난했다. 귀곡잔도를 지나 에스컬레이터를 타고 내려와 엄청난 길을 걸어서야 겨우 천문동에 당도할 수 있었다. 천문동에는 에어쇼로 비행기 두 대가 통과하는 이벤트가 펼쳐지기도 했던 모양이다. 하늘을 향해 구멍이 뚫려 있는 형국이었다. 옆에는 스파이드맨이 형상이 조각되어 있었다. 우리나라 단양팔경의 하나인 석문과는 그 규모가 비할 바가 아니었다. 한 켠에는 사랑의 맹약을 맺은 자물쇠들이 붉은 천에 매달려 있기도 했다. 천문동에서 내려오는 길은 999계단이라고 했다. 우리 일행은 버스를 타고 굽이굽이 돌아내려오는 길로 내려왔다. 천문동 입구에 이르자 버스를 타던 곳에서 잠시 내렸던 빗줄기는 다시 약해졌다. 천문동 입구에서 동굴을 바라보며 기념촬영을 하고 우리 버스에 올랐다.

이제는 BS호텔의 식당으로 가서 저녁을 먹고 발마사지를 받으면 일정이 마무리 된다. 호텔의 저녁식사는 최일류 급이라 할만했다. 풍미도 일품이었고 밥도 한국 밥맛에 못지 않았다. 관광사에서 신경을 쓰는 부분 중에 하나가 먹을거리라고도 했다. 호텔 한 켠에 있는 마사지 숍에서 맛사지를 받으니 여행 중에 피로가 절로 풀리는 셈이었다.

5일차 서안공항 - 인천공항 - 귀가 - 8,167보 - 6.17Km - 326kcal 건강한 걸음 0보

어제 새벽녘에 서안에 도착한 탓에 아침식사와 집결시간도 늦었다. 오전 9시 30분까지 식사를 해야 했고 오전 10시 30분에 3층 로비에서 집결하는 것으로 계획되었다. 호텔과 공항이 연결되어 있으니 여러 가지로 편한 점이 많았다. 캐리어만 끌고 걸어서 도보로 이동하면 되는 식이다. 호텔조식도 수준급이었다. 리갈호텔이었다. 호텔 이름을 딴 와인이 있을 정

도였다. 음식들도 깔끔하고 정갈했다. 초일류라 해도 손색이 없을 정도였다. 계란 후라이, 찹쌀 도너츠, 던컨도너츠 등 맛있는 것들이 즐비했다. 갓 구은 듯한 빵도 맛있다고 집사람의 칭찬이 이어졌다. 호텔시설도 최고 수준에 어울렸다. 다림질용 도구와 심지어 체중계까지 준비되어졌다. 단 하나의 아쉬움은 비데가 없는 부분이었다. 욕조와 룸 사이의 통유리로 된 부분도 아쉬움으로 남았다. 차단용 커텐이 있기는 했지만 말이다. 한 일행분은 드라이어를 찾느라 애를 먹기도 했다.

가이드와 함께 공항으로 이동해서 발권을 하고 짐을 부치는 수속을 했다. 첫날에 주문했던 대추를 주문자들에게 배부했다. 짐을 부치는 곳에서 출국 수속을 마쳤다. 절차를 밟았다. 모두들 지정된 게이트에서 휴식을 취했다. 중국 5대 명주의 하나라 했던 오량액주를 사보려 했는데 집사람의 핀잔으로 구입을 포기하고 말았다. 오후 12시 45분에 정확한 시각에 이륙한 비행기는 인천공항에 오후 4시쯤에 도착했다. 비행기내에서 기내식으로 점심식사를 했다. 영화를 한편 보았는데 잠수함과 관련된 미국과 러시아간의 갈등과 대립을 다룬 것이었다. 스토리의 전개가 작위적인 느낌이 강했다. 인천공항에 도착해서 짐을 찾고 일행들과 작별을 고하고 공항버스를 탔다. 김해에서 오신 분들은 다시 김포공항으로 가서 국내선 비행기로 김해공항까지 가야 했다.

집에 도착하니 거의 오후 7시가 되었다. 천근만근으로 무거워진 몸이었던지 캐리어를 끌고가다 집사람이 넘어지는 바람에 캐리어 두 개를 끌고 갔다. 집사람은 얼마나 피곤했던지 혓바늘이 돋아 제대로 음식도 먹을 수 없을 지경에 이르렀다. 4박 5일간의 중국여행 일정이 마무리 되었다.

사람으로 태어나서 한 번 가봐야 하는 곳이 장가계였다. 무척이나 고생스러웠고 힘든 여행이었지만 많은 추억거리를 남겼다. 고생스러웠던 부분도 훗날에는 아름다운 얘기로 회자되리라. 아주 좋은 날씨 속에서 훌륭한 일행분들과 즐겁고 환상적인 여행을 하지 않았나 여겨진다. 충분히 장가계 곳곳을 절경들을 잘 보았고 느꼈고 감흥을 받고 왔으니 올 한 해도 만사형통하는 한 해가 되리라.

장가계 에피소드

1. 금니와 선그라스

여행을 하던 중 점심식사 시간이었다. 갑자기 입안이 이물질이 낀 것 같이 느껴졌고 뭔가 잘못된 듯했다. 뭔가 이상하다는 느낌이 온 것이다. 손가락을 입에 집어넣고 정체를 알아 보았다. 왼쪽 위 어금니에 붙어있던 금니가 떨어져 나간 것이었다. 거의 20여 년 이상 붙어 있었던 것인데 하필 장가계 여행 중에 사단이 난 것이다. 옆좌석에 앉아있던 집사람에게 사정을 얘기하고 잘 보관해 두라고 했다.

다음은 집사람의 선그라스에 관한 얘기였다. 여행의 필수품으로 자리잡은 것이 선그라스였다. 아마도 첫 관광을 하려 했던 서안의 병마용갱을 둘러보려던 때였다. 제법 제딴에는 멋을 내보려고 집사람이 손가방에서 선그라스를 꺼내는 순간 순식간에 선그라스가 바닥에 떨어진 것이었다. 안경알과 테를 연결하는 부위에 뭔가 문제가 생겼다. 결국 선그라스를 다른 것으로 교체해서 사용할 수밖에 없었다. 지난해 연말에 갔었던 서유럽 여행에서는 나의 선그라스가 비슷한 꼴이었다. 품페이를 관광하던 중에 일어난 일이었다. 한 외국인 여행객이 사진촬영을 부탁했다. 엉겁결에 그렇게 하겠다고 하고 핸드폰을 받아들고 사진을 찍고 하던 와

중에 선그라스가 흙바닥에 떨어진 것이었다. 결국 선그라스는 무용지물이 되고 말았다. 안경의 중요한 기능인 다리가 접쳐지지 않은 상황이 되었으니 사용할 수가 없었다. 여행에서 돌아와 수선을 맡기려 했더니 그것도 쉽지 않았다. 일단 품질보증서가 있어야 A/S의 접수가 되었다. 집근처의 백화점에서 산 것이라고 해서 찾아갔더니 비수기라 매장 자체는 철수한 후였다. A/S접수처에 가니 품질보증서가 없으면 A/S가 안 된다는 답변이 전부였다. 일반 안경점에서는 수리에 난색을 표했다. 결국 이리저리 안경점을 돌아다니다가 한 대형 안경점에서 수리를 해 준다고 해서 맡겼다. 겨우 정상으로 돌아온 선그라스를 보니 절로 한숨이 새어나왔다.

2. 토가족의 결혼풍속

장가계의 원주민인 토가족에게는 독특한 결혼풍속이 있다. 여자가 발을 내밀면 남자가 발등을 밟는다. 그리고 연모의 정을 담은 노래를 남자가 부르면 여자가 답가를 부른다. 그렇게 3차례를 주고받은 후 남자의 발을 여자가 밟으면 혼약이 되는 식이다. 여자와의 혼약을 파기하면 그 벌로 남자가 처갓집에 황소 한 마리를 바쳐야 한다. 그렇지 못할 경우에는 여자집에 가서 한 달 동안 머슴살이를 해야 한다. 매년 3월 3일이 되면 토가족 처녀 총각이 한자리에 모여앉아 자기의 의사를 상대방에게 전한다. 택일을 위해서 대나무 바구니를 가져가는데 그 안에는 돼지족발을 갖고 간다. 족발의 표시를 보고 결혼날짜를 가늠한다. 다음으로 오래된 풍속으로 결혼 한 달 전 울기이다. 노래에 곡을 붙여가며 우는데 짧게는 열흘 길게는 두 달을 운다. 시집간 첫날 시부모 앞에서도 구성지게 울어야 하는데 얼마나 많이 울었냐에 따라 결혼 후 명성이나 시집살이에 미치는 영향이 지대하다. 시댁에서는 구성지게 잘 울고 눈이 퉁퉁부어 올라야 며느리를 잘 보았다고 소문이 동네방네 나고 이로써 집안사람이 되었다고 인정을 하고 재산상속도 된다. 여차하면 3년을 더 연습할 때까지 곳간 열쇠를 내놓지 않는다.

3. 장가계와 우관중

우관중(1919~2010)은 5·4운동이 일어났던 해에 장쑤성 이싱현에서 태어났다. 파리에서 47년도에 유학을 한 후 고국에 돌아왔다. 문화대혁명(1966~1976) 당시 순수미술을 고집했던 연유로 인해 헤베이 농촌에서 강제노동을 했다. 그는 그렇게 열악한 상황에서도 예술혼을 불태웠다. 장가계를 그린 그림을 공모전에 출품했다. 사람들이 상상 속에 그린 그림이라고 호도하자 실제로 있는 곳이라고 해명하고 갤러리들을 데리고 직접 장가계로 안내했다. 장가계는 이 사건 이후 유명세를 탔고 전세계적인 관광의 명소로 변모되었다. 삼림공원 입구에 우관중의 동상이 세워졌다. 우관중은 루쉰에게서 지대한 영향을 받았다. 자신의 정신적 아버지로 루쉰을 치켜세웠고 그에 관한 그림 '야초, 루쉰시의도, 루쉰의 고향 등 다양한 작품을 남겼다. 결국 2010년 지병으로 세상을 떠났다. 그는 세계적인 화가였고 명망이 드높았다.

4. 라면의 연필

여행을 하는 중에 특별한 재미 중의 하나는 몰래 호텔방에서 라면을 끓여먹는 것이다. 신라면을 조리기에 넣고 끓여서 먹는 맛은 별미다. 그런데 문제는 준비부족이었다. 라면을 끓였는데 그것을 먹을 젓가락이 없는 것이다. 어떻게 한밤중에 슈퍼에 다녀올 수도 없는 노릇이었다. 먹을 방법이 없었다. 캐리어를 뒤지고 가방을 뒤엎고 손가방을 훑었지만 젓가락으로 대용할 만한 것은 없었다. 다행히 연필 두자루가 나왔다. 급한 마음에 연필 두 자루를 젓가락으로 활용해서 밤참을 맛있게 먹었다. 독특한 맛이었고 해장으로서도 제격이었다. 쿠커는 미리 준비를 한 것이었기에 전혀 문제가 없었다. 문제는 그다음을 생각하고 챙겼어야 하는데 불찰이었다. 마지막 날에는 장가계에서 서안으로 거의 자정무렵에 출발했고 도착은 새벽에 도착이 되었다. 호텔로 돌아와 쉬어야 하는데 라면을 끓였다. 이제는 젓가락도 준비되었고 밑반찬으로 김치까지 준비가 되었으니 금상첨화였다. 더할나위없는 라면의 별미를 즐길 수 있었다.

5. 중국인의 거의 불가능한 바켓리스트

중국인이 죽을 때까지 해 볼 수 없는 세 가지가 있다. 평생해도 해볼 수 없는 것이란 의미이리라. 첫 번째는 중국 전국 방방곡곡을 여행해 보는 것이다. 영토가 워낙 넓으니 그 많은 중국의 도시, 지방을 다 가 볼 수 없다는 얘기다. 시차도 실질적으로는 엄청나다는 얘기다. 동쪽 끝에서 서쪽 끝까지 제대로 시차를 따지자면 5시간쯤 차이가 난다. 그리고 북에서 남쪽지방도 차이가 진다. 북쪽은 추운데 남쪽은 다르다는 식이다. 눈과 비를 동시에 볼 수 있는 곳이 장가계란다. 천문산 정상에는 백설이 휘날리는 세상인데 장가계 시내에는 비가 내린다는 식이다. 장가계의 절경은 운무가 피어오를 때 환상적이라는 얘기다.

두 번째는 중국의 음식을 다 맛보는 것이다. 수 백, 수 천, 수만 가지 요리가 있다. 그래서 제대로 중국의 맛있는 요리를 다 맛보지 못하고 죽음을 맞게 된다. 차만 하더라도 차 한 잔에 2백만 원을 호가하는 차가 있다. 보이차라 한다. 광저무에 가서 한 끼 식사로 5명이 6천 3백만 원어치를 먹었다. 다리가 넷 달린 것에서 책상을 빼고 다 먹는다. 또한 요리를 할 수 있다. 하늘을 나는 것 중에는 비행기, 헤엄치는 것에서는 잠수함 그리고 지상의 것으로는 기차를 빼고 다 맛볼 수 있다는 식이다.

세 번째는 중국 말을 다 배우고 섭렵하는 것이다. 중국은 한족과 소수민족 56개로 구성된 나라다. 북방 남방 각 민족마다 말이 다 다르다. 북경말을 표준어로 하고 있고 학교에서 선생님은 표준말만 사용해야 한다. 중국의 7대 방언을 살펴보면 관화, 오, 감, 상, 민, 객가, 월 방언이 존재한다. 전체적으로 방언의 유형이 여럿 있는데 첫 번째 유형으로는 영국식 영어와 미국식 영어와 같은 유형이다. 난이도가 어려운 4번째 방언의 유형이 있는데 광동어와 객가어가 그 유형이다. 전혀 의사소통이 불가한데 같은 문화, 역사를 가진 것이다. 광동어의 경우 성조가 9개다. 우리의 제주도 사투리와 유사한 것으로 생각할 수 있으리라. 거의 서로 간에 알아들을 수 없을 정도의 방언 유형인 셈이다.

6. 술과 반찬 등 준비물

중국을 여행하는 동안 날씨는 쾌청하고 좋았다. 다행히 장가계의 날씨도 맑고 깨끗했다. 1년 중 200일이 비가 오는 날이라고도 했다. 실감이 날 정도였다. 첫 번째 미스는 손풍기를 가져오지 않은 것이었다. 오랫동안 줄을 서 있는 내내 부채질에 여념이 없는 관광객들이 많았다. 그리고 안경의 뒷부분을 연결하는 것도 필요했다. 어느 일행은 그렇게 만반의 준비를 해오기도 했다. 선그라스와 안경은 여행 중에 필수품이었다. 번갈아 안경을 끼었다가 선그라스를 끼었다가 번잡스러웠다. 샌들을 준비해서 가지고 갔는데 산악지형이어서 제대로 여행기간 중에는 신어볼 기회가 없었다. 제대로 샌들을 신어볼 기회를 가진 것은 장가계에서 서안으로 돌아올 때와 귀국할 때 뿐이었다. 술과 반찬 등도 제법 준비를 해서 갔는데 제대로 활용이 된 것은 반찬 뿐이었다. 술의 경우는 거의 기본으로 맥주(칭타오 등)나 연태고량주(42도), 소주(참이슬) 등이 기본으로 제공되었으므로 별도로 준비된 것이 필요하지 않았다. 결국 가져간 소주는 그대로 남았고 김치, 고추장, 깻잎 등 밑반찬은 다 소진이 되었다. 간식거리로 준비했던 초코렛, 사탕, 껌 등은 수시로 먹었던 탓에 유효적절하게 활용이 되었다.

7. 비휴

전설적인 동물로 알려진 비휴에 대해서 이야기를 들었다. 왼발이 앞에 나온 것은 여자 오른발이 앞에 나온 것은 남자로 한 쌍을 사야 한단다. 옥황상제님의 아홉 번째 아들이다. 금, 은, 보석을 좋아해서 마구 집어먹는다. 어느 날 비휴가 이곳 저곳에 배설을 하고 돌아다니자 옥황상제가 엉덩이를 때렸다. 그리고 항문이 막혀 이제부터는 배설을 할 수 없게 되고 토해낼 수밖에 없게 되었다. 비휴를 갖고 있으면 재물운이 좋아진다. 장가계를 여행하던 중에 쇼핑센터에 들른 곳은 세 곳이었다. 첫 번째는 라텍스 매장이었다. 그다음은 게르마늄 판매장이었다. 세 번째로 들른 곳은 진주 보석상이었다. 이 세 번째 보석상에는 한국인 이사가 있었다. 그는 7년을 한국 서울 후암동에서 살았단다. 연변사람으로 하얼빈에서 태어났고 한국인 3세였다. 그는 아주 능수능란하게 우리 일행들의 혼을 빼놓았고 모두들 그런가 보다 하고 빠져들었다. 일행중 한 분이 비휴를 한 쌍 샀다. 4백만 원을 호가하는 것을 깍아 190만 원대 수준에서 흥정에 성공했다. 무거운 옥으로 된 것이어서 택배도 어려워 직접 보자기로 싼 것을 매번 들고 다녀야 하는 애로를 겪었다. 어떻든 사업이 잘 풀리고 재물이 들어온다고 하니 그 효험을 믿어보는 수밖에 도리가 없을 듯하다.

8. 기타

진주에 관한 얘기를 가이드가 했다. 가이드는 20여 년 가이드를 하고 있는 베테랑이었다. 서안에서 가이드를 했었는데 5년쯤 하다 이곳 장가계로 왔다. 그가 실제 경험담으로 얘기하는 부분이었다. 진주를 가지고 한국에 갔다. 종로의 보석상에 가서 진주를 감정받았다. 처음 보석상에서 가짜라고 판정을 받았다. 그래서 똑같은 진주를 가지고 다른 보석상에 갔더니 이번에는 진품이라고 감정을 해줬다. 그 후 그는 첫 번째 집에 가서 이렇게 진품이라고 감정을 해줬는데 왜 가짜라고 감정을 했냐 라고 질의를 하자 그 대답이 걸작이란다. 중국에서 온 것은 무조건 가짜라고 판명을 해야 하는 것이 업계의 불문율이라는 식이다. 중국제품의 80% 이상이 거의 가짜 내지 모조품이라고 했던 적이 있었다. 이제는 많이 좋아졌다고 하지만 아직 짝퉁이 많이 돌아다니는 형국이다.

9. 여담

나에게 중국은 이번이 두 번째 여행이었다. 첫 번째는 2001년도에 여행했었다. 20여 명이 상해, 소주, 항주를 돌아보았다. 한창 상해가 세계적인 도시로 급부상하던 시절이었다. 88층의 고층 건물도 있었지만 8시 경이면 모두 불이 꺼지는 식이었다. 저녁무렵이면 시민들이 광장으로 나와 카세트로 음악을 틀어놓고 음악에 맞춰 춤을 추는 식이었다. 야채등은 채독을 우려해서 가급적 먹지 말라는 충고를 듣기도 했다. 계림이라는 곳을 유람선을 타고 유람하며 그 절경에 매혹되었다. 동굴관광도 했었던 듯했고 중국식 정원도 둘러보았고 수로를 따라 이동하는 항주의 모습도 어렴풋이 기억이 난다. 모두들 이마트로 몰려가 중국 5대 명주에 속했던 오량액을 한 병씩 구입했었다. 관광지마다 조그만 꼬마애들이 몰려다니며 한국 돈 천 원을 구걸했던 것에서 중국의 경제사정의 열악함을 여실히 보여주기도 했었다. 비단 공장에서 비단 패션쇼도 관람했었다. 종업원들이 줄지어 길게 정렬해 있던 모습이 인상적이기도 했었다. 제대로 세계화 되지 않은 탓에 영어도 전혀 통용되지 않던 시절의 얘기다. 18년이 지난 중국의 현재 모습은 무척이나 변화되었고 발전된 모습을 보여주었다. 아직도 부족하고 열악한 부분이 남아있기는 했지만 장족의 발전이 이루어졌고 계속 발전된 모습을 보여주리라 여겨진다.

홋가이도 여행기

1일차 (10,791보 - 8.12km 422kcal)[공항버스(05:37 신대방삼거리)출발 - 인천공항 제1터미널 도착(06:40) - 인천공항 출발(09:00) - 치토세공항(11:25) - 렌트카 영업소 이동 - 렌트카로 출발(12:30) - 중식(味川) - 호텔도착(18:20) - 저녁식사(19:00) - 로비]

홋가이도(북해도) 여행 첫날이다. 14명이 가는 여행이었다. 7부부가 같이 가는 것이다. 2017년 8월에 몽골과 러시아 그리고 2018년 2월에 대만을 다녀왔고 이번이 세 번째였다. 또한 회갑기념이기도 했다. 서울에 곽사장, 이 원장, 동경에서 문 박사 부산에서 이 사장, 전 사장, 이 교수 거제의 윤사장이었다. 새벽 4시 30분에 기상해서 준비했다. 오전 5시 10분경에 캐리어와 가방 그리고 손가방을 어깨에 메고 집을 나섰다. 새벽의 찬 공기를 뚫고 캐리어를 끄는 소리는 경쾌했다. 신대방삼거리 옆에 위치한 공항버스정류장에서 10분쯤 기다린 후 버스에 올랐다. 다행히 빈 좌석은 그런대로 남아있었다. 50분쯤 인청공항으로 달려 제1터미널에 도착했다. C코너에서 발권을 하고 짐부치기를 마쳤다. 플랫홈 3층에서 1층으로 이동해서 8구역쯤에서 와이파이 도시락을 수령했다. 다시 3층으로 가서 옥수수와 물로 아침요기를 했다. 집사람에게 항공사에서 아침식사를 주냐고 했더니 준다고 했다. 곧바로 출국수속에 들어갔다. 여느때만큼 공항이 붐비는 것 같지는 않았다. 휴가철 끝자락이어서 그런지 그렇게 큰 혼잡함은 없었다. 곽 사장과 해후는 게이트에서 하기로 했다. 간단한 출국수속을 마친 후 게이트로 곧장 갔다. 공항 플랫홈과 마찬가지로 게이트 좌석은 여유가 있었다. 한일무역갈등의 여파로 느껴졌다.

오전 8시 30분부터 탑승절차가 시작되었다. 곽 사장 내외는 면세점에 들렀고 식당이나 편의점에서 아침요기를 하는 듯했다. 항공기 입구에서 조간신문(동아, 한겨레, 경향)을 갖고 탑승했다. 뒤쪽의 1/3쯤의 좌석은 공석이었다. 어떤 손님은 네 좌석을 통째로 사용해서 드러누워 취침을 하는 모습도 보였다. 조금 후 앞쪽에 헐레벌떡 달려온 곽 사장 내외와 손을 흔들며 아는 체를 했다. 오전 9시에 이륙한 아시아나 항공여객기는 오전 11시 25분쯤에 삿보르 치토세공항에 도착했다. 기내식은 집사람 말대로 나왔다. 입국수속을 마치고 플랫홈 소파에서 다른 일행이 오기를 기다렸다. 곧이어 부산팀과 동경팀이 도착했다. 곧바로 봉고차 두 대에 나눠타고 렌트카가 있는 곳으로 10여 분쯤 이동했다. 8인승 렌트카에 부산팀과 서울팀으로 분승했다. 서울팀은 문 박사가 운전했고 부산팀은 이 사장이 운전했다. 공항에서 후라노의 숙소까지 이동이 거의 4시간쯤 소요되었다. 거리는 140키로미터 수준이었다. 차량의 운전석이 왼쪽에 있고 도로로 주행하는 방향도 좌측통행이어서 적응에 제법 시간이 필요했다. 중식은 오후 두 시쯤에 할 수 있었다. 화로구이 전문점이었다. 미천이라는 이름이었다. 기괴한 모형의 나무로 된 남근 조각품이 한켠에 놓였다. 불판위에 소불고기와 돼지고기 삼겹살을 구워서 먹었다. 연기가 빠져나가지 못해 매케한 냄새가 방안 가득했다. 여주인은 자신의 지인이 서울과 광주에 살고있다고 너스레를 떨기도 했다. 식대 계산이 끝난 후에 차까지 나와 배웅을 했고 푸른색의 아이스크림을 나눠주기도 했다. 자신은 한일관계가 예전처럼 좋았던 때로 다시 돌아갔으면 좋겠다는 바람을 피력하기 했다. 정치적 갈등관계를 유지하는 친밀한 관계를 갖는 것이 일반 소시민들의 희망이라는 얘기였다. 치토세 공항에서 숙소로 가는 길에 잠깐 휴식을 위해 들런 곳은 삼단폭포란 곳이엇다. 흙탕물이 강물처럼 세차게 흘러내렸는데 바위들의 형상은 주상절리를 연상시켰다.

오후 시간 내내 이동을 하는 과정을 거쳐 파크힐스호텔에 도착했다. 시간은 거의 오후 6시 20분경이었다. 차를 주차장에 주차하고 짐을 내렸다. 캐리어를 끌고 호텔로비에서 잠시 쉬었다. 문 박사로부터 객실키를 배부받았다. 우리 부부는 2212호였으며 맨 끝방이었다. 저녁식사는 호텔 1층 전용식당에서 오후 7시에 하는 것으로 정했다. 객실에 짐을 풀고 곧장 식당으로 가서 저녁을 먹었다. 식사는 뷔페식이었다. 와인으로 입가심을 했고 소주를 마셨고 생맥주, 사케 등을 마셨다. 식사를 마치고 호텔 앞을 산책하던 중에 폭포를 발견했다. 다리 아래 쪽으로 바라다 보이는 폭포가 절경이었다. 감탄과 탄성이 절로 나왔다. 기념사진을 찍고 다시 호텔로 돌아왔다. 호텔로비의 자판기에서 캔맥주를 뽑았다. 로비 1층에는 쇼핑몰이 있었는데 오후 10시에는 문을 닫았다. 안주가 필요했다. 집사람이 견과류를 가져온 것과 통조림 깻잎으로 안주를 대용했다. 이 교수를 제외한 6명이 회합시간을 가졌다. 이 교수는 90년대 초반 연구소에 와서 1년쯤 생활한 적이 있었다. 숙소를 제공했고 체류비용까지 일본에서 제공하는 식이었다. 생활비를 절약해서 귀국 후에 그 돈으로 차를 사는 이도 있었다. 선진국에서 후진국 연수생을 받아 자신들의 전문지식,

기술 노하우를 전수했었던 방식이었다. 첫날 여행이 마무리되었다. 다음날 식사 후 오전 9시에 집결해서 일정을 진행하는 것으로 했다.

2일차 [12,292보 492kcal 8,8km 비] [호텔조식 - 시라히키폭포(흰수염) [도카치다케화산(사방정보센터) - 도카치다케 전망대(방재대피소) - 아오이이케(청의)호수 - 슈퍼(후지) 쇼핑- 중식 회덮밥, 초밥 - 호쿠세이언덕 전망공원 - 제루부아톰언덕(옥수수 아이스크림) - 제트코시타길 - 시키사이언덕(사계채) - 석식(호텔) - 노래방 - 로비]

홋가이도 여행 2일차다. 비가 내렸다. 일기예보대로 비가 내렸지만 그렇게 심한 빗줄기는 아니었다. 아침에 일어나서 채비를 하고 오전 7시 30분에 식사를 하러갔다. 밥과 미소된장국, 기타 김, 쏘시지 계란찜 등으로 요기를 했고 집사람은 커피로 나는 음료를 마셨다. 파크힐스호텔의 로비 집결시간은 오전 9시였다. 모든 일행이 집합했다. 일단 시라히게(흰수염) 폭포를 보러갔다. 어제 저녁에 들렀을 때와는 또다른 느낌이었다. 우산을 쓰고 돌아보았다. 아침 안개가 피워오르고 있었다. 다리밑으로 펼쳐진 흰수염폭포는 끊임없이 물보라를 뿜어대고 있었다. 아래 쪽 천변으로는 푸르디 푸른 물결이 유유히 흘러갔다. 돌의 모습이 그 형태를 그대로 보여줄 정도로 물은 깨끗했고 맑았다. 청정지역 홋가이도를 그대로 실감할 수 있는 대목이었다. 폭포에서 사진촬영과 관광을 마친 후 토카치아케 화산 사방정보센터로 올라갔다. 300계단쯤 되었다. 화산폭발과 관련된 전시물들이 있었다. 화산폭발 때 비산된 화산재 등이 전시되었고 실제 화산폭발 모습 등도 동영상으로 재현되었다. 시야가 가려 사방을 둘러볼 수는 없어 안타까웠다.

방재센터에서 내려와 차를 타고 본격적인 관광에 나섰다. 첫 관광지는 도카치아케전망대였다. 실제 화산이 폭발한 화산재들의 모습이 그대로 남겨진 모습이었다. 보랏빛 꽃들이 함초로이 피어있었다. 전망대 표석앞에서 기념촬영을 했고 피난소까지 오르려다 중도에 하산하고 말았다. 비가 내리는 상황이어서 계속 산행을 하는 것은 무리였다. 두 번째로 찾은 곳은 아오이이케 호수였다. 물빛이 푸른빛이었는데 환상적인 느낌을 주었다. 중간 중간에 나무들이 고사목처럼 있었다. 윤 사장 내외와 나만 고립되기도 하는 해프닝이 있었다. 다시 차로 이동해서 간 곳은 시내에 위치한 후지 슈퍼란 곳이었다. 저녁에 먹을 것 등을 쇼핑했다. 술과 안주 등이었고 기타 주전부리, 물 등이었다. 물은 수돗물을 그대로 음용하는 상황이어서 따로 구입을 할 필요는 없었는데 플라스틱 용기가 필요했기에 14병을 샀다. 중식시간에 맞춰 이곳 저곳에 예약을 해보기 위해 섭외를 했으나 마땅치 않았다. 결국 시내 번화가로 나가서 적절한 음식점을 찾아보기로 했다. 당초 슈퍼 옆의 라멘집에서 간단히 식사를 하려 했는데 라멘집이 너무 협소해서 많은 사람을 소화해 내기에는 애로가 있었다. 10분 정도 차로 이동해서 적당한 식당이 섭외되었다. 14명이 한꺼번에 들이닥치자 식당에 테이블 좌석이 꽉 찼다. 초밥과 회덮밥을 시켰다. 맥주도 세 잔쯤 시켰다. 화장실이 항상 문제였다. 교대로 이용할 수밖에 달리 도리가 없었는데 이런 상황이다 보니 시간이 오래 걸렸다. 식사 후에 찾은 곳은 호쿠세이언덕 조망공원이었다. 피라미드형 전망대가 사방을 조망할 수 있는 구조였고 형태였다. 메밀밭을 배경으로 기념촬영을 하고 다음 관광을 위해 이동했다.

다음은 제두부 아톰언덕이다. 해바라기 꽃 모형이 서 있고 해바라기

꽃을 동그랗게 빈 공간을 만들어 그곳에 얼굴을 대면서 기념촬영을 하도록 했다. 꽃들이 지천으로 피었고 장관을 연출했다. 일부 구간은 유료화되었고 별도의 운반용 차량을 타고 이동해야 볼 수 있었다. 3,000여 송이 꽃이 폈다. 관람을 마친 후 입구에서 옥수수와 아이스크림을 먹었다. 금방 찐 옥수수여서 뜨거웠다. 아이스크림은 유제품으로 느껴졌다. 다시 집결해서 차량에 탑승했다.

다음으로 간 곳은 제트코시타 길이었다. 롤러 코스터를 타는 식으로 오르락 내리락 하는 길이었다. 제주도의 거꾸로 가는 길처럼 느껴졌다. 간단히 기념촬영만 하고 다시 시키사이언덕(사계채)으로 갔다. 꽃구경을 했던 터라 그냥 가려다 그곳을 꼭 들러야 하고 도보로 가봐야 한다는 얘기에 가보기로 했다. 언덕위로 종류별로 꽃들이 폈다. 장관이었고 어디 유럽의 꽃박람회에 온 듯한 착각이 들었다. 봄부터 가을까지 30여 종의 꽃들을 감상할 수 있다. 트랙터마차를 타고 이동하기도 했는데 우리는 도보로 걸으며 꽃향기를 맡았다. 관광을 마친후 귀로에 올랐다. 거의 오후 5시 30분쯤이면 호텔에 도착할 수 있을 것으로 보였다. 비가 내렸기 때문에 우산을 쓰거나 우의를 입고 관광을 했다. 호텔에 도착한 후 각자 호실로 들어가 휴식을 취한 후 오후 7시 30분에 저녁식사를 하기로 했다. 거의 만 원이라 할만큼 호텔도 붐볐다. 일요일이고 휴가기간이라 관광객이 몰렸다. 저녁식사를 하며 소주를 주문해서 반주로 맛을 보았다. 2일차 일정이 마무리되었다. 식사 후에 로비에서 잠시 쉬었다가 별관 5층 노래방으로 갔다. 이 사장이 안주와 술을 담은 박스를 가져왔다. 오늘 하루 일정을 소화시켜준 이 교수, 곽 사장에게 감사를 표했다. 5층 노래방에 전멤버가 집결해서 유흥시간을 가졌다. 시간이 한 시간이어서 아쉬움이 남았다. 전사장의 노래 두 곡 〈오동잎〉과 〈그대 그리고 나〉는 훌륭했다. 사모님이 백댄서를 자청했다. 최고의 솜씨작으로 〈남행열차〉가 꼽히기도 했다. 밀폐된 방이어서 에어컨이 제대로 가동되지 않아 출입문을 열어 두기도 했다. 거제도 사모님의 〈동숙의 노래〉도 빛을 발했다. 이 교수의 동행이 피날레를 장식했다. 노래방 시간은 금방 마무리가 되었다. 탁자와 의자를 제위치로 정리해 두고 그곳을 나왔다. 별관으로 가는 통로상에 있던 쇼파에 둘러앉아 남았던 사케를 마시며 정담을 나눴다. 윤 사장의 야구얘기에 빠져들기도 했다. 이 사장이 안타를 치고 2루에 있었는데 윤사장이 센터앞에 안타를 쳤다. 그런데 동네야구임에도 중견외야수의 송곳같은 송구에 그만 이사장이 홈에서 아웃된 것이었다. 3루 주루코치의 사인만 믿고 달렸는데 아웃이 된 것이다. 하필 그 중견수가 프로야구 선수출신의 곽동열이었다. 그리고 그는 곽 사장의 동생이었다. 그 솜씨는 타의 추종을 불허할만 했다. 주전 에이스카 7, 8회까지 던진 후에는 그가 마운드에 올라오면 세이브는 따논 당상이었다. 여러 가지 아쉬움을 남긴 채2일차 여행이 마무리 되었다.

3일차 [10,862보 7.84Km424kcal 맑음] (호텔출발(09:00) - 대설산국립공원 입구(10:00) - 케이블카(5분) - 산행(한시간) - 호수(휴식) - 시내 중식(타코, 빵, 아이스크림 오레오(과자)) - 우에노농장(아이스크림) - 쇼핑몰(16:00~17:00) - 석식(호텔 뷔페식) - 노래방 - 로비)

홋가이도여행 3일차다. 날씨는 어제와는 달리 맑은 날씨다. 곽 사장과 함께 차를 운전해 보았다. 어안이 벙벙할 정도였다. 호텔앞을 잠깐 돌아왔는데 어떻게 차를 끌고 왔는지 감이 잡히지 않을 정도였다. 결국 대설

산까지 가는 것은 곽 사장이 하는 것으로 했다. 한 시간쯤 달려 대설산 국립공원 입구에 도착했다. 케이블카를 타고 9부능선까지 올라갔다. 케이블카는 5분 남짓 탔다. 안개가 자욱한 관계로 시야는 그렇게 썩 양호한 편이 아니었다. 케이블카에서 내려 본격적인 트래킹을 시작했다. 한 시간 남짓 걸었다. 화산의 연기가 솟아오르는 두 분화구가 하이라이트였다. 뭉게뭉게 구럼처럼 연기가 피워올랐고 쉭쉭대는 소리도 들어볼 수 있었다. 기념촬영을 하고 다시 산책길로 돌아서 내려왔다. 중간 중간에는 조그만 연못, 둠벙같은 곳이 여러 곳 있었다. 그렇게 홋가이도 최고봉이라는 곳임에도 곳곳에 꽃들이 아름다운 자태를 뽐내고 있었다. 금방이라도 화산이 폭발할 것같은 느낌이었다. 다시 대설산 입구로 내려왔다. 본격적으로 운전을 시도했다. 좌우방향이 달라지고 좌측통행이다보니 계속 가장자리쪽으로 쏠리는 현상이 빚어졌다. 한참을 달리다가 호수를 조망할 수 있는 곳에서 잠시 정차했다가 다시 출발했다. 1호차는 이사장네가 했다. 아사히카와시 부근으로 이동해서 식당을 찾았는데 만족할만한 곳을 찾지 못했다. 한 우동집은 주방장이 몸이 아파 안 되었고 또다른 라멘집은 너무 손님이 많아 허사였다. 결국 타코 등을 파는 한 공원의 푸드트럭 음식점에서 간편식을 하는 것으로 결론이 났다. 한쪽에는 펌프가 있었고 한 켠에는 나무로된 휴식공간이 지어져 있었다. 안에는 흙이었는데 솔방울이 여러개 눈에 띄였다.

식사를 마치고 찾은 곳은 오에노 농장이었다. 1906년부터 조성이 된 유서 깊은 곳이었다. 입장료가 800엔이었다. 거의 식물원을 방불케했다. 구릉위에는 딱 맞게 7개의 의자가 놓여져 있었다. 단체사진을 찍었다. 수백여 종의 꽃들이 만발했다. 관람을 마친 후 아이스크림을 먹었다. 공식적인 일정이 다 마무리가 되었다. 중식 이후부터는 곽 사장에게 운전대를 넘겼다. 다음 행선지는 쇼핑몰에 갔다. 한 시간쯤 쇼핑을 하고 다시 차에 탑승해서 귀로에 올랐다. 온종일 좋은 날씨였는데 일정이 끝나고 나니 비가 좀 왔다. 주유소에서 휘발유를 가득 채우고 호텔로 돌아왔다. 오후 6시 40분에 도착했다. 객실에서 샤워를 하고 여독을 풀었다. 일행 중에는 온천욕을 하는 이들도 있었고 수영을 하는 매니어도 있었다. 저녁식사는 7시 30분부터 8시 30분까지였다. 이제는 내일 삿보르 치토세공항으로 가서 인천행 비행기를 타면 여행이 마무리되는 셈이다. 저녁식사 시간에 화로구이를 해서 식사를 하면서 반주도 곁들였다. 두 병 정도의 소주와 맥주 3잔쯤 마셨다. 그리고 어제의 노래방으로 다시 또 갔다. 이번에는 오붓하게 술자리를 할 수 있게 되었다. 사케를 마셨고 블르투스로 음악을 들었다. 베드케이스러빙유, 키스앤세이 굿바이, 마이웨이 등 오래된 팝송이었다. 여전히 전 사장은 맥주를 즐겼다. 10시에 노래방을 나와서 다시 로비에서 여행의 마지막 밤을 즐겼다. 성씨 얘기가 있었 다. 아무래도 많은 인구는 경주 이씨인 이 교수님이 1위였다. 다음 2위는 남평 문씨(45만 명)였다. 다음 3위는 광주 이씨(18만 명), 담양 전씨(155천 명)는 4위 였다, 다음은 현풍 곽씨(14만 명)가 5위, 칠원 윤씨(54천 명)는 6위 함안이씨(41천 명) 순이었다. 마지막에 남은 것은 사케 350ml정도였다. 3일차 여행이 마무리 되었다.

4일차 6,116보 4.6km 222kcal 파크힐스호텔 [07:20] - 렌트카 영업소[10:25] - 치토세공항 [11:00] - 치토세공항 이륙[13:00] - 인천공항도착 [16:00] - 공항버스[16:40] - 귀가[18:00]

여행 4일차이다. 본래 계획은 6시 20분에 체크아웃을 하고 차에 짐을 싣는다. 그리고 6시 30분부터 조식을 하고 7시에 출발하는 것이다. 출발 시간이 계획보다 늦어져 7시 20분쯤 출발했다. 네비게이션에 나온 도착 시간은 12시 30분이어서 깜짝 놀랐다. 부산팀은 12시 55분발 비행기였다. 바짝 긴장이 되었고 최대한 속도를 높였다. 그러나 차선이 1차선밖에 없는 구조이니 추월이 상당히 어려운 형편이었다. 1호차는 곽 사장이 2호차는 이 교수가 운전을 했다. 엄청나게 큰 트럭이 앞을 가로막는 바람에 한동안 뒷꽁무니를 바라보며 서행하는 수밖에 도리가 없었다. 중간에 잠깐 편의점에 들렀는데 화장실이 하나여서 제대로 볼일도 보지 못하고 다시 길을 재촉하는 일도 있었다. 가는 도중에 터널도 만났고 삼단폭포를 지나기도 했다. 홋가이도에 관한 자료를 검색했다. 면적은 남한면적의 85%수준이었다. 그럼에도 불구하고 인구는 550만 명이었다. 청정지역 그 자체였다. 신간선이 해저터널을 통해 삿보르까지 연결이 되었다. 항공편을 이용할 경우에는 거의 인근 국과 같은 형편이었다. 외국여행을 가지 홋가이도까지 올 이유가 없다는 식이다. 10월말부터 눈이 내리면 설국으로 변할 것으로 보였다. 도로가에는 측량에 쓰일 법한 막대가 죽 이어서 꼽혔다. 중간에 적색으로 페인트 칠이 되었다. 그리고 도로의 끝자락 부분에 가로등 모양의 기둥이 줄지어 세워졌다. 한쪽은 붉은색 화살표로 표시되었고 반대편은 노란화살표로 지면을 가르키고 있었다. 눈이 내렸을 때 도로 표면의 표식을 인식할 수 없을 때를 대비하기 위한 것이었다. 거의 절반가량을 왔을 때 기사의 교대가 있었다. 1호차는 문 박사로 2호차는 이사장이 운전대를 잡았다. 우리 1호차에서는 팝송, 일본노래, 중국노래 등을 들으며 여행의 기분을 냈다. 예상외로 이른 시간인 오전 10

시 25분쯤에 렌트카 영업소에 도착했다. 주유까지 해서 최초의 대여시와 같은 충만한 상태를 만들어서 렌트카를 반환했다. 화장실에 잠시 들렀다가 렌트카 영업소에서 제공하는 차편을 이용해서 공항으로 이동했다. 이제는 각자 목적지를 향해 작별을 고해야 할 때다. 일단 부산팀과 서울팀이 발권을 하고 짐을 부친 후 합류해서 작별을 고했다. 문 박사는 국내선으로 이동해서 동경으로 가는 비행편으로 갔다. 다음은 출국수속을 마친 후 작별을 고했다. 면세점에 들렀다가 음식점에 들러 소바와 초밥으로 간단히 요기를 하고 비행기에 올랐다. 운좋게도 우린 곽 사장의 배려로 비상구쪽 좌석을 배정받았다. 짐을 부치는 것도 비즈니스석으로 특별 대접을 받았다. 가방을 부치는 표식도 적색을 추가로 부착했다. 곽 사장 내외는 요기후 라운지에서 휴식후 게이트로 시간에 맞춰왔다. 탑승수속은 출발 30분전부터 시작되었다. 오후 1시에 이륙한 비행기는 오후 4시에 인천공항에 도착했다. 1,700키로미터를 운행해 도착했다. 거의 시속 800키로미터로 비행하기도 했다. 입국수속은 일사천리였다. 순식간에 마무리되었다. 짐을 찾는 것도 초스피드로 진행이 되었다. 짐을 찾고 플랫홈으로 나와서 곽 사장 내외와 작별을 고했다. 공항의 한 켠에 있는 와이파이 도시락 반환소에서 도시락을 반환하고 귀로에 올랐다. 오후 6시 40분에 출발하는 공항버스였다. 집에는 거의 6시쯤 귀가했다.

3박 4일간의 홋가이도 여행이 마무리 되었다. 7부부가 우의를 돈독히 한 여행이었다.

에필로그

에필로그

이번에 일곱 번째 산문집 『영혼의 향취』를 탈고하게 되었다. 세상은 온통 요지경 속이다. 한 치 앞을 내다볼 수 없을만큼 암운이 깃들고 있다. 우리의 앞날에 한 줄기 희망의 빛이 비춰질지 알 수 없는 노릇이다. 우리사회에 광풍처럼 휩쓸고 있는 미투운동이 새롭게 우리의 사고방식과 행동양식 등 문화자체를 뒤흔들고 있다. 전통적이었고 권위적이었던 관습의 미명하에 자행되었던 여러 가지들이 새롭게 문제화되고 용인될 수 없을 지경이 되었다. 선진화하고 문명화하기 위해서 필수적으로 거쳐야 할 과정이고 진통의 어려움이리라.

달걀이 자기 스스로 알에서 깨고 나오면 한 생명이 된다. 그렇지만 그게 아니고 타인에 의해 강제적으로 깨트려질 때에는 계란 후라이가 된다. 그것이 계란 후라이가 될지 계란찜이 될지 오믈렛이 될지는 계란을 요리하는 셰프의 결정에 의한다. 사자성어에 줄탁동시라는 말도 있다. 하나의 생명이 태어나기 위해서는 바깥에서 어미가 알을 깨어주어야 하고 바깥으로 나오고자 하는 병아리가 안에서도 탈각을 위해 알을 깨고 나와야 한다. 그러면 새로운 세계를 맞이하게 되고 새로운 삶을 영위해 갈 수 있는 단초가 되고 출발점이 되는 것이다. 물론 어미의 보살핌 속에서 성장하고 제대로 완전한 한 생명으로서 역할을 다하기 위해서는 성장의 과정을 거쳐야 하지만 일단 그 첫 단추를 꿰게 되는 것이다.

요즘 친구들 사이에서 단연 화제는 손주자랑들이다. 어떤 이들은 그렇게 손주를 자랑하면 벌금 10만 원을 내야 한다고 일침을 가하기도 한다. 손주들은 자식과는 또다른 느낌을 주는 모양이다. 어느 선배분은 며느리가 천신만고 끝에 임신이 되었는데 뱃속에 든 아이가 딸 쌍둥이라고 해서 시무룩해 있기도 했다. 요즘은 딸이 대세라고 아무리 얘기를 해도 공염불이다. 올해는 황금돼지해라고 한다. 그렇게 출산률이 늘어날 것이라고 기대를 하기도 했으나 별무신통이다. 전혀 그런 예전의 출산장려 유혹이 젊은 층에는 전혀 효험이 없는 모양이다. 혹자는 그래도 아들이 있어야 한다는 일념으로 손자를 갈망할 뿐이다. 손주가 기어다니기 시작했다고 자랑을 하기도 하고 동영상을 찍어 두기도 하고 매일매일 영상통화를 하는 것이 일과의 시작이고 끝이란 얘기를 하기도 한다. 손녀가 "할아버지 최고"라고 엄지척을 하고 뽀뽀라도 한번 해주면 꺼뻑 간다는 식이다. 그런 것이 삶을 사는 보람이고 삶의 낙인지 모를 일이다. 늘그막에 노래 가사에는 손주 손잡고 금강산을 구경하는 것이 소원인 이도 있었던 모양이다. 또다른 한편에서는 졸혼의 소식이 간간이 들려오기도 한다. 수십 년을 동고동락했는데 이제는 더 이상 서로에게 부담이 되는 관계나 불편해 하는 관계를 계속 이어갈 필요가 없다는 식이다. 공식적인 집안 행사 등 필요한 최소한의 관계만 가족으로서의 역할을 유지해 나간다는 식이다. 유명 작가의 졸혼 소식이 사회적으로 큰 파장을 불러일으키기도 했다.

다음으로 비혼선언에 관한 부분이다. 오래전부터 그렇게 얘기되고 있다. 사람이 태어나면 당연히 결혼을 하는 것이 당연시 되는 시대가 아니라는 것이다. 그것은 자신이 원하면 결혼을 하면 될 것이고 그렇지 않다면 굳이 결혼해서 그 속박, 굴레 질곡 속에서 자신의 삶을 침해당하고 속박받을 필요가 없으니 결혼을 하지 않겠다는 선언을 하는 것이다. 그런 비혼 선언에 결혼 축의금처럼 그런 식으로 축하를 해주는 풍속까지 생겼다는 것이다. 또다른 부분의 하나는 동성혼도 있다. 이제는 그런 것이 성소수자로서 존중받아야 하고 인간으로서 자체적인 성 결정권을 침해받거나 그로 인한 차별도 있어서는 되지 않는다는 것이다.

친구들 중에는 부부 간에 그렇게 선언을 하기도 한다. 이제는 당신과 나는 더 이상 생물학적으로 부부관계는 종결되었다는 식이다. 서로의 관계가 생물학적인 관계만으로 부부관계가 유지되는 것은 아니니 이혼은 아니더라고 그렇게 같이 생활하고 부부관계를 유지하는 것은 문제가 없다는 식이다. 이제는 노후를 제대로 대비해야 하고 다음의 행보를 어떻게 해야 할 지에 관해 고민을 거듭해야 할 것이다. 얼마 남지 않은 직장생활 후의 삶을 어떻게 할지 심각하게 진로에 대한 결정을 해야 한다는 것이다. 계속 일을 할 것인지 아니면 이제는 더 이상의 일을 하지 않을 것인지 등을 결정해야 한다.

능소화가 흐드러지게 피어있다. 서울시내 곳곳에 능소화의 모습들을 볼 수 있으니 이도 즐거움을 주는 한 요소이리라. 어떤 맹인 앞에 놓인 글귀가 그랬다고 했다. '봄이 오고 있습니다. 그러나 저는 봄을 볼 수 없습니다.' 간접화법으로 자신의 딱한 처지를 긍휼히 여겨달라는 하소연을 담고 있는 것이다. 『봄의 침묵』이라는 책도 사회적으로 큰 반향을 불러일으켰던 화제작이다. DDT 등의 농약에 의한 환경파괴 내지는 생태계의 위험성을 경고한 것이다. 그렇게 무분별하게 살충제, 살균제 등을 살포하면 결국 침묵의 봄을 맞이할 것이고 새들의 집단적 떼죽음을 몰고와 새소리도 들을 수 없는 침묵의 봄을 맞이하게 되리라는 경고를 담고 있었다.

능소화에 관한 전설을 들었다. 한 궁녀가 있었다. 이 궁녀는 어느 날 임금의 은총을 입게 되었다. 그러자 임금은 그녀에게 파격적으로 빈의 직함을 내렸다. 그러자 옆에 시기하고 질투를 일삼는 궁녀들이 입방아를 찧었다. 그러자 임금은 궁녀를 궐밖으로 내쫓았다. 그러자 궁녀는 궁궐에서 쫓겨나 생활하던 중 죽음을 맞이했다. 그리고 능소화로 피어났다. 담벼락을 타고 올라가 궁궐을 바라보며 행여 임금님의 행차가 있을까 손꼽아 기다리면 아름다운 자태를 드러냈다. 그러다가 행여 다른 사람들이 꽃을 만지면 바로 떨어져버리는 행태를 갖게 되었다.

또다른 전설은 다르게 전해진다. 한 섬마을에 아릿다운 두 처자가 있었다. 한 사람은 이화이고 또 한 사람은 소화였다. 이화는 섬을 떠나 육지로 이사를 갔다. 그렇지만 둘은 섬에서 주기적으로 만나 우정을 나누었다. 소화는 이화를 기다렸다. 그러던 중 소화의 아버지가 배를 타고 고기잡이를 나갔다가 풍랑을 만나 돌아가셨다. 그리고 엄마도 병환으로 시름시름 앓다가 죽었다. 혈혈단신이 된 소화는 이화를 그리다가 죽었다. 그리고 능소화가 되었다. 이화는 오랜 세월이 흐른 후 소화를 찾아왔는데 보니 소화는 없고 능소화만 있었다. 그리고 이화도 세월이 지난 후 죽음을 맞았는데 그 이후 이화는 능이화로 피어났다. 능소화는 양반꽃이라 했다. 토지에 보면 길상이 서희 아가씨에게 능소화를 바치는 장면이 있다. 한여름에 김훈장 댁에 심부름을 다녀오던 길에 능소화를 꺽어서 아가씨에게 드리는 모습이 묘사되었다.

고사성어에 해불양수海不讓水라는 것이 있다. '바다는 강물을 마다하지 않는다' 라는 의미를 지니고 있다. 강물이 어떠하든 간에 더러운 물이든 깨끗한 물이든 다 받아들인다. 청탁을 불문한다는 뜻이다. 사람도 이렇듯 해불양수의 마음으로 모든 이들을 포용하고 받아들이려는 자세가 필요한 것이 아닌가 한다.

이번에 『영혼의 향취』가 나오기까지 물심양면으로 도움을 준 가족, 지인 친지 등 모든 이들에게 감사를 표하며 무더위 속에서도 원고 검토에 애써주신 이미애 작가님과 전성군 박사님께 감사의 말씀을 드린다.

PHOTO

가을날 인륜지대사 P18

기해년 설 P22

농협의 이념 P27

농협의 역사 P47

대부도 반나절 P59

대부도 반나절 2 P59

H선생님과 콰이강의 다리 P63

자한의 하루 일상 P72

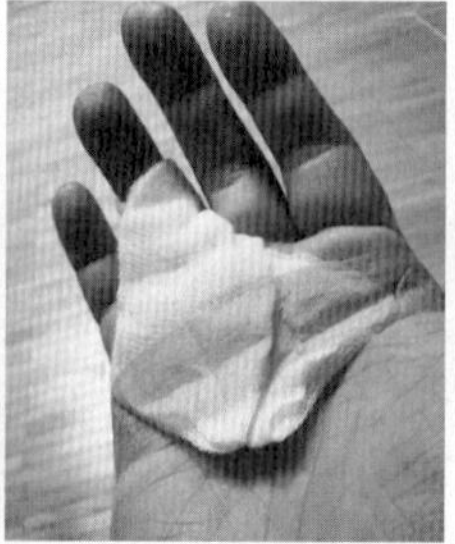
손가락 결절종 P76

차茶 P81

ㅏ꾸기 P86

텃밭 가꾸기 2 P86

루 홀츠 P91

루 홀츠 2 P91

제주기행 P118

가을날 제주기행 2 P118

가족여행 P129

단양팔경 P134

단양팔경 2 P134

로에서 온 절친과
에서 P143

상파울로에서 온 절친과
구미CC에서 2 P143

용마골프 대회 참전기 P147

청남대와 속리산 P151

청령포 P154

호서삼사 답사기 P159

홈카밍 40주년 P164

홈카밍 40주년 에피소드 P169

홈카밍 40주년 에피소드 2 P169

1987 P176

냉정과 열정 사이 P180

냉정과 열정 사이 2 P180

독전 P185

ㅔ터 P189

명당 P193

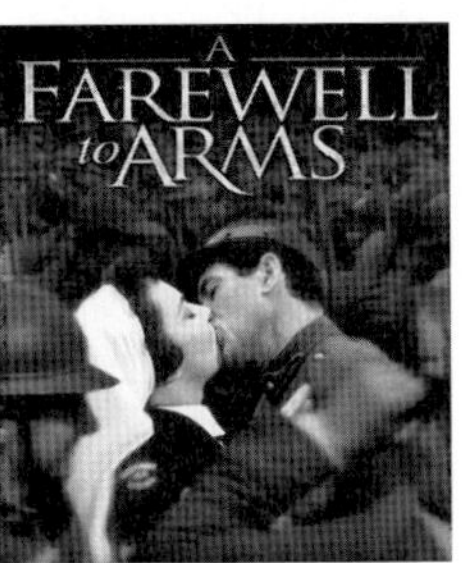

무기여 잘 있거라 P197

신센구미 P201

완벽한 타인 P206

청춘의 문 P211

청춘의 문 2 P211

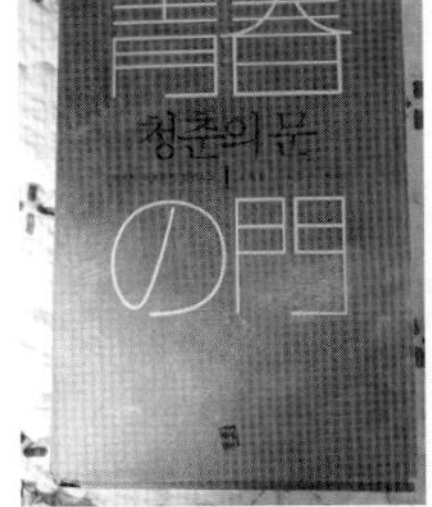

청춘의 문 3 P211

철도원 P216

카라마조프가의 형제들 P220

기생충 P224

베트남 다낭여행기 P236

칼에 지다 P230

베트남 에피소드 P249

오사카 교토 나라 P258

오사카 교토 나라 2 P258

동북삼성 여행기 P269

동북삼성 여행기 2 P269

동북삼성 에피소드 P282

동북삼성 에피소드 2 P282

장가계 여행기 P325

장가계 에피소드 P336

영혼의 향취

초판 1쇄 | 2019년 10월 8일

저　　자 | 이종수
펴 낸 이 | 차영미

편　　집 | 디자인그룹 여우비
펴 낸 곳 | 도서출판 서정문학

주　　소 | 서울시 강동구 천중로30길 5-11, 203호
전　　화 | 02-720-3266　FAX | 0505-115-3266

홈페이지 | http://cafe.daum.net/seojungmunhak.com
이 메 일 | sjmh11@hanmail.net
등　　록 | 2008. 3. 10 제324-2014-000060호

ISBN 978-89-94807-80-5 03810
정가 12,000원

* 이 도서의 국립중앙도서관 출판예정도서목록(CIP)은 서지정보유통지원시스템 홈페이지(http://seoji.nl.go.kr)와 국가자료종합목록 구축시스템(http://kolis-net.nl.go.kr)에서 이용하실 수 있습니다. (CIP제어번호 : CIP2019035385)

| 자한 이종수(李鍾洙) 이력 |

【학력 등】

▣ 1978년 2월 : 경남고등학교 졸업(32회)

▣ 1983년 2월 : 부산대 법과대학 법학과 졸업

▣ 1983년 3월 ~ 1986년 6월 육군학사장교(학사장교3기) 중위전역[702특공연대]

【경력】

▣ 86년 10월 : 농협중앙회 입사 [통영군지부]

▣ 88년 6월 ~ 90년 6월 : 서울지역본부 총무팀

▣ 90년 6월 ~ 91년 4월 : 제주지역본부 남제주군지부 [4급승진]

▣ 91년 4월 ~ 92년 4월 : 서울지역본부 원효로지점

▣ 92년 4월 ~ 2001년 1월 : 농협중앙회 영농자재부(시설자재팀/농기계팀)

▣ 2001년 8월 ~ 2004년 4월 : 안성교육원 총무팀장(3급승진)

▣ 2004년 4월 ~ 2010년 1월 : 조합구조개선부 (송무팀/기금관리팀)

▣ 2010년 1월 ~ 2014년 2월 : 안성교육원 부원장(M급승진)

▣ 2014년 2월 ~ 2016년 2월 : 도농협동연수원(부원장)

▣ 2016년 2월 ~ 2017년 12월 : 구미교육원 원장

▣ 2019년 1월 ~ 현재 : 농협이념중앙교육원 명예교수 [계약직]

【교육·연수】

▣ 2001년 1월 ~ 2001년 8월 : 서강대 경제MBA 6개월 과정 수료

【저서】

▣ 2011년 8월 : 수필집『푸른노을』출간(화엄출판사)

▣ 2013년 3월 :『색다른낯설음저너머』출간(화엄출판사)

▣ 2014년 3월 :『심향을 향한 여정』출간 (서정문학)

▣ 2016년 3월 :『홍진속 마음의 정화』출간 (서정문학)

▣ 2017년 3월 :『성찰의 향기』출간 (서정문학)

▣ 2018년 5월 :『해취』출간 (서정문학) 환경데일리 연재

【표창】

▣ 농림부장관상 2회 농협중앙회장상 7회 수상